KAWADE
夢文庫

シン・雑学王

博学こだわり倶楽部[編]

河出書房新社

どんどん進化する雑学の世界へようこそ――前書き

世の中は日々、目まぐるしく動いている。特にネット社会になってから、そのスピードはすさまじい。「歌は世につれ」ではないが、雑学の世界でも同様に、日々新たなネタが生まれているといえるのだ。例えば、

- **ユーチューブに初めて投稿された動画はずばり、何か？**
- **パソコンにはオスとメスが存在する**
- **スマホは、近くに置くだけで集中力をなくす**

などＩＴに関したものは多い。さらには、

- **貧乏ゆすりには人を幸せにする効果がある**
- **地球の温暖化が進むと、逆に豪雪が増える**
- **風邪をひいたら、食べるべきはおかゆよりステーキ**

など、研究（？）が進んで昔からの定説や常識、思い込みを覆（くつがえ）すものもある。

本書では主に、こうした新しい雑学を約４００ネタ収載した。きっと、あなたの知的好奇心を満たしてくれるだろう。

博学こだわり倶楽部

シン・雑学王／もくじ

❶ 採れたてホヤホヤ！超最シン雑学

スマホは、近くに置くだけで集中力を削ぐって?! 18
パクチーを「カメムシのにおい」と感じるわけ 18
3Dプリンターの基礎技術を考案したのは、日本人 19
「としまえん」閉園の理由は経営不振ではない！ 20
『シン・ウルトラマン』の脚本家が
〝特撮愛〟ゆえにしていたこと 21
女性Vチューバーの声を本物か否か、見分ける法 21
二次元キャラと結婚式を挙げた猛者たちがいる！ 22
グーグル検索の言語選択は宇宙人語にも対応している?! 23
BTSはソウル市の広報大使だが、ソウル育ちはゼロ 24
「論破王」ひろゆき氏は実は結構負けている 25
日本の有名人でツイッターを初めて使った人は？ 26
ツイッターの小鳥マークのデザイン料は600円！ 27
動画サイトの広告を、無料で非表示にする裏ワザ 27
USB端子を綿棒で掃除してはいけない理由 28
つい最近、氷の上を歩くと滑る原因がわかった！ 29
BOTチェックは、ページが
読み込まれた瞬間から始まっている 29
USBをゆっくり差すと不具合が起こりやすい?! 30
圧倒的に美味いと感じる「食べ合わせ」をAIが発見！ 31
交通系ICカードが、タッチしただけで稼働するわけ 32
PDFデータは簡単にワードに変換できる 33
貧乏ゆすりには人を幸せにする効果がある！ 33
え！ゴジラは〝新宿区民〟になっていたって?! 34
マイクロソフト・エッジには「IEモード」が存在する 35
パソコンにはオスとメスが存在するって?! 36
広島県は、最も土砂災害に弱い県だった 37
自動ドアが動物の進入を防ぐ仕組みとは 38
南極の氷が溶けて海水面が上昇するのは、地盤隆起が原因 39
グーグルの検索では、検索欄を無重力にする

「隠しコマンド」がある 39
夫婦喧嘩が子どもに与える影響は、こんなに深刻！ 40
非公開アカウントのツイッターでも
呟きの内容を見る方法がある 41
バナナの皮を踏むと足を滑らせる原理が解明！ 42
なぜ、小学校では「シャープペン禁止」なのか？ 43
ユーチューブに初めて投稿された動画はずばり、何？ 44
「富士五湖の水は湧き水」説は間違いだった！ 44
2004年に富士山は私有地になっていたって?! 45
スマホから聞こえる声はかけている人の声ではない 46
プロとアマの線引きが明確ではない競技がある！ 47
コンビニコーヒーが「お得な商品」である根拠とは 47

❷ その疑問に白黒ハッキリつける雑学

なぜ、雪が積もると音を静かに感じるのか？ 50
「アマゾン」のロゴがAとZでつながれている意味は？ 50
旅客機にパラシュートが装備されていないわけ 51
「のりは日本人にしか消化できない」って本当？ 52
湯温50度の風呂は入れないのに
100度のサウナに入れるのは？ 53
なぜ宝くじは、当せんが出た売り場がわかる？ 54
ライブハウスがたいてい「1ドリンク制」のわけ 54
日本なのに、盲導犬の命令が全て英語なのは？ 55
一番風呂は、なぜ「体に悪い」といわれる？ 56
「金属製の水筒にスポーツドリンクを
入れるのはNG」って本当？ 57
保湿ティッシュはなぜ甘く感じる？ 58
「卵は、LでもSでも黄身の大きさは同じ」は本当か 58
相手に「脈があるか」否か、見分ける方法はある？ 59
ペットボトル入りの牛乳はなぜ見かけないのか？ 60
ブルーライトは本当に「目に悪い」？ 61
飛行機のトイレに、いまだに灰皿が設置されているのは？ 61
自分で自分をくすぐっても何も感じない理由 62
なぜミネラルウォーターに賞味期限がある？ 63
「ダンボール紙」の「ダン」ってどういう意味？ 64
道路の数え方の単位は「1本、2本」でいい？ 65

「幽体離脱」は、やはり心霊現象なの？　65
「食後すぐの歯磨きは逆効果」説の真偽は？　66
地球の温暖化が進むと豪雪が増えるって本当？　67
オオサカが「大坂」から「大阪」に変わったわけ　68
なぜ、サッカー選手は子どもと手をつないで入場する？　69
フェンダーミラーがタクシーには残っているのは？　69
DNAと遺伝子はどう違う？　71
なぜ、関西のわらび餅には黒蜜が付いていない？　71
秋葉原の読みは「あきはばら」？「あきばはら」？　72
ニットとセーター、その違いはどこにある？　73
なぜ、目の大きい女性がモテるのか？　74
継ぎ足しのタレが腐らないのは？　74
バナナやスイカ、イチゴの缶詰がないわけは？　75
カミナリによる発電が実用化されないのは？　76
瓶ビールはなぜ、栓を抜いてから提供される？　77
「兄弟都市」ではなく「姉妹都市」というのは？　78
蚊取り線香はどうやって蚊を退治している？　79
動物園が動物を輸入するときにかかる費用は？　79
地下鉄の車両の先頭にある「扉」は何のため？　80
マゲを結えなくなった力士は引退させられる？　81
パスポートの菊のマークと
　皇室の紋章の菊。どう違う？　82
燃料が満タンの車と燃料切れの車、爆発しやすいのは？　83
SPが背広のボタンをはずしている理由とは？　84

❸ 知っててよかった！法律・ルールの雑学

授業内容を、教師の許可なくSNSに上げると…　86
「壁ドン」は暴行罪、「口説き」は脅迫罪になる?!　86
ウーバーイーツは大型バイクや車で配達できない？　87
コスプレで、リアルな軍服を着ると罰せられる！　88
外国国旗の損壊は違法だが、罰せられることは稀だって？　89
他人の封書を勝手に開けると罪になる。ではメールは？　90
スポーツ界でドーピングは禁止。
　ではゲームの世界大会では？　90
タクシーの乗車拒否は禁止だが、例外もある　91
ネットで誹謗中傷すれば傷害罪になることもある！　92

誘導員のミスで事故を起こしても
ドライバーの責任になる！ 93
自宅なのに住居侵入罪に問われることがある！ 94
SAやPAで人と待ち合わせるのは道路法違反！ 95
酒気帯びの自転車運転手は処罰されるのか？ 95
コインパーキングの駐車限度時間を
無視したらどうなる？ 96
刃物を車内などに放置すると、摘発されるかも… 98
自衛隊のパイロットは民間機を操縦できない 98
大相撲の力士は自動車を運転できないわけ 99
日本では、法律で死刑を執行できない日がある 100
給食に牛乳を出すことは「義務」だって?! 101
配偶者の同意なしで離婚することはできる？ 102
死亡と診断されても、24時間経たないと火葬できない 103
喧嘩にヤジを飛ばすと逮捕されることもある！ 103
犯罪者を見つけたとき、一般人も逮捕できる？ 104
看護師への感謝は法律で義務づけられている?! 105
輸入禁止の動物でも入国できる方法がある 106

4 動物の「まさかの生態」に驚く雑学

うつが原因で自殺するサルがいる 108
カピバラの全力疾走はウサイン・ボルトより速い 108
ブタの体脂肪率はなんと、モデル並みに低い！ 109
カンガルーの得意技はパンチではなく、キック 110
サラブレッドの血液型は3兆とおりもある 111
チンパンジーは売春も戦争も行う 112
チンパンジーは挨拶代わりにセックスをする 113
白鳥は、人間を殺すこともあるほど凶暴！ 113
サイはプロレス並みの激しさで愛を確かめ合う 114
ラッコは、仲間と手をつないで寝る 115
ネコは、意外や「侵略的外来種」だった 116
ジュゴンの体位はバリエーションが豊富！ 117
オランウータンには「森の賢者」
ならぬ「森のレイプ魔」もいる 117
カタツムリはコンクリートを栄養源にできる！ 118
天敵に襲われると自爆するアリがいる 119

5 知らないほうが幸せかもしれない雑学

ダイオウイカは食事で脳にダメージを負うって？ 120
アリガタバチのメスは息子や孫にも迫る！ 121
アオガラという鳥はご近所さんと不倫を繰り返す 122
イモリには「寝取り癖」がある 122
サナダムシは、究極の「一人エッチ」が可能！ 123
ペットにはミネラルウォーターより水道水がいい 124
すべての赤ちゃんは「ラ」で泣き始める 125
人間は赤ちゃんのときが、体の骨の数が最も多い 126
故S・ジョブズの年収は「1ドル」…なわけがない！ 128
2050年に、世界は人口減時代に突入する 128
国際連合はいつでも日本に総攻撃をかけられる！ 129
ハワイが攻撃されてもNATOは助けなくていい 130
近い将来、ラッコは日本の水族館から姿を消す 131
自殺未遂者の治療費は健康保険がきかないって?! 132
今後、コロナのようなパンデミック
　が起きる確率は「毎年2%」 133
がん細胞は、誰にでも毎日生まれている 134
地球にぶつかる直前までNASAに
　気づかれなかった隕石がある！ 134
「童貞に価値はない」という判決が下されていた 136
童謡『サッちゃん』は尾ひれがついて99番まである 136
ネズミは外敵がいなくなると少子高齢化で滅亡する 137
座敷童の正体は子どもの怨霊だって?! 138
NASAの宇宙服は使用期限をとっくに超えている 139
フリーターにも年齢制限がある 140
JR紀勢本線はライオンのフンを線路沿いに撒いていた 140
爆弾は、地上より水中のほうが威力が増す！ 141
二条城の「うぐいす張り廊下」は
　経年劣化で音が鳴っているだけ 142
男性の乳がんの死亡率は女性よりも高い 143
日本企業の部長の年収はタイの部長よりも低い！ 144
日本の子どもの幸福度は先進国でワースト2位 145
日本のビッグマックは韓国や中国よりも安い 146
日本では子どもよりペットの数のほうが多い 147

ほとんどのクルーズ船には死体安置所がある！ 148
誕生日に死ぬ人は多く、60歳以上はさらに多くなる 149
スーパーに並ぶ外国産の魚類の3割は、密漁されたもの 149
子どもの虫歯は、大人からうつされる可能性が高い 150
虫歯になりにくい人は歯周病になりやすい 151
スマホやパソコンの中にもカビは生えるって?! 152
すでにメダカは絶滅危惧種に指定されている 153
湾岸戦争で損壊した米軍戦車の半数は同士討ちだった 154

❻ 日本のジョーシキが覆される海外の雑学

ノルウェーでの曖昧な返事は「ニャア」 156
フランスでは「13日の金曜日」はラッキーデー?! 156
ブルガリアでは首を縦に振ると「ノー」の意味 157
ドバイには住所が存在せず、郵便物も届かない！ 158
アイスランドでは近親相姦を避けるアプリがある 159
スウェーデンは外国からゴミを輸入している 160
マクドナルドのピエロは「ドナルド」ではない 161
スペインに「日本」という姓を持つ人々がいるって?! 161
韓国には地雷原のど真ん中のゴルフ場が存在する 162
オーストラリアには日本の領土があるって?! 163
モスクワで、270人もの人が住む地下都市が発見された！ 164
オーストラリアはウサギと「戦争状態」にある 165
アメリカでは履歴書を手書きすると不利になる！ 166
アメリカでは「子どもだけで留守番」はNG 166
ニュージーランドには貧乳のAV女優はいない?! 167
『ネコふんじゃった』の中国での曲名は『泥棒行進曲』 168
台湾ラーメンは、台湾では「名古屋ラーメン」！ 169
アメリカ・テキサス州には約6000頭のトラがいる 169
米国と英国のホテルには「420号室」がない 170
アメリカでは、飲酒運転違反者が一目でわかる 171
スウェーデンでは花火を買うのに免許がいるって?! 172
カナダには、ホッキョクグマ専用の刑務所がある 173
夜のエッフェル塔の写真をアップするのは違法?! 173

エジプトの首都カイロの意味は「火星」である 174
韓国には、スパイ通報用の電話番号があった 175
アラブに石油王は存在しない 176
ブラジルのサッカー選手が
あだ名で登録されるわけ 177
中国ではタイムトラベルものの映画は上映不可 177
ヒトラーと同名の政治家がナミビアにいる 178
ネットスラングの「草」は中国では○○の意味! 179
ロシアにも日本のような干支があるって?! 180
ロシアで、3万年前に絶滅した古代花が復活! 181
オセアニアには人口5人の国がある 182
@の呼び方は国によってこんなに違う! 182
独仏では「ガ」と「チョウ」を区別しない 183
パリで女性のズボン着用が
認められたのは、つい最近! 184
ドイツ国歌の1番はナチスの影響で歌われない 185
欧米人を「マッチョだね」と褒めたらダメだって? 186
中国でBL作品を発表すると犯罪になる! 186
シンガポール人が公用語の
マレー語をほぼ使わないわけ 187
国名は「赤道ギニア」だが
国土に赤道は通っていない謎 188
台湾には年に2度バレンタインデーがある 189
韓国には〝チョコゼロ男子〟のための日がある 190

7 すべらない！大ウケ間違いなしの雑学

トランプ前大統領と1文字違いの「ガ」がいる 192
『スターウォーズ』のテーマ曲には歌詞付きバージョンも
ある 192
自転車の速度は夏と冬では異なるって?! 193
人間は、一定時間自分の顔を見るとやる気が出る 194
卓球では完封勝利するとマナー違反になるって?! 195
マクドナルドのフライドポテトは
国産ジャガイモでは作れない! 196
国会図書館はゲームソフトや
アダルト本も保管している 196

平城京跡から「大人のオモチャ」が発掘されている　197
同時通訳は平均で10分が限界！　198
波形手すりは、なぜ「握りやすい」のか？　199
北海道から沖縄へ移動すると体重が軽くなるわけ　200
海がほぼ見えずとも「オーシャンビュー」と名乗れる謎　200
3Dゲームの制作で最も難しいのは「ドアの開け閉め」　201
テレビ局のドメインの末尾「.tv」はテレビではない　202
電車のパンタグラフが「ひし形」だったのは、昔の話　203
香川県が「日本一狭い県」になった驚きの経緯　204
かつて横浜には「ミシシッピ湾」があったって？　205
48ページの本はこの世に存在しないって?!　206
「たまごっち」のためにバンダイは赤字に転落した　207
切手を舐めると、2キロカロリー摂取したのと同じ　208
水島新司はサイクルサッカーの漫画も描いていた　208
京都御所の蛤御門には
　禁門の変の際の銃弾痕がある　209
世界史上一番短い戦争はわずか40分間！　210
尼崎市の武庫豊町には1丁目が存在しない　211
東日本大震災の影響で1日は短くなった！　212
トランプをシャッフルした際の組み合わせは何通りか　212
水中でなら、ガラスをハサミで切ることができる！　213
アルミホイルには表も裏もない　214
なんと、イカには心臓が三つある！　215
標語の「安全第一」には、それに続く
　「〇〇第二」「〇〇第三」がある　215
エアーズロックの約90％は地中に埋まっている　216
冬山で遭難して眠っても
　必ずしも死ぬわけではない　217
全世界のパソコンをつないで
　がんの解析を行うプロジェクトがあった　218
ウィンドウズ製のパソコンに
　AドライブやBドライブがないわけ　219
サービスが終了した日に
　ポケベルの葬式が開かれていた！　219
ジェームズ・ボンドと同じ名前の小惑星がある　221
「デカイ」という名の小さいヘビがいる　221
人間は「硬い椅子」に座ると
　相手に批判的になるって?!　222
漢字の音読みは必ず3文字以内に収まる　222
キレイな海では、水中で目を開けても痛くない　223

「売り切れ」が点灯中の自販機でも
購入できることがある 224
上野動物園は、正しくは動物園ではなく「博物館」 225
缶コーヒーが容量でなく重量で表示されるのは？ 226

8 そのルーツにびっくり仰天！の雑学

「アポロチョコ」とアポロ計画は何ら関係がない 228
血液型の「O型」はもともとC型だった！ 228
トイレの男女マークを初めて使ったのは？ 229
米野球の始球式は、大統領を
運動させるために始まった 230
縁日で人気の綿あめ。
その発祥の地はアメリカだった！ 231
「クイックルワイパー」開発の
ヒントになったのは、アレだった 232
世界で最初に普及したSNSは「sixdegrees.com」 233
「さいたま市」がひらがな表記
なのは行田市のせいだって?! 233
レオタードは、もとは男性用に
開発された衣装だった 234
ルンバは、宇宙探査用ロボと地雷検知ロボの賜物 235
関西では、初対面の人に「また行こう」と言う謎 236
オリンピックの「五輪」表記を発明したのは？ 236
動物の「ジラフ」は、なぜ日本で
「キリン」と呼ばれるのか？ 237
「しゃぶしゃぶ」は肉を揺らす音が語源ではない 238
味噌カツは、名古屋ではなく三重県が発祥だって?! 239
ランニングマシンは刑罰器具だった 240
北九州市は「西京市」になる可能性があったって？ 241
「Not Found404」の４０４は
プログラマーの気まぐれで決まった 241
「クリスマスは恋人たちのもの」
という風潮は雑誌がきっかけ 242
マトリョーシカ発祥の地はなんと日本だって?! 243
パソコンのキーボードの文字配列が複雑なわけ 244
堺市の住所に「丁目」の「目」がない裏事情とは 244

人気ロックバンド「B'z」は「A'z」だったって?! 245
「タコメーター」の「タコ」はギリシャ語由来 246
「勝訴」「敗訴」の文字が書かれた あの巻紙の名前は? 247
サーロインの「サー」ってどういう意味? 248
パラリンピックの「パラ」は「下半身不随」を表す 249
高齢者をシルバーと呼ぶようになった理由 249
品川駅が港区にある理由は開通を急ぎすぎたため 250
クローン技術を使った最初の生物は「ニンジン」 251
「ガッツポーズ」は、元ボクサーの ガッツ石松氏が由来じゃない?! 252
『探偵!ナイトスクープ』の 「ナイト」は夜ではない! 252
雑誌『CanCam』は 「キャンパスリーダー」が名前の由来 253
『少年サンデー』の由来は日曜と関係あり? 254

9 人々の大いなる誤解を正す雑学

水のない砂漠で「溺死する」ことがある! 256
ローソンの「からあげクン」は ニワトリではなく、妖精 256
「プチトマト」は販売を終了しているって?! 257
自由の女神は「女性」ではなく、 白人でも黒人でもない 258
人という字は支え合って いるのではなく、1人で立っている 259
義務教育の意味は「子どもは勉強を する義務がある」ではない 260
舞台では大人の俳優も 「子役」と呼ばれることがある 260
ドラキュラは吸血鬼ではなく、 「ドラゴンの子」という意味 261
落ち込んでいるときは、暗い曲を 聴くと立ち直りが早い 262
「デマ」と「ガセネタ」、 その意味は微妙に違うって?! 263

非可燃物の割合が、ゴミ全体の
1割以下なら可燃物として出せる 264
ハーゲンダッツの工場は世界に4か所しかない 264
校長に授業を行う権限はなく、
代理で教壇に立つこともできない 265
新選組の浅葱色の羽織は1年で廃止されていた 266
「大人1人=子ども2人」と
車の乗車定員を数えてはダメ! 267
石川県には、猛毒のフグの卵巣を使った料理がある 268
朝鮮戦争のとき、日本人が米軍に従軍していた 269
大洪水には森林の貯水効果は期待できない 270
警察官の「巡査長」は正式な階級ではない! 270
「DJポリス」は機動隊広報係の所属だった 271
株主優待を受けるのに保有期間は関係ない 272
プーチンは、ロシアのNATO加盟を望んでいた 273
実は、3月は道路工事が少ない月だった 274
スマホのバッテリー容量は「目安」でしかない 275
慢性の腰痛はストレスが原因だった 275
ジャック・ダニエルはバーボン・ウイスキーではない 276
「ブランデーはブドウを、ウイスキー
は麦を蒸留したもの」ではない! 277
瓶や缶に入っていても「生ビール」だって? 278
アニサキスが胃に入って痛いのは
「噛まれるから」ではない 279
平安時代、「大根足」は美脚を意味していた 280
運動した翌日に筋肉痛になるのは
「若い証拠」ではない 281
人間が探索できた海は5%未満にすぎない 282
風邪をひいたら、おかゆよりステーキだって?! 282
世界最大の砂漠は「サハラ砂漠」ではなく、南極大陸 283
県庁所在地なのに特急列車が
停まらない都市がある 284
Tシャツやポロシャツもカットソーの仲間である 285
おとぎ話の桃太郎は、モモから生まれたのではない 285
座高測定が廃止された理由は「意味がない」から 286
ビルの屋上に書かれた「R」に
ヘリコプターは着陸できない 287
ゆうパックは生き物を送れるって?! 288
「時間」を決めているのは
地球の自転ではなかった! 288

月は「巨大隕石の衝突で生まれた」のではないって?! 289
オリンピックの主要公用語は英語ではない 290
「マインドコントロール」を「洗脳」と訳すのは誤り 291
「男子」や「女子」の「子」は子どものことではない 292

10 これはお役立ち！ライフハック雑学

エアコンは「つけっぱなし」のほうが節電になる…はウソ？ 294
エアコンの効果範囲を示す畳数は家の材質で変わる 294
スマホの充電速度が最も速くなるケーブルの長さは？ 295
スマホの電池残量は80％前後がベスト 296
網戸を右側に閉めると蚊の進入を防げる 297
いざというとき、シャツは浮き輪代わりになる 298
濡れた本は、冷凍するとしわにならないで乾く 298
雨や雪の日でも滑りにくい靴にする簡単な方法 299
修正テープはセロハンテープで簡単にはがせる 300
マジックテープの粘着力を復活させるには 301
浅穿きの靴下はかかとから穿くと脱げにくい 301
瞬間接着剤で、指がくっついたときのライフハック 302
ハンカチのアイロンがけが不要になるワザ 303
靴ずれを防ぐには、ベビーパウダーがおすすめ 303
絡まったネックレスはベビーパウダーでほどける 304
近眼の人がメガネなしでも物を探せるワザ 305
抜けてしまったパーカーのひもを簡単に通すコツ 305
水を速く凍らせるには冷水よりもお湯を使う 306
冷めたピザを簡単に熱々、ふわふわにする方法 307
包丁を使わずに、はんぺんをきれいに切るには 307
包丁を使わずに、ブナシメジと石づきを分離する法 308
クッキングシートを使うと包丁を汚さずにバターを切れる 309
食べ残したケーキはラップではなく深い〇〇で保存する 309
スパイスが固まって出てこないときは 310
固まった顆粒スープをサラサラにするコツ 311

お玉を入れたまま
ガラスぶたの鍋を加熱すると危険！ 311
モモの皮は熱湯につけるとむきやすくなる 312
スイカは、メロンと同梱すると破裂する危険性あり 313
粘着シートを放置しすぎると
かえってゴキブリが増える！ 313

11 信じられない…ウソのようなホントの雑学

コカ・コーラは一度、
アメリカでの販売を終了していた 316
頭を殴られて天才になった数学者がいる 316
卑金属を金に変える「錬金術」は
すでに発見されている 317
タカラジェンヌは、阪急電鉄の社員扱いになっている 318
「傷は舐めたら治る」は本当だった！ 319
1万5000年後、サハラ砂漠は
ジャングルになるって本当？ 320
チーズを借金の担保にできる銀行があるって?! 320
井村屋の「あずきバー」は
サファイヤよりも固いって？ 321
デンマークとカナダが戦った
「ウイスキー戦争」ってなんだ？ 323
人ひとりのDNAを全部つなげると
地球を800万周する長さになる 324
琵琶湖はかつて三重県にあった！ 324
鉄より硬いプラスチックがあるって?! 325
ガラスは固体ではなく、液体でもある 326
パソコンのマウスを動かす
距離の単位は「ミッキー」！ 327
新学期が4月始まりなのは
徴兵制度の影響だった 327
横浜市には、今もパスポートが
なければ立ち入れない場所がある 328
アメリカの公用語は英語ではない 329
キスマークが原因で命を落とすことがある！ 330
「2ちゃんねる」では、4月1日が

3月32日になったことがある 331
え！国産キャラメルは、禁煙用に
売り出されていたって?! 332
ペンタゴンの中心には「普通の屋台」が存在する 333
新幹線に300円で乗車できる区間があるって?! 333
世界の最高峰はエベレストではないって?! 334
オーストラリアの海には幻の大陸が沈んでいる 335
標高0メートルの「山」が秋田県に存在する 336
滋賀県には、終点なのに「途中」という停留所がある 337
カラオケで、必ず90点以上が出せる
隠しコマンドがある！ 338
郵便物には目に見えない
バーコードが印刷されている 338
琵琶湖の法律上の扱いは、湖でなく「河川」 339
アメリカ製の車にも
右ハンドルのものがあるって?! 340
最後のファミコンソフトは
機器の生産終了後に発売された 341
手りゅう弾のピンは、口でくわえて
抜くことはできない 342
フィリピンの宗教行事に、日本の
AV男優が参加したことがある 342
サッカーW杯がルーマニア革命の発端だったって?! 343
駐在所は、山間部などだけではなく
都心にも置かれている 344
警察の特殊部隊「SIT」は
英語ではなく、日本語の略称 345
扇風機の羽根の回転は
ヘリコプターのプロペラより速い 346
「天然塩」という表現は使えないって、なぜ？ 347
戦争やコロナ以外で、祇園祭の
山鉾巡行が中止になったことがある 347
阪急京都本線はもともと京阪電鉄の路線だった 348

本文写真◎フォトライブラリー／PIXTA
協力◎オフィステイクオー

1
採れたてホヤホヤ！超最シン雑学

例えば…
ツイッターの小鳥マークの
デザイン料は600円！

スマホは、近くに置くだけで集中力を削ぐって?!

現在の社会生活で、スマートフォンはなくてはならないアイテムだ。だが、そのスマホが集中力を削(そ)いでしまうという実験結果がある。

スウェーデンの精神科医アンデシュ・ハンセン氏が行った大学生500人を対象とした記憶力・集中力調査によると、スマホをポケットにしまったままの生徒は、スマホを教室外に置いた生徒より集中力が低いことが判明した。

また、日本の北海道大学が2017年に行った実験の結果、パソコンのディスプレー脇にスマホを置いたグループは、メモ帳を置いたグループより課題の成績が悪くなる傾向にあったという。これは他人のスマホを置いても同様だった。

スマホは電話やメール、SNSで世界ともつながる万能ツールだ。それゆえに、使い慣れた人間の意識は自然とスマホに向けられる。そして無視しようとすればするほど、逆に「無視すること」に意識が行ってしまい、集中力が発揮できなくなると考えられている。

パクチーを「カメムシのにおい」と感じるわけ

人への害こそ少ないが、カメムシは触ったり潰(つぶ)したりすると鼻にツンとくるにおいを放つ。体や服につくと、なかなか取れないのでやっかいである。

そんなカメムシのにおいと、パクチー

のにおいは成分がほとんど同じだ。パクチーといえば、2017年頃にブームとなった野菜で、ベトナム料理によく使用されるが、独特のにおいと苦みで好き嫌いが分かれる。

このにおい成分は「青葉アルデヒド」といい、パクチーの葉や茎に含まれている。そしてカメムシのにおいも、「青葉アルデヒド」が主成分である。

さらに、酸敗臭（油脂の酸化などで変質した嫌なにおい）を起こす「トランス2デセナール」、油臭の原因となる「ヘキサナール」という成分も共通することが判明。

「カメムシソウ」というパクチーの別名も、あながちデタラメではないのである。

3Dプリンターの基礎技術を考案したのは、日本人

3Dデータを参考にして立体物を作る「3Dプリンター」は、製造現場だけでなく、再生医療や宇宙開発の分野でも利用される最新機器。その基礎的技術を作り上げたのは、実は日本人である。

その技術者は、名古屋市工業研究所（当時）の小玉秀男氏だ。小玉氏は印刷と凝固技術を組み合わせ、立体物を製造する技術を開発。そうして「立体図形作成装置」が特許出願されたのは1981年だった。

ところが、この技術に興味を持つ日本

人は現れず、小玉氏は研究者を引退する。だが、80年代後半になると、米英のメーカーが3Dプリンターの技術に目をつけた。そして1987年に発明家のチャック・ハルが特許を取得し、3Dプリンター専用の企業を立ち上げたのである。

小玉氏は1995年にイギリスのランク賞財団から表彰を受けたが、もしこの研究に日本人が興味を持っていたら、日本は3Dプリンターの分野で世界をリードしていたかもしれない。

「としまえん」閉園の理由は経営不振ではない！

東京都練馬区の遊園地「としまえん」は、2020年8月31日に閉園した。94年の歴史に幕を閉じた理由は、経営難にコロナ禍の利用者激減が合わさったこと――そう報道されることも多いが、経営はさほど危機的ではなかった。むしろ、2019年の入場者数が前年度比120％の110万人を突破するなど、回復傾向にあったのだ。

それでも閉園した理由は「東京都の要請」が大きい。2011年に、東京都は防災公園の整備計画を発表。東日本大震災と同等の災害に備えるためで、その建設地に選ばれたのがとしまえんだった。

都は親会社の西武鉄道と交渉したが、買収は難航。そこにワーナーブラザーズの施設建設計画が持ち上がり、ようやく交渉がまとまったのである。

跡地は東京都が大半を買収し、残りの土地でワーナーブラザーズの施設が建設される。しかし、一部は西武所有のままとなるという。

『シン・ウルトラマン』の脚本家が“特撮愛”ゆえにしていたこと

映画『シン・ゴジラ』の総監督にして、2022年に公開された『シン・ウルトラマン』の企画・脚本を担った庵野（あんの）秀明氏は、特撮マニアとして有名だ。その特撮熱は、大学時代にウルトラマンの短編映画を自主製作したほどである。

若き日の庵野氏が手がけたウルトラマン映画は全部で3本。大阪芸術大学時代の講義課題として製作した「ウルトラマン」、ファースト・ピクチャーズ・ショーに出展した「ウルトラマンDX（デラックス）」、そして1983年の日本SF大会DAICON4用に製作した「帰ってきたウルトラマン マットアロー1号発進命令」だ。

「帰ってきたウルトラマン〜」は「ウルトラマンDX」の続編で、円谷（つぶらや）プロダクションのテレビ特撮『帰ってきたウルトラマン』とは無関係。ストーリーは地球に落下した隕石（いんせき）から現れた怪獣バグジュエルとウルトラマンが戦うというもので、ウルトラマン役は庵野氏本人である。

この映画を、庵野氏は1997年のインタビューで自身の原点と語っており、『シン・ウルトラマン』はまさに38年ぶりの4作目だといえよう。

女性Vチューバーの声を本物か否か、見分ける法

顔出しをせず、その代わりに二次元キ

ャラのアバターを使う「バーチャル・ユーチューバー（Vチューバー）」。中には男性なのに女性アバターを使い、ボイスチェンジャーで女性声を装うこともある。そんなVチューバーと本物の女性を見分ける方法はあるのだろうか？

よく言われるのは「Vチューバーに手を叩いてもらう」だ。ボイスチェンジャーが手の音も拾ってしまうので、音が二重に聞こえるのだという。ただ、この説を検証した動画もいくつかあるが、しっかり調整されていれば不自然さは少なく、設定が甘いと音に違和感が出る程度だという。

声以外に注目するという方法もある。息づかいまで高かったり、ノイズが混じっていたりするとニセの声の可能性もあるという。

ただ、現在は男性Vチューバーが「バ美肉」であることを公言するケースも多く、さらに、あえて男声のまま配信する人も珍しくはない。

ちなみに「バ美肉」とは「バーチャル美少女受肉」または「バーチャル美少女セルフ受肉」の略で、「受肉」とはバーチャル空間で「美少女」になること。成人男性が受肉すると「バ美肉おじさん」と呼ばれる。

二次元キャラと結婚式を挙げた猛者たちがいる！

2000年代から2010年代にかけて、オタクと呼ばれる人たちは、好みのキャラクターを「オレの嫁」と呼んでいた。「お嫁さんにしたいほど好き」という意味だが、本当に結婚式を挙げてしまった人が日本と韓国にいる。

２０１０年、韓国の20代男性がアニメ『魔法少女リリカルなのは』のキャラクターである「フェイト・テスタロッサ」との挙式を決行。もっとも、結婚相手はフェイトの抱き枕である。

その前年には、日本の男性が恋愛ゲーム『ラブプラス』の入ったニンテンドーDSと式を挙げ、披露宴がネット中継された。そして２０１８年には、「初音ミク」と結婚した男性が話題となった。

初音ミクとは音声合成用ソフトのキャラクターで、ゲームやデジタルライブなどさまざまな分野に登場している。そんな初音ミクと、２０１８年の11月に30代の地方公務員が結婚式を挙げたのだ。

４年が過ぎた２０２２年の新聞インタビューでは、「今も愛に変わりはない」と答えている。ただ、人間以外との結婚は法律で認められないので、男性たちとキャラクターは「内縁関係」にとどまってしまいそうだ。

グーグル検索の言語選択は宇宙人語にも対応している?!

検索エンジンの「グーグル」には多数の〝お遊び機能〟が備わっていて、それは言語選択でも同じだ。検索設定から言語選択の場面に入ると「クリンゴン（klingon）」という言語が入っている。

ただ、世界にはそうした名称の国もなければ民族もいない。では、この言葉の正体はというと、実は宇宙人の言語だ。

むろん「グーグル社が宇宙人とコンタクトしていた！」というわけではない。これはSFドラマ『スター・トレック』に登場する、架空の宇宙人が使う言語なのである。

「クリンゴン語」と呼ばれる人工言語の発案者は、出演俳優のジェームズ・ドゥーアンだ。制作には言語学者も加わっていたので、完成度はかなり高い。1979年の映画版で初使用されて以来、クリンゴン人の公用語として定着し、現在では「世界で最も使われている人工言語」ともいわれている。

そのような言語にも対応しているとは、グーグルの遊び心はたいしたものだといえよう。

BTSはソウル市の広報大使だが、ソウル育ちはゼロ

韓国のヒップホップグループ「BTS（防弾少年団）」は、2021年のビルボード・ミュージック・アワードでは4冠を獲得するなど、まさに世界的なスターグループだ。2022年6月に活動休止を発表したことでも話題になった。

そんなBTSは5年連続でソウルの広報大使に選ばれてもいるのだが、実はメンバーにソウル市育ちは1人もいない。

サブボーカルのJINは京畿道安養市（キョンギドアニャン）、リードラッパーのSUGAとサブボーカルのVは大邱（テグ）市出身だ。リードボーカルのJIMINとメインボーカルのJUNG KOOKは釜山（プサン）市。そしてメインダン

サーのJ-HOPEは光州市の出身だ。

リーダーのRMは、生まれこそソウル市だが育ちは京畿道。RM本人も2018年の国連総会で、自らの出身地を安養市の一山と述べている。

つまりBTSは、ソウル市の広報大使でありながらソウルにゆかりがあるとは言えないグループとしても有名なのだ。

「論破王」ひろゆき氏は実は結構負けている

元2ちゃんねる管理人である西村博之氏（ひろゆき氏）は、弁舌の巧みさからコメンテーターとして人気が高い。「論破王」との異名もあるが、実は無敗の帝王ではない。

例えば2021年7月に、FCバルセロナのサッカー選手2名がホテルで日本人スタッフにフランス語の差別用語を放った際、ひろゆき氏は選手らを擁護した。

するとフランス在住の言語学者、小島剛一氏がブログや週刊誌で反論。ひろゆき氏もユーチューブやツイッターで言い返しはしたが、語学の知識量に圧倒されて敗退したという。

この前にも、2010年には経済評論家の上念司氏と討論し、経済知識の差で敗北。論破の達人も、専門的な知識量対決では分が悪いようだ。

ただ、これら

の敗北でひろゆき氏の人気が下がったという声は意外と少ない。

ひろゆき氏も負けたことを気にしていないようだ。勝っても負けても注目が増すので損はないのだろう。そうしたパフォーマンス力の高さも、論破王の魅力の一つなのかもしれない。

日本の有名人でツイッターを初めて使った人は?

芸能人やスポーツ選手、政治家まで、ツイッターを利用している有名人は数多い。多種多様な分野の著名人が手軽な情報発信の場としているため、その内容によっては炎上を招くこともしばしばだ。

では、日本で初めてツイッターを使った有名人は誰なのか? 答えはタレントで、ビューティーディレクターとしても名高いIKKO氏だ。

2007年には当時の口癖「どんだけぇ～」が流行語大賞にも選ばれているIKKO氏がアカウントを開設したのは、翌年08年12月10日。記念すべき初ツイートの内容は自身のブログの宣伝だった。

ツイッターを始めた理由について、IKKO氏は2015年5月24日のテレビ番組で、所属事務所の社長の提案だったと語っている。そして、これを機会に著名人が次々にアカウントを開設し、今ではツイッターはなくてはならないツールとなった。

なお、IKKO氏の当時のアカウントは更新が停止していて、現在のツイートは別のアカウントで行われている。

ツイッターの小鳥マークのデザイン料は600円!

交流サイト（SNS）のツイッターで、象徴といえるのが青い小鳥のマークだ。「ツイッターバード（ラリーバード）」と呼ばれるこの鳥は、イギリス人のサイモン・オクスリー氏の手になるデザイン。

しかし、ツイッター社に依頼されて作ったものではなく、動画・画像を売り買いするマーケットサイト「アイ・ストックフォト（iStockphoto）」に登録した素材だった。ツイッター社は、そこからライセンス契約をしたのである。

では、ツイッター社はオクスリー氏に、いくら支払ったのか。答えは6ドル。当時のレートで換算すると、日本円で約600円だ。

実際は15ドルほど支払われたようだが、サイト側にライセンス料の一部を納める必要があるので、実質600円になった。オクスリー氏は、この料金に大して不満はないという。

そんなツイッターバードは、2022年までに5回デザインを変更している。現在のものは、2012年にデザインされ直したものである。

動画サイトの広告を無料で非表示にする裏ワザ

動画の開始前や途中で流れる動画広告を見たくないという利用者は多いだろう。ユーチューブやニコニコ動画ではプレミアム登録すれば広告を非表示にできるが、当然有料となる。だが、動画サイトの広告を無料で非表示にする方法はある。

「Google chrome」には拡張機能があり、広告ブロック機能をカスタムすれば動画広告を非表示にできる。バナー式の広告も例外ではなく、この機能は2022年7月の段階では合法だ。スマートフォンでも広告削除機能のあるブラウザやアプリがストアで無料配信されているので、それらをダウンロードしてみるのもいいだろう。

ただ、広告はサイトにとって貴重な収入源でもある。企業にとって宣伝のうまみが失われれば、広告収入が減り運営が苦しくなるかもしれない。

さらに広告ブロッカーに扮(ふん)したウイルスソフトに当たる危険もあり、セキュリティの問題も避けられない。やはり裏ワザである以上、リスクは必ずあるということを肝(きも)に銘じてほしい。

USB端子を綿棒で掃除してはいけない理由

ゲームやパソコンのUSB端子はホコリが溜(た)まりやすく、接続不良になりかねないので定期的な掃除が必要だ。そんなとき、綿棒を使ってささっとホコリを取る……のは、おすすめできない。

綿棒は木やプラスチックの棒に脱脂綿を巻き付けている。そのため細かな繊維ゴミが発生しやすい。そのような棒で掃除をすると、小さな糸くずが端子に付着する。これが接触不良の原因になったり、端子が傷ついたりすることもあるのだ。

また、綿棒は先端が大きいので、隙間に入れると端子とこすれ合いやすい。USB端子は精密なので、それだけでも傷つく恐れが十分にある。万一、大きく破損したら、機器がUSBメモリを認識しなくなる可能性もあるのだ。

つい最近、氷の上を歩くと滑る原因がわかった！

氷の上を歩くと足が滑るのは、水膜(すいまく)が原因とされてきた。足の圧力や熱で氷が溶けだし、水膜が摩擦を減らすために滑りだすというのが通説だったのだ。

しかし、この説では摩擦の弱いスケート靴でも滑る原理が説明できない。そのため100年以上も議論が続いていたのだが、2021年2月の研究論文で大部分が解明された。

アムステルダム大学の研究によると、氷の上で滑るのは「分子の摩擦」のせいだという。実は、氷の表面には水膜は存在せず、無数の氷分子で構成されていた。この分子は氷の温度が低いほど摩擦への抵抗が強くなり、逆に高まると分子が動きやすくなって摩擦抵抗が減少する。その上で歩くと、分子も動いて足が滑ってしまうのである。

なお、最も滑りにくい氷の温度はマイナス100度。マイナス50度を境に摩擦抵抗が急激に低くなるようだ。

BOTチェックは、ページが読み込まれた瞬間から始まっている

ウエブサイトの接続時に「私はロボッ

トではありません」の欄にチェックを求められたり、正しい写真を選択させられたりすることがある。

これは「BOTチェック」といい、自動プログラム（BOT）による不正アクセスを防ぐ仕組みである。このようなBOTの判別機能が「reCAPTCHA」であるが、実はBOT判別は、ページが読み込まれた時点から始まっている。

チェック画面で優先されるのは、実は項目欄への入力ではなく「入力までの動き」だ。

スクロールのスピード、クリックの回数、マウスカーソルの挙動。そうした動きを機械的に学習し、人かBOTかを自動判断しているのだ。

初期のreCAPTCHAでは、本当にボックスチェックで判断を行っていたが、AI技術の向上によってチェックの突破がたやすくなり、写真選択は目が不自由なユーザー用の音声ガイドを利用してすり抜けられた。そのため、より人間らしい「動き」で選別するようになっている。

USBをゆっくり差すと不具合が起こりやすい⁈

現時点で主流のUSB規格は「3・0規格」だ。3・1や3・2などの派生規格もあり、USBメモリだけでなく、外付けストレージとの接続ケーブルにも採用されている。

そんな3・0規格にまつわる根強いうわさが「ゆっくり差し込むと、2・0規格になる」というもの。だが、これはうわさではない。真実なのだ。

コネクタの内部は5本のピンに4本のピンが乗る構造になっていて、この5本ピンが3・0規格の端子である。そして、4本のピンは「2・0規格端子」だ。旧規格が付いているのは、機器の互換性を保つため。だがそのせいで、コネクタをゆっくりと差し込むと、2・0規格が先に認識されることもあるのだ。

そうなると通信速度が遅くなったり、エラーが出やすくなったりしてしまう。機器にコネクタを差すときは、素早く奥までしっかりはめるようにしよう。ただし、誤認が起こるのはパソコン側のコネクタである「Type-A」のみだ。「Type-B」や「Type-C」では発生することはない。

圧倒的に美味いと感じる「食べ合わせ」をAIが発見!

一番おいしい食べ物と聞けば、人それぞれで異なる。だが、そうした味わいを平均化するAIが、食品企業で実用化されている。そのAIが味覚センサー「レオ」である。

レオは日本人の平均的な味覚を学習し、甘味、塩味、酸味、苦味、旨味をベースに「おいしい組み合わせ」を数値化するAIだ。このうち4味以上が強いと味が相殺されるので、3味以内が最もおいしく感じやすいという。

そんなＡＩが出した「人間が最もおいしく感じる食べ合わせ」は「インスタントラーメンとプリン」。にわかには信じられないが、甘味、塩味、旨味のバランスがよく、プリンは卵ベースで他の料理と馴染（なじ）みやすい。チキンラーメンと合わせれば豚骨ラーメン風、塩ラーメンに混ぜるとコーンスープ風になるという。

実際、２０１４年に台湾で、ラーメンにプリンを混ぜる食べ方がブームになった。ＡＩの答えも間違いではなさそうだ。

交通系ICカードが
タッチしただけで稼働するわけ

クレジットカードやキャッシュカード、電子マネーと広まりを見せているＩＣカード。これは、金メッキのＩＣチップをリーダーに接触させる「接触型」と、読み取り機にカードをタッチさせるだけの「非接触型」に分類される。

クレジットカードなどは接触型、Ｓｕｉｃａなどの交通系に多いのが非接触型だが、このカード内にはメモリや無線機能を内蔵したＩＣ（集積回路）が埋め込まれており、外部からデータの読み書きが可能だ。

ただＩＣを駆動させるのには電力が必要で、接触型の場合は読み取り機（リーダー）から供給され、非接触型は電磁誘導による電流によって供給されている。

電磁誘導とは、コイル内の磁場を変化させると電流が流れる現象のこと。コイルに棒磁石を出し入れして、電流を起こす実験を、中学校でやったことがある人もいるだろう。

　また、コイルに電流を流すと磁場が発生する。この仕組みを利用し、電源のある改札などの読み取り機から発生する磁場をカードが通過すると、カード内部のコイルに電流が流れ電力が発生する。この作用によってＩＣチップが動作しているのだ。

ＰＤＦデータは簡単にワードに変換できる

　文書などのデータをやり取りする際、頻繁に利用されるのがＰＤＦだ。ただしＰＤＦは、専門のソフトなどを使わないと編集が難しい。そのため「ＰＤＦデータをワードに変換できればいいな」と思う人もいるだろう。

　そんな変換作業は、意外に簡単にできる。方法は、ワードを立ち上げて「開く」から「参照」に進み、変換したいＰＤＦデータを選ぶだけ。確認のダイアログの「ＯＫ」を選択すれば完了だ。そのままドキュメントデータとして保存もできる。

　ただし、古いオフィスのバージョンによっては、この方法が使えないこともある。そんなときは「ＰＤＦエレメント」などの無料変換ソフトを利用することをおすすめしたい。

貧乏ゆすりには人を幸せにする効果がある！

　行儀が悪いとされる貧乏ゆすりだが、近年、そのひざを細かく揺する効果が指摘されている。大きくは三つあるが、まずは「幸せな気分になる」というもの。

人間はリズミカルな動きを繰り返すと、脳からセロトニンが分泌される。このセロトニンは精神を安定させる働きをするため、ストレス解消や緊張の緩和に役立つと考えられているのだ。

二つ目は「肉体的な健康効果」だという。その一つは手足の冷えの改善で、貧乏ゆすりをしたあとに皮膚の温度を測ると、5分後に平均で約2度上昇し、最も上がった人は3・3度も上がったとの実験結果がある。

三つ目は「エコノミークラス症候群の予防」である。長時間同じ姿勢でいることによる血流の悪化を、貧乏ゆすりが解消してくれるのだ。

これら三つの効果は、ひざを揺する＝ふくらはぎを動かすことで得られる。ふくらはぎは、下半身にたまった血液を心臓に戻す「第2の心臓」ともいわれる。

事務職など同じ姿勢で仕事をする人にはおすすめだが、やはり「行儀が悪い」という印象は強いので、ＴＰＯはわきまえたい。

え！ゴジラは〝新宿区民〟になっていたって?!

日本映画が生んだキャラクターの中でも、根強い人気を誇る「ゴジラ」。1954年に東宝映画『ゴジラ』が公開されてシリーズ化し、2016年には『シン・ゴジラ』も大ヒットを記録している。

このゴジラ、多くの都市を破壊しまく

って日本を不安に陥れたにもかかわらず、住民票が交付（こうふ）されているのをご存じだろうか。

きっかけは、２０１５年に発表された「歌舞伎町ルネッサンス」。誰もが安心して楽しめる「エンターテイメントシティ歌舞伎町」の実現に向けた取り組みだ。

この一環として、新たにオープンした新宿区歌舞伎町の新宿東宝ビルに、実物大の「ゴジラヘッド」が設置されたのである。

さらに当時の吉住健一新宿区長はゴジラに特別住民票を交付し、新宿観光特使に任命。町のシンボルとして歌舞伎町のイメージアップを託したのである。

現住所は東宝ビルと同じということらしい。

マイクロソフト・エッジには「IEモード」が存在する

長年にわたり、ウィンドウズの標準ブラウザだったインターネット・エクスプローラー（ＩＥ）。しかし、ウィンドウズ10からはＩＥの後継版であるマイクロソフト・エッジが登場し、ＩＥ11は２０２２年６月にサポートが終了した。

とはいえ、あの使い慣れた画面が落ち着くという人もいるし、やむない事情で他のブラウザでは対応できない場合もある。例えば、古いシステムを利用する、もしくは新しいブラウザでは対応できない昔のホームページにアクセスする必要が出てくるケースがそれだ。

そんなときのため、エッジ上でもＩＥ

向けのホームページを表示できる「ＩＥモード」が存在する。

「ＩＥモード」を有効化するには、エッジの「設定」を選択し、「規定のブラウザ」をクリック。そして「Internet Explorerモードでサイトの再読み込みを許可」をＯＮにし、エッジを再起動する。

そして右上の「…」から「Internet Explorerモードで再度読み込む」を選択すれば、ＩＥ画面が表示されるのだ。

パソコンには オスとメスが存在するって?!

電気機器のパソコンにも性別はある。ウソのようだが本当の話だ。調べるには、まずメモ帳かテキストエディタを開いて「CreateObject（"SAPI.SpVoice"）.Speak "I love you"」と入力し、拡張子を「.vbs」に変えて保存する。そして保存したファイルをダブルクリックすると、人の声で「I love you」と流れてくる。その声が男性か女性かで、使用しているパソコンの性別がわかるのだ。

しかし、パソコン内に男性もしくは女性のＡＩがいるというわけではなく、音声認識・合成システムに使うＡＰＩを利用したにすぎない。その際に流れる声がＯＳやインストール済みのソフトによって違うので、その声色（こわいろ）で男性か女性かを

判断するというお遊びだ。

なお、この遊びができるのはウィンドウズのOSのみ。さらに流れる音声にも微妙な個性がある。ちなみに筆者が試したときは高い女声だったので、パソコンの性別は若い女性のようである。

広島県は、最も土砂災害に弱い県だった

２０１４年に広島市北部を襲った大規模な土砂災害は記憶に新しい。だが実はそれ以前から、広島県は「最も土砂災害に弱い県」であることがわかっていた。

１９６６年、土砂災害を防止し避難態勢を築くため、建設省（現国土交通省）は各都道府県へ「土砂災害危険箇所」の調査を行うよう通達。調査はおおむね５年ごとに実施され、２００２年に公表された調査結果によると、最も危険なエリアが多かったのは広島県で、その数は約３万２０００か所にのぼった。

では、なぜ広島県に土砂災害のリスクが高い場所が多いのか？

一つには地質の問題がある。県の土壌はほぼ半分が花崗岩なのだが、この岩石は風化が進行すると「真砂土」という土に変化する。真砂土は水を含むと非常にもろくなるため、多雨時には斜面の滑落や崩壊が生じやすくなる。

また、山地が約８割を占めるため住宅を確保すべく山地が開発され、高度経済成長期には山裾にまで都市化が推し進められたことも挙げられる。

近年、広島県は土砂災害防止法に基づ

く「土砂災害警戒区域」の指定のため、より災害リスクのあるエリアについて、より詳細な調査を実行。その結果、警戒区域は従来の約1・5倍にあたる約4万8000か所も存在することが判明した。やはり日本最多である。

自動ドアが動物の進入を防ぐ仕組みとは

コンビニなどの自動ドアで、心配ごとの一つは動物の進入だ。イヌやネコはもちろん、山間部では野生動物が入ってくる恐れもあるからだ。

ただ古いタイプの自動ドアなら、基本的に動物の接近は感知しない。旧式のドアは重量式だったので、イヌ・ネコのように軽い動物には反応しにくいからだ。

しかし、イノシシやクマなど、人間の体重を上回る場合は反応してしまう可能性があった。

このような重量式に対し、現在の主流となっているのはセンサー式だ。赤外線などで人の接近を感知し、ドアが開くという仕組みになっている。四足歩行の動物は人より背丈が低いので、赤外線や光線が届かないこともある。そのため、基本的に自動ドアは動物には開きにくい仕組みだといえるだろう。

ただし、タッチ式の自動ドアでは動物が鼻先で押してしまうこともある。また、小さな子どもを感知しやすいようセンサーの範囲が広いタイプもある。そんなタイプだと、動物でも入りやすくなってしまうのだ。

南極の氷が溶けて海水面が上昇するのは、地盤隆起が原因

温暖化が進むと南極の氷が溶けて海水面が上昇する。ただし、その原因は海へ流れ込む水が増えるからではない。

コップの氷が溶けても水が溢(あふ)れないように、海の氷塊が溶けるだけでは海の水位に変化はない。北極の氷の融解が問題になりにくいのもそのためだ。

南極が問題になるのは、大陸そのものが隆起してしまうからだ。

かつての南極大陸は温暖だったが、気候と地殻の変動で約1500万年前までに現在の形となった。その大陸を覆う氷が溶けると、溶けた分だけ大地が隆起してしまう。すると地球の海水面もそれだけ押し上げられてしまうわけだ。

南極大陸の氷が全て溶けると、想定される隆起は数百メートルともいわれる。

その結果、海水面も約60メートル上昇してしまい、海抜の低い島嶼部(とうしょぶ)だけでなくニューヨーク、ロンドン、上海といった海沿いの主要都市は水没。日本も東京23区が全て海の底となる。オランダのように、国土の大半が水没する国も出てくると予想されている。

グーグルの検索では、検索欄を無重力にする「隠しコマンド」がある

「グーグル」は世界で最も使用されている検索エンジン。そしてこの検索エンジンには、前述したように、ちょっとした遊び心も隠されている。

まず、パソコンでグーグルエンジンのメイン画面に入り、検索欄に「google space」と打ち込む。それから「I'm Feeling Lucky」のボタンを押してみよう。

するとページが無重力状態になり、ロゴや検索バーがバラバラに動き出す。それらにカーソルを合わせてドラッグすると、投げ飛ばして遊ぶこともできるのだ。もちろん、その状態でも検索できる。

逆に「google gravity」と打ち込めば、重力に合わせてロゴが落下する。「epic google」のコマンドでは文字がだんだんと巨大化する。「google weenie」では反対に字が縮小したのだが、こちらは2022年7月の段階でもう機能していない。

こうした特徴的なコマンドが、グーグルエンジンには50種以上あるようだ。

夫婦喧嘩が子どもに与える影響は、こんなに深刻！

夫婦生活の中では、時に言い争うこともあるだろう。しかし子どもの前で夫婦喧嘩(げんか)をすると、児童虐待になりかねないという研究結果がある。

福井大学とハーバード大学の研究によると、夫婦喧嘩を日常的に見て育った子どもは、そうでない子どもより、記憶力やIQが低い傾向にあったという。

これは夫婦間の暴言暴力への恐怖によって、脳の視覚野(しかくや)が萎縮(いしゅく)した結果とされている。しかも暴力行為を見た子どもより、言葉の暴力を聞いていた子どものほうが、6倍以上も萎縮率が高かったのである。

日本では、子どもの前での夫婦間の暴力行為や言い争いを「面前DV」と呼び、児童虐待防止法第2条4項で心理的虐待の一つと定めている。

ただ、まったく夫婦喧嘩をしないことも難しい。重要なのは、子どもに気づかれない環境でするか、喧嘩後にイラつきを表に出さず、子どもへの八つ当たりもしないこと。

または、喧嘩後は夫婦の仲直りをアピールするなど、子どもへのアフターケアを忘れないことだろう。

非公開アカウントのツイッターでも呟きの内容を見る方法がある

ツイッターの非公開アカウント（鍵アカ）を見るには、フォローの承認が必要だ。しかし相互フォローなしでも内容を見る方法はある。

そのアカウントが最近まで公開アカだった場合、検索エンジンでキャッシュを調べる方法がある。アカウントのキャッシュが残っていれば、非公開にする前のツイートをある程度は閲覧が可能だ。

問題行為を起こしたアカウントなら、誰かがウェブページ保存サイトの「ウェブ魚拓」でツイートを保存した可能性があるので、それを探すのも一つの手である。

ただし、これらで見られるのは非公開になる前のツイートだけだ。鍵付きになったあとの合法的な閲覧にはコツがいる。

それは「鍵アカの相互フォロワーに中身を見せてもらう」「返信相手とのやり取りから内容を推測する」「相手の趣味に合

いそうなＢＯＴアカウントを作りフォローを待つ方法」だ。

だが、それらもコミュニケーション力や運が絡んでくるので難易度が高く、やはり本人が隠している以上、閲覧のハードルも高くなる。

バナナの皮を踏むと足を滑らせる原理が解明！

バナナの皮を踏んづけて滑って転ぶ。マンガチックな出来事ではあるが、この原理を科学的に立証した日本人研究者がいる。北里大学衛生学部の馬渕清資（きよし）教授（当時）のグループは、２０１４年にバナナの皮を踏んで滑りやすくなる原理を解明した。

人工関節の研究者だった馬渕教授は、関節の摩擦減少効果がバナナの皮の滑りやすさに似ていることに気づく。そして自ら皮を何度も踏みつけ、摩擦係数の変化を測定したのである。

その結果、バナナの皮を踏むと通常より滑りやすくなることを立証したのだ。

研究によると、バナナはそのまま滑らせても摩擦減少の効果はない。しかし上から踏みつけると、皮の内側が圧力で液状化し、床との摩擦を激減させる。そうした効果によって、足が滑りやすくなるのである。

バナナの皮を踏んだときの摩擦係数は通常の床と比べて約6倍。これは、滑走中のスキーボードと同等の滑りやすさである。このような研究により、馬渕教授はその年のイグノーベル物理学賞に選ばれている。

なぜ、小学校では「シャープペン禁止」なのか？

小学校ではシャープペンシルの使用が禁止されがちで、先生に理由を聞いてもまともな答えが返ってこず、理不尽に感じた人も多いだろう。

禁止の理由には「筆記具の正しい持ち方や筆圧を身に付けるため」「授業中に芯を折って遊ぶから」などさまざまあるが、注目すべきは「事故防止」の観点だ。

シャープペンシルの芯は黒鉛でできている。この黒鉛は通電性が非常に高く、家庭用のコンセントに入れるだけでも大量の電流が流れ込む。そうなると感電の危険はもちろん、コンセントに入れた芯に別の芯を当てると爆発することもある。

こうした事故を防ぐことが、小学校におけるシャープペンシル禁止の理由の一つだという。

だったらそうと教えてくれたらいいのに、と思うだろうが、そこは好奇心が旺盛な小学生のこと。逆に芯をコンセントに突っ込んでみたくなったり、同じ黒鉛の鉛筆で「実験」したりする恐れがある。そのため禁止の理由すら言えないという。

理不尽に見える禁止令にも、相応の事情があるのだ。

ユーチューブに初めて投稿された動画はずばり、何？

動画投稿サイトの「ユーチューブ」は、開設から約15年となり世界で23億人以上が利用している。そんな怪物サイトと化したユーチューブに初めて投稿された動画は、意外にも動物園の紹介だった。

動画のタイトルは「Me at the zoo」で２００５年4月13日にアップロードされた。撮影場所は、カリフォルニア州のサンディエゴ動物園。そのゾウ舎の前で、男性がゾウの好きなところを語るという内容だ。再生時間は19秒と短くまとまっている。

ユーチューブの正式リリースは11月、それに先立つベータ版の公開も5月なので、投稿は開始前に行われたことになる。どういうことかというと、実はこの動画、ユーチューブの創設に伴って投稿されたテスト動画なのである。

登場する男性はサイト創設者の１人。開発チームの一員なので、開始前の投稿ができたというわけだ。２０２２年7月時点で、再生数は約2億３６８８万回。コメント数も１０００万を超えている。

「富士五湖の水は湧き水」説は間違いだった！

富士五湖は富士山麓にある、本栖湖（もとすこ）、精進湖（しょうじ）、西湖（さい）、河口湖、山中湖の総称だ。そして、これらの湖は湧き水で形成されたというのが定説だった。

しかし現在、この説は否定されている。

山梨県環境科学研究所の10年にわたる水質調査により、湧き水ではないことが判明したのだ。

通常、富士山の湧き水にはバナジウムというミネラル分が多く含まれている。水が玄武岩の間を何十年も流れるうちに、岩々から溶けだしてくるからだ。

ところが、富士五湖の水にはほとんど含まれていなかった。その濃度は、富士山系の湧き水の12分の1〜120分の1。2010年に発表されたこの新説により、富士五湖を湧き水とする定説は覆されたのである。

現在では雨水や雪解け水だとする説が有力で、富士山や他の山々に降った雨水が直接流れ込み、五つの湖を形成したとしている。

2004年に富士山は私有地になっていたって?!

2013年に世界遺産に登録された富士山は、日本を代表する霊峰だ。標高約3776メートルの活火山で、古くから歌に詠まれるほどの美しさで多くの人を魅了する。

そんな富士山は国有地かと思いきや、実は8合目（3360メートル地点）から上は私有地だ。頂上とその一帯を所有しているのは、「富士山本宮浅間大社」。江戸時代に徳川幕府から頂上一帯を寄進され、今も別宮が置かれている。ところが明治維新後は、新政府によって国有地とされた経緯がある。

太平洋戦争後、山頂一帯は神社への返

還が決定していた。しかし、実際に返ってきたのは一部分のみ。そのため神社は1957年に国を相手に提訴する。裁判は最高裁判所にまで持ち込まれ、1974年に山頂の返還を国に命じている。

これで問題解決と思いきや、裁判所の命令はすぐに実行されなかった。山頂の県境問題によって返還に必要な登記の手続きが進まなかったのだ。結局、神社に返還されたのは2004年になってから。最高裁判決から30年後のことだった。

スマホから聞こえる声はかけている人の声ではない

電話で通話ができるのは、音声を電気信号に変換して相手に送り、それを再び音声に変換しているからだ。変換はされるものの、通話している当人同士の声であることに違いない。

しかしスマートフォンで届くのは、自分によく似た合成音声である。

スマートフォンに向かって話すと、内部で瞬時に声が音源とフィルタに分解される。そして固定コードブック（音の辞書）で生成可能な43億の音声パターンから、似た波長を見つけ出して合成音声を作り上げる。これらの作業を完了するのに必要な時間は平均0・02秒だというから、まさに一瞬だ。

人工の声を作るのは、声の波を直接相手に送れないからだ。技術的には不可能ではないのだが、データ量が膨大となって回線に多大な負荷がかかってしまう。そのため人工音声を作り出し、通信データを節約しているのである。

プロとアマの線引きが明確ではない競技がある！

野球やサッカーなどの競技は、プロとアマチュアの区別が明確化されている。しかし、その境界が非常に曖昧（あいまい）な競技もある。それは「eスポーツ」だ。

世界ではコンピュータゲームもスポーツ競技の一種とし、大会賞金やスポンサー企業の支援で生計を立てる「プロゲーマー」も数多い。

では、日本でプロゲーマーになる方法はというと、明確な方法はない。「日本eスポーツ連合（JeSU）」がプロライセンスを発行してはいるが必須ではなく、アマチュアでもプロゲーマーを自称し大会で賞金を得れば、その時点でゲームのプロになれるわけだ。

海外では、プロゲーマーをアスリートとして扱う動きが活発だ。フィリピンでは国家がアスリートライセンスを発行し、ドイツや台湾ではeスポーツを正式なスポーツとして政府が認可している。

もはやゲームは遊びではなく、国も認めるスポーツとなりつつあるのだ。

コンビニコーヒーが「お得な商品」である根拠とは

カップを購入し、自分でマシンから注ぐ「コンビニコーヒー」。その値段は100円台後半から、高くても300円とお手頃だ。

しかし、その原価はカップとコーヒー

を合わせても50円程度。コーヒーの値段を最低価格の100円台としても、約半額だ。

「販売価格の半分とは、原価率が低すぎる」と思う人もいるだろうが、実は逆。コンビニコーヒーの原価は、高い部類に入るのだ。

商品の値段は原価の他に、人件費や店の家賃、客の回転率なども考慮しなければならない。通常、飲食店の原価は値段の20〜30%。50%もあっては、とてもじゃないが普通の飲食店では提供できない。

コンビニコーヒーが高原価率を維持できるのは、セルフサービスなので人件費を最低限にできるから。そのため、高品質の豆を低価格で提供できるわけで「客にとってはお得な商品」なのだ。

2

その疑問に白黒ハッキリつける雑学

例えば…
なぜ宝くじは、当せんが
出た売り場がわかる?

なぜ、雪が積もると音を静かに感じるのか？

雪が降り積もった一面の銀世界に立つと、全てが静かに感じられる。それは、空気の寒さや雪の雰囲気によるものと考えられがちだが、雪の日は本当に音が静かになりやすいのだ。

その原因は、雪の結晶が音を閉じ込めるからだ。音とは空気の振動である。物体の動きに応じて空気も震える。それが鼓膜に届くと、脳が音として処理をする。これが音の発生する簡単なメカニズムである。

しかし、雪が降ると、この音が閉じ込められてしまう。雪の結晶は複雑な六角形を形成しており、その隙間に音となる振動が封じ込められるからだ。そうなると、音が遠くまで届きにくくなり、普段より静かになるというわけだ。

晴れていても関係ない。雪が積もっていれば、地面に反射する分の音を結晶が吸収する。一説によると、雪の防音率は80％以上だという。雪の日が静かな理由には、こうした科学的なメカニズムが隠されていたのである。

「アマゾン」のロゴがAとZでつながれている意味は？

大手通販企業「アマゾン」の社名は、南米アマゾンが由来だとされる。１９９４年の設立時は「カダブラ社」という社名だったが、「cabaver（死体）」と間違えられるので現社名に変更した。

その理由は、「アルファベット検索すると一番上に出やすいこと」「世界一のストアを目指すという願いを世界最長のアマゾン川に例えた」といわれている。

そうした意気込みは、ロゴのデザインにも表れている。アマゾンのロゴは、AとZを矢印の曲線でつないでいるのが特徴だ。これは、世界一のオンラインストアであることをアピールするため。

つまり、A（始まり）からZ（終わり）まで、あらゆる商品を扱うことを表している。また、通販に限らずさまざまな業種を展開するという意味もある。

さらに、矢印が人の笑みに見えるのも錯覚ではない。これは客の笑顔を表現している。そうした企業としての目標と理念がデザインに込められているのだ。

旅客機にパラシュートが装備されていないわけ

戦闘機には脱出用のパラシュートが必ず装備されている。それならば、旅客機にも乗客脱出用のパラシュートを義務付ければ事故での生還率が上がるのでは？　そう考える人も多いというが、それはかなり難しく危険なのである。

飛行機事故は、その80％が離着陸時に発生する。墜落までの時間は短く、乗客がパラシュートを装着する余裕はない。仮に飛び降りても、開く余裕もなく地面へと激突する。高空での事故用としても、装備の装着には時間がかかるだけでなく、降下にも専門の訓練が必要だ。

緊急時でも迅速に装備を装着して、規

律を保って順番に降下していく――そんなことは、素人の乗客に不可能だ。

仮に可能だったとしても、旅客機の平均飛行高度は約1万メートル。酸素マスクなしだと酸欠で意識を失い、手足が重度の凍傷を負う高さだ。パラシュートで降下しても、そもそも生き残れない。

以上から、航空法第90条により、許可なしのパラシュート降下自体が禁止されているのだ。

「のりは日本人にしか消化できない」って本当？

日本人にとって、ひじきやわかめなどの「海藻」はポピュラーな食べ物だ。そんな海藻の中に、日本人以外が消化できないとされる海藻がある。それは寿司や、おにぎりに巻かれる「のり」だ。

のりにはポルフィラン多糖という食物繊維が含まれ、通常の胃液では消化不能なほどに硬い。

ところが、2010年にフランスのロスコフ海洋生物研究所が日本人の腸内環境を調査したところ、この食物繊維を分解できる細菌の存在が確認された。このことから、「のりは日本人にしか消化できない」という言説が広まったのである。

では、本当に外国人はのりを消化できないのかというと、そんなことはない。消化が難しいのは「生のり」なので、加熱すれば消化しやすくなる。焼きのりなら、外国人でも問題なく食べられる。

さらに言えば、先の実験の対象となった日本人は4人のみで比較対象もアメリカ人だけだった。しかも4人の中には、目的の細菌が腸内にない者もいたという。

したがって「のりは日本人にしか消化できない」のではなく、「日本人は生のりを消化できる可能性が高い」程度に思っておいたほうがいいかもしれない。

湯温50度の風呂は入れないのに100度のサウナに入れるのは？

高温度に設定された場所に入り、大量に汗をかくことで血行が良くなるというサウナ。80度や90度、中には100度を超える設定がされている場合もある。

だが、風呂では40度を超えたくらいからかなり熱く感じ、100度ともなればもはや熱湯だ。ところが、サウナだと高い温度でも大丈夫なのはなぜなのか？

その理由は、気体と液体で熱伝導率が全然違うからだ。

液体は、気体よりも分子の密度が高く熱が伝わりやすい。反対に、気体は分子の密度が低いので熱が伝わりにくい。さらにサウナは湿度が高いように思えるが、実は5～10％程度と低めに保たれている。空気が乾燥していて熱伝導率が低いため、100度近い温度でも耐えられるというわけだ。

また汗をかくことで、その汗が皮膚のバリアとなり熱から守ってくれる。当然ながら体内の水分は失われていくので、サウナ前後の水分補給は忘れないように。

なぜ宝くじは、当せんが出た売り場がわかる?

宝くじ売り場には「この売り場で○等○億円の当せんくじが出ました!」と書いたポップが貼られているもの。

だが、当せん者が「当たりました!」と売り場に報告してこない限り、当たりくじが出た売り場を特定できないのでは?と思う人もいるだろう。そのカラクリは次のとおりだ。

宝くじの運営は、各地方自治体の宝くじ事務協議会が総務省の許可のもとで行う。その事務作業はみずほ銀行に委託(いたく)され、各販売業者へと宝くじが配布される。その際に、売り場の宝くじ番号を記載した明細表も一緒に添付される。

高額当せんが出ると、売り場はその表から番号を調べて銀行に報告する。そのため、高額当せんが出た場所はすぐにわかるというわけだ。

バラ売りのくじでも調査には支障はない。連番くじを売り場でバラバラに袋詰めしただけなので、表を辿(たど)れば簡単に割り出せる。ロト6やナンバーズでは発券機に売り場情報が記録されるので、割り出しは宝くじより簡単だ。

こうしてわかった当せんを、売り場で客寄せのポップに使うのである。

ライブハウスがたいてい「1ドリンク制」のわけ

ライブや舞台で、チケットと別途で飲

食代が必要な場合と不要な場合とがある。ただ、ライブハウスなどでは、1ドリンク制であることが多いのではなかろうか。その理由はいくつかあるが、法律的に、そのほうが営業しやすいというメリットが大きい。

ドームやコンサートホールなどは「興行場」にあたり、「興行場法」で定められた項目をクリアし許可を得ることで運営している。その項目は、水質やトイレの数、換気設備などかなり細かい決まりがあり、各都道府県でも内容が異なる。

だが、飲食店なら「食品衛生責任者」講習を受けて資格を取得し、保健所に申請するだけ。そのため、許可が下りやすい「飲食店」として営業するほうが、事業者にとって都合がよい。

つまり、ライブなどは飲食店の集客の手段として行っているという解釈のもとに開催されるため、1ドリンク制を採用しているわけだ。

日本なのに、盲導犬の命令が全て英語なのは？

進むときは「ゴー」、戻るときは「バック」、待たせるときは「ステイ」など、盲導犬への指示は基本的に英語で行われる。日本語で命令する場面は、訓練でも日常でも皆無である。

指示が英語だけである理由は三つの説がある。まずは、英語は短くシンプルなので犬が理解しやすいという説。もしくは初期の盲導犬訓練はアメリカや欧米各国の資料を参考に試行錯誤していたので、その名残（なごり）ともいわれている。だが、最も有力な説は日本語の複雑さだ。

日本語のイントネーションは一定ではない。男性と女性で言葉自体が異なることもあり、児童や老人でも言葉は異なる。さらには各種方言もあるし、共通語であっても地域ごとに響きが違ってくる。

例えば、東京で訓練された盲導犬が関西に渡り、大阪訛り（なま）などで命令されたら混乱する可能性がある。そのため犬への指示は英語で統一されたのだという。

一番風呂は、なぜ「体に悪い」といわれる？

「風呂はやっぱり一番風呂！」という人も多いだろう。誰も湯を使っていないので清潔だからだ。

しかし、昔から「一番風呂は体に悪い」といわれる。なぜかといえば、きれいな湯（水道水を沸（わ）かしたまま）は体に悪いから。

二番風呂以降のお湯は、先に入った人の肌の汚れや汗が溶け込んでいる。肌に悪そうだが、お湯の濃度が上がるので肌触りがマイルドになり、肌の調子が整いやすくなる。

逆に、一番風呂は水道水が沸かされたままの状態だ。日本の水道水は軟水なのでミネラル分が少なく、消毒用の塩素も少量残っている。

肌内の水分濃度とお湯の濃度に差があると、浸透圧の違いで外のお湯が染み込んでくる。浸透により肌が刺激を受けてしまい、敏感な人なら塩素でよりダメージを負うこともある。

それでも一番風呂がいいという人は、入浴剤を使おう。湯の浸透圧が低下するので、肌の健康も保たれるはずだ。

「金属製の水筒にスポーツドリンクを入れるのはNG」って本当？

熱中症対策などのために、スポーツドリンクを入れた水筒を持ち歩く人は多いだろう。しかし、こうした使用法は危険なので避けるべきだと注意がなされることがある。

スポーツドリンクは酸性の飲料のため、これに触れた容器内部の金属が溶けだし、めまいや吐き気などの中毒症状を引き起こすというのだ。

確かに過去にはそういった事例も見られた。だが、最近の水筒はほとんどがコーティング加工されており、金属が溶けだすことはほぼない。実際、金属製の水筒を使用したことによる中毒事例は、2008年以降報告されていない。

ただし、水筒の内部にサビや傷があると、飲料と直接触れないはずの部分が露出し、金属が溶けだす可能性がある。

こうしたコーティングの劣化を防ぐために、消費者に「金属製のたわしでこすらない」「研磨剤を含むスポンジを使用しない」といった注意を喚起しているメーカーもある。

保湿ティッシュはなぜ甘く感じる？

花粉症や鼻炎などで頻繁に鼻をかむ人が重宝するのが「保湿ティッシュ」。肌触りの良さが魅力だが、この商品にはもう一つ意外な特徴がある。それは「甘い」ということだ。

保湿ティッシュには、しっとりとした柔らかさを出すために「ソルビット」と呼ばれる成分が配合されている。これはリンゴ、ナシなどの果物や海藻類に含まれている天然の甘味成分でもある。

白色・無臭の粉末で、砂糖の約60％程度の甘味があり、水にも溶けやすい。この性質を活かして食品の甘味料や保湿剤、柔軟剤などに広く利用されているのだ。

ソルビットは山いちごの一種であるナナカマドの実から発見されたのが最初で、かつては高価な物質だったが、現在ではジャガイモやトウモロコシのデンプン（ブドウ糖）を原料に量産されている。

このソルビットが保湿ティッシュの甘さの秘密だが、いくら甘くてもティッシュは食品ではない。くれぐれも舐めたり食べたりしないように。

「卵は、LでもSでも黄身の大きさは同じ」は本当か

「卵の大きさは、黄身ではなく白身の大きさで決まる」という話を聞いたことはないだろうか。黄身が好きならSサイズのほうがお得なのではないかと、ネット上で注目を集めた「黄身の大きさ同じ説」

だが、実は大きな間違いである。

　卵の大きさは、それを産むニワトリの年齢によるのだ。若いニワトリの卵は小さく、卵黄も小さい。そして年をとるにつれ、卵そのものも卵黄も大きくなる。さらに卵黄の比率、つまり白身の量は若いニワトリのほうが多い。

　もっと言うと、1羽のニワトリが産む卵の大きさは日により異なるが、卵黄の大きさはあまり変わらない。つまり、若いニワトリのLサイズの卵は黄身の割合が少なく、年をとったニワトリが産んだSサイズは黄身の割合が多くなるのだ。

相手に「脈があるか」否か、見分ける方法はある？

相手が自分に気があるかどうかを調べる方法は多々あるが、そのうちの一つは笑顔と視線だ。人間は近くに意中の相手がいると、笑うとき無意識にそちらを見てしまう習性があるからだ。

　特に男性は、興味のある人物や物を長く見つめる心理がある。これは狩猟者だった原始の名残（なごり）ともいわれ、女性も親和を図りたい相手に視線を送りやすい。

　また、近づきたいという欲求が無意識に働き、体が相手のほうを向くこともある。好きな相手には意識せず笑顔を作ってしまう心理も合わさり、笑うときに好意を抱く相手を無意識に見てしまいがちなのである。

　そのため、いつもチラチラと視線を向けてきたり、こちらを見て笑ったりする場合は、好意を持たれているかも。

人間が相手と目を合わせる平均時間は約3秒。もし5秒以上見つめてくる場合は、脈アリな可能性が高い。しかし、ただの愛想笑いだったり、意図的に行って相手を手玉に取ろうとしたりするツワモノもいる。慎重に見極めよう。

ペットボトル入りの牛乳はなぜ見かけないのか？

牛乳の容器といえば、一般的には紙パックか瓶だ。ペットボトル入りの牛乳はほとんど見かけない。なぜか？

牛乳は栄養が豊富なので雑菌が繁殖しやすい。ペットボトルは口を付けて飲むうえに、常温で持ち運びされる。そのためペットボトル入りの牛乳を作ってしまうと、常温放置で雑菌が増殖し、食中毒リスクも高まる。そうした理由もあり、ペットボトル入り牛乳は法律で製造が禁じられていたのだ。

しかし、2007年の「乳及び乳製品の成分規格等に関する省令」(乳等省令)の改正で、製造規制は緩和されている。これによって、日本乳業協会は独自の自主規制のもとでペットボトル牛乳の製造を認めたのだ。

製造が許されるのは、容量が350ミリリットル以下の飲みきりサイズか、持ち運びができない大型サイズのみ。また、注意書きを目立つ箇所に表示しなければいけない。

製造コストが高いのであまり流通していないが、横浜市に本社を置く「高梨乳業」は、「タカナシミルク」のブランドで、小型のタイプを通販などで販売している。

ブルーライトは本当に「目に悪い」？

パソコンのモニターやスマホの画面から出るという「ブルーライト」。強いエネルギーで網膜（もうまく）を傷つけるとされ、軽減するメガネなどが販売されてもいる。だが、その悪影響についてのエビデンスは存在しない。

日本眼科学会などの6団体が2021年に発表した論文によると、パソコンやスマホのブルーライトは自然光に含まれる光量より少なく、目にダメージを与える科学的根拠は存在しないとする。

また、ブルーライトカットのメガネをかけても眼精疲労の予防効果はないとし、米国眼科学会も眼球が永続的なダメージを受けることはないとしている。

夜間に強い光を浴びることで不眠症になる可能性は指摘されているが、それ以外の健康被害については立証されていない。それでも目への悪影響を懸念する声は根強く、悪影響がないとも言い切れないのが現状なのだ。

飛行機のトイレに、いまだに灰皿が設置されているのは？

旅客機内は1980年代前半まで喫煙可能だったが、86年に全日空の禁煙席拡大を機に規制が強まり、99年までに外国便を含めて全社完全禁煙となった。それでも、飛行機のトイレにはいまだに灰皿が設置されている。

これは喫煙可能だった頃の名残ではなく、比較的新しいボーイング787でも、トイレの入り口に取り付けられている。その理由は、防火対策だ。

全面禁煙にしたとしても、隠れて煙草を吸う乗客は必ず現れる。しかし旅客機のトイレは水が流れないので、吸殻を便器に捨てられると機内火災が発生する危険がある。そのため、今も火災防止の観点から、トイレに灰皿を設置しているという。

禁煙ルールと矛盾しているが、事故が起こるよりはマシということだ。ただし喫煙したことが発覚すると、航空法で定める「安全阻害行為等」として50万円以下の罰金となる。

自分で自分をくすぐっても何も感じない理由

他人からくすぐられたときには、当然、くすぐったさを覚える。ところが、自分で自分をくすぐっても何も感じない。いったいなぜか？

これには大きな理由があり、くすぐったさの要因は「予期せぬ刺激」なのである。親密な相手に想定外の刺激を受けたときの驚きが、「笑い」となって出現するのだ。心因的な影響が大きいので、くすぐったくなる度合いは心を許している相手ほど高くなるという。

ところが、自分をくすぐる場合は「想定外」ではない。くすぐる手を動かしているのは自分なので、指の動きやタイミングまで予期できる。そのため、くすぐったくならないのだ。

ただし、神経疾患や統合失調症の人は、自分の行動に対する自覚が欠けるのでくすぐったくなるという。つまり自分で自分をくすぐって「ひゃあ！　くすぐったい」と感じるなら、危険な状態かもしれない。

なぜミネラルウォーターに賞味期限がある？

容器を開封しない限りミネラルウォーターの味に変化はなく、飲めなくなることもない。それなのに、メーカーにもよるが、ミネラルウォーターのボトルには平均1～2年の賞味期限が表記されている。実はこの賞味期限、水ではなく容器の都合で決められているのだ。

ペットボトルは意外と通気性の高い容器で、年月がたてば少しずつ容器から水が蒸発する。2年ほど放置していると、内容量が目減りしていることがある。容器に記載される内容量と実際の量に開きがあると、計量法違反になる恐れすらある。そのため、表記の量を保てる期間を賞味期限として記しているのだ。

さらには、においの防止の目的もある。通気性があるために、周囲のにおいが染み込むこともあるからだ。それが水にまで到

達すると、強いにおいで味が落ちることもある。つまり、ミネラルウォーターの賞味期限とは、容器が安全に水を保存できる使用期限といえるのだ。

「ダンボール紙」の「ダン」ってどういう意味？

紙製ながらも分厚く頑丈な「ダンボール（段ボール）紙」。配達用や保存に用いる箱だけでなく、最近はベッドや本棚などにも応用されている。

ダンボールは19世紀中頃のイギリスで、欧州貴族の襟元を参考に、波状に折った厚紙を使ったのが最初。当時流行っていたシルクハットは、かぶると蒸れるのが難点だったが、この不快さを厚紙を内側に取り付けることで軽減したのだ。

これが明治維新後に日本へと伝わり、使われ始めた。そんなダンボールの「ボール」は「ボード（board）」が由来だ。イギリスでの名称は「paperboard」だったのだが、日本人が「ボード」を「ボール」と聞き間違えたためといわれている。そして「ダン」の由来は、「段があること」だとするのが通説だ。

ダンボールの国産化に成功した実業家の井上貞治郎が、「段の付いたボール紙」と伝えるために「段ボール」と命名したそうだ。

しかし、一方では「問屋の名前」という説もある。戦前に「段商店」という紙問屋があり、時に厚紙の取り扱いはトップシェアを誇っていた。当然ダンボールも扱っていたので、問屋名の「段」が流用されたという。

道路の数え方の単位は「1本、2本」でいい？

道路の数え方の単位として一般的なのは「本」だろう。また、細い道では「筋」が使われることもある。さらには「条」という単位があり、京都の「三条」「四条」のように、碁盤（ごばん）目上に整理された道路は「条」で数えられていた。

この他にも、将来や目標といった概念上の道は「一つ、二つ」と数えることもある。

これほど多くの数え方がある道路だが、実は、道路関連企業が使う単位はこのどれでもない。どんな単位を使うかといえば、そのまま「道路」である。

日本道路公団などの道路整備・運用に携（たずさ）わる企業では、公の場で道路を数える際に「一道路」「二道路」という。もしくは「路線」で数えることもあるという。そのため、公的に正しい道路の数え方は、「道路」と「路線」といえるだろう。

「幽体離脱」は、やはり心霊現象なの？

事故に遭い、気づいたら空から自分が救急車で運ばれているのを見ていた——。映画やドラマでよくあるシーンだ。

この体から魂が離れ、宙から自分を眺めるという現象は「幽体離脱（ゆうたいりだつ）」とも呼ばれ、非科学的な不思議な現象として語られている。しかし、最近の脳科学で説明がつく現象なのだという。

頭頂葉と後頭葉の境界には「角回（かくかい）」という部位があり、これを刺激すると背後に誰かがいるような恐怖を感じるという。その背後の人物を自分自身と認めた場合、心と体が乖離（かいり）したような感覚になる。これが幽体離脱で、専門的には「体外離脱体験」という。

しかし、日常的に幽体離脱を経験している場合もあるとの指摘がある。優れたサッカー選手が上空からピッチ上を眺め、ボールを支配しているという現象も、広義的でいえば体外離脱体験なのだ。

このように、人間は幽体離脱が起こるような回路を持って生まれてきた。その理由は、客観的視点を持つことが、人間社会を営むうえで有利だからだともいわれている。

「食後すぐの歯磨きは逆効果」説の真偽は？

かつては「食後はすぐに歯磨き」という習慣が定着したが、この方法は「歯にあまりよくない磨き方」という情報が近年広まっている。

食後は歯のカリウムやリンが溶けでていて、やわらかく敏感な状態になっているというのが理由だ。根拠となるのが、実験的に酸性炭酸飲料に歯の象牙質（ぞうげ）の試験片を90秒間浸したあと口に戻し、歯磨き開始時間の違いによる酸の浸透を調べた論文である。

しかし日本小児歯科学会は、従来の方法が正しいという見解を示している。

歯の表面は象牙質ではなく、酸への抵

抗性が高いエナメル質によって覆われている。酸性飲料を飲んだとしてもエナメル質への酸の浸透は少なく、さらに唾液が酸を中和させるため、歯が溶けないように防御機能が働く。したがって一般的な食事では、酸に蝕まれることは少ないといえる。

歯磨きの目的は、酸を生み出す歯垢中の細菌と、酸の原料となる糖質を取り除くこと。食後はできるだけ早く歯を磨いて、歯垢と糖質を取り除くほうが賢明なのだ。

地球の温暖化が進むと豪雪が増えるって本当？

地球が暖かくなれば降雪量が減る。そう考えるのが一般的だ。しかし、地球温暖化によって日本の降雪は増加するという説がある。寒冷現象と温暖化は矛盾しているようにも思えるが、気象学に基づく有力な説だ。

その仕組みは、温暖化で北極と周辺の氷が大量に溶けると、北極海が広く太陽に熱せられる。海が暖かくなると、海面から昇る熱と大気で上空の気流がより北側に押し上げられる。そうなると、シベリアの季節風が日本に南下しやすくなり、寒波がより強くなるという。

ここに深く関わるのが、日本海の温度上昇だ。海水温度が上昇すると蒸発する水蒸気も多くなり、積雲も必然的に厚くなる。そうなると降水量・降雪量も増えてしまうのだ。

２０２０年末から翌年初めの豪雪でも、

温暖だった秋の影響で海面温度は平年より2度も高かった。一時的な変化だったが、もし温暖化で海面温度が恒常的に上がれば、平地の豪雪もより増えてしまう。また、全体の降雪量は減るが、短期間に降雪が集中するという説もあるのだ。

オオサカが「大坂」から「大阪」に変わったわけ

現在の大阪府、大阪市の表記は「阪」の字を使うが、江戸時代以前には大坂と「坂」の字が用いられた。

そもそも大坂という地名は、室町時代の僧侶・蓮如（れんにょ）によって書かれた御文（おふみ）（御文章）に「摂州東成郡生玉乃庄内大坂（せっしゅうひがしなりのこおりいくたまのしょうないおおさか）」と書かれていたのが最古の記録だ。その由来は「大きな坂があった」「小坂が大坂に転化した」などといわれる。

その大坂が明治時代以降、「大阪」に変わったのはなぜか?

これには諸説があり、一つは「坂」を分解すると「土に反る」と読めるため縁起が悪いとするもの。もう一つは、やはり分解すれば「士が反する」=「武士が反抗する」という意味に捉えられ、明治新政府が変更したというものだ。

さらにもう一つが、役人による書き間違え説だ。「大阪」と書いた重要な書類が修正前に上層部に提出されてしまったため、そのまま地名となったとするものだ。

大正時代初期に発行された『大阪市史』には、府の官印に「大阪府印」と「大坂府印」の二つがあったとし、「偶然に起こりしにて、必ずしも深き理由ありしにあらざるべし」とされているので、意外と書き間違え説が正解かもしれない。

なぜ、サッカー選手は子どもと手をつないで入場する？

サッカーの試合では、選手が子どもと手をつないでスタジアムに入場する。選手と手をつなぐ子どもたちは「エスコートキッズ」と呼ばれ、選手の実子が務めることもある。

ただ、こうした光景はサッカー以外にない。サッカー選手がエスコートキッズをお供にするのは「フェアプレーの誓い」のためだ。

つまり、子どもに見られても恥ずかしくないプレーを約束するため、一緒に入場するのである。この他にも試合前で昂(たかぶ)った神経を抑えて、トラブルを防止するためという理由もある。

そんなエスコートキッズの歴史は意外と浅く、公式試合での採用は１９９８年のＦＩＦＡワールドカップフランス大会から。エスコートキッズになるには、各サッカーチームのサポーター向け募集、または日本サッカー協会などの公式サイトから応募するのが一般的だ。

しかし倍率は数百倍。あこがれの選手とピッチを歩くには、相当の運が必要となる。

フェンダーミラーがタクシーには残っているのは？

現在販売されている乗用車のほとんどは、外部ミラーが「ドアミラー」になっている。しかし、日本でドアミラーが承認される1983年までは、「フェンダーミラー」が主流だった。

フェンダーミラーとは、今もタクシーでは使用されることが多い、ボンネットに取り付けられたミラーのことだ。

　ではなぜ、タクシーではいまだにフェンダーミラーが採用されているのだろうか。実は、フェンダーミラーにはドアミラーにはないメリットが存在するからだ。

　まず、フェンダーミラーは目線の移動が少ないため、後方の確認がしやすい。タクシーの場合、首をひねって後部座席の乗客と目を合わせるのはためらわれるし、助手席に客を乗せていれば、首を動かして横を見るのも憚（はばか）られる。

　そのため、視線だけで確認できるフェンダーミラーが重宝されるのだ。

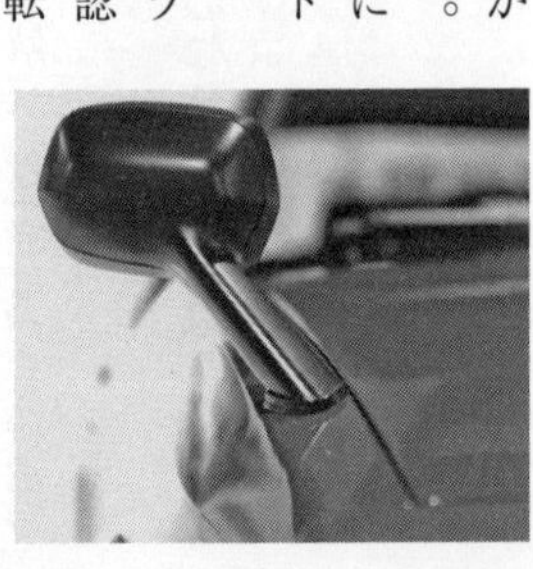

　また、真横にあるクルマもドアミラーより、フェンダーミラーのほうが確認しやすい。運転席の前方にあるため、死角が少なくなるからだ。
　さらには狭い道や駐車場に停めるときも、フェンダーミラーのほうが邪魔にならない。そして、空気抵抗が少なく燃費がアップするというメリットもある。
　「デザイン性が悪い」「歩行者をはねてボンネットに乗り上げたときのダメージが大きくなる」などのデメリットもある

が、フェンダーミラーにはドアミラーにはないメリットも多いのだ。

DNAと遺伝子はどう違う？

ＤＮＡと遺伝子は同じもののように表記されることもあるが、実は別物である。わかりやすく例えると、ＤＮＡが重要書類で、遺伝子はそこに書かれた体の重要な情報に当たるのだ。

ＤＮＡはデオキシリボ核酸（かくさん）という物質で、ひもの部分は「糖」と「リン酸」でできている。そして、そのひもが「Ａ（アデニン）」「Ｇ（グアニン）」「Ｃ（シトシン）」「Ｔ（チミン）」という塩基（えんき）物質で橋渡しされて長い螺旋（らせん）を構築している。

この塩基物質の並びは「塩基配列」と呼ばれ、そこに記載されている情報が「遺伝子」というわけだ。

遺伝子は親から子に伝わる遺伝情報だが、それだけではなく、生体の材料となるたんぱく質の構造を決め、使われる量やタイミングを調節する役割も果たす。

ヒトの遺伝子は約２万２０００個もあるというが、これら全てに情報があるわけではない。使われていない部分や、謎の部分も多く、解読の研究は今も続けられている。

なぜ、関西のわらび餅には黒蜜が付いていない？

低カロリーで夏の和菓子の定番といえば「わらび餅」。スーパーなどで見かける透明なわらび餅は、特に親しみがあるだろう。

このわらび餅は、大阪府八尾市にある明日香食品の商品だ。ただ、静岡県あたりを境にして関東と関西で付属品が異なる。関東ではきな粉と黒蜜が付くが、関西は黒蜜が付いておらず、きな粉だけセットされ販売しているのだ。

そもそも関東では1990年代の初め頃まで、わらび餅を食べるという文化があまりなかったという。くず粉、もしくは代用品の小麦粉で作った白い「くず餅」が主流で、これにきな粉と黒蜜をかけるのが定番だった。

そのため関東では「わらび餅にも、くず餅と同じように黒蜜を付けてほしい」という要望が多く、現在の仕様になったという。ただ、黒蜜が付くぶん原価は5〜6円高くなるそうだ。

秋葉原の読みは「あきはばら」？「あきばはら」？

秋葉原の読みは、オタクを「アキバ系」と呼ぶことからも「アキ〝バ〟ハラ」と思っている人が多いだろう。しかし、秋葉原の正しい読み方は「あきばはら」ではなく「あきはばら」だ。しかし古くは「あきばはら」だった。

どういうことかというと、秋葉原の地名の由来は、1869年、この地に建立された「秋葉神社」（現在は台東区松が谷に移転）とされる。この秋葉神社の付近が「秋葉原」と呼ばれるようになり、当時の読み方は「あきばはら」だった。

それが「あきはばら」に変わったのは

１８９０年、同地に新しく貨物専用駅として「秋葉原駅」が開設された際、駅の読み方のみ「あきはばら」と決まったのである。そして、旅客営業を開始した大正期には「あきはばら」で統一された。

変更された理由ははっきりしないが、秋葉神社の総本社格である静岡県浜松市の「秋葉（あきは）神社」を参考にしたという説もある。今でも、代々地元に住む人の間では「あきばはら」読みも多く使われ、どちらも正解といえるのだ。

ニットとセーター、その違いはどこにある？

同じもののように思える「ニット」と「セーター」だが、実ははっきりとした違いがある。

ニットは１本の糸から編み込まれた「素材」で、セーターはそのニット素材で作られた「上着」。したがって「ニット地のセーター」は誤った表現ではない。

ニットは編み目の大きさや編み方でも種類が分かれる。例えば、ハイゲージニットは網目が細かく、さらりとした手触りとなめらかな見た目が特徴。ローゲージニットは網目が大きく、ざっくりとボリュームが出る。

編み方では、棒針で極太毛糸などで太く編んだケーブルニットや、凹凸のあるストライプのように編み、伸縮性を高めるリブニットなどがある。

それぞれ見た目の印象や着心地も質感も大きく変わるので、その特徴を覚えておくと、ショッピングでも便利である。

なぜ、目の大きい女性がモテるのか？

「パッチリとした大きな目」は女性の憧れの一つで、目が大きく見えるメイク法や化粧品も人気だ。また、目の大きな女性を好む男性も多い。それには本能や心理学に基づく理由がある。

目の大きな女性が魅力的に見えるのは、表情が見て取りやすいというのが挙げられる。「目は口ほどに物を言う」という諺どおり、口に出さなくても目を見れば感情がある程度は伝わってくる。目が大きい人は表情の変化がわかりやすいので、情緒豊かに見えるのだ。

さらに男性は幼い顔立ちを見ると、「守ってあげなければ」という感覚を本能的に持っている。黒目がちで大きな目は童顔の大きな特徴。つまり、男性の本能を刺激する顔立ちといえる。

切れ長の目の女性は、美人であっても大人っぽい印象を受けてしまうため、本能が促されないのである。

男性は視覚の情報を重視するので、初対面で外見を「かわいい」と感じると、性格的にも良いと思うことが多いという。そのため目の大きな女性は褒められる機会が多く、自信がつく。お洒落やメイクにも意欲的になり、さらにモテるという好サイクルが生まれるのだ。

継ぎ足しのタレが腐らないのは？

「ウチのタレは、創業以来の継ぎ足しで

す」と誇らしげに語る老舗鰻(うなぎ)店や、焼き鳥店の店主がいる。

だが気になるのは、数十年も使っているのに、なぜ腐らないのかということだ。実は、この「継ぎ足し」の部分にヒントがある。

同じタレを長く使えば当然腐る。しかし、老舗のタレは使うごとに継ぎ足されるので、中身が絶えず入れ替わっている。

使う頻度で変わってはくるが、大体は半月から1か月で古いタレはなくなり、新しいものに入れ換わるのである。そのためタレが腐ることは非常に稀(まれ)なのだ。

また、タレは塩分と糖分が多いために菌が繁殖しにくく、熱された鰻や鶏肉を頻繁に突っ込むと、常に低温殺菌された状態になる。こうした雑菌が育ちにくい環境もタレが長持ちする理由なのだ。

タレを継ぎ足し使用すれば、同じ味を安定してお客へ提供できる。さらに漬け込んだ肉からうま味が染み出し、より濃厚な味わいになる。タレを長く使い続けるのは、そうした利点も大きいのだ。

バナナやスイカ、イチゴの缶詰がないわけは？

ミカンや白桃、パイナップルなど、果物の缶詰にはさまざまな種類がある。しかし、バナナ、スイカ、イチゴの缶詰は、ありそうなのに見かけない。

「缶詰は長期保存が目的なので、ハウス栽培や輸入などで年中食べられるものは対象外」というのが通説だが、それならパイナップルも対象外となる。

実は、スイカ、バナナ、イチゴの3種が存在しない理由は、製造工程に耐えられないからだ。

果物の缶詰を作る場合、工場では80度以上の熱湯で数十分の熱殺菌を行っている。こうして保存性を向上させるのだが、スイカ、イチゴ、バナナは熱に非常に弱い。イチゴはジャム状になってしまうし、バナナやスイカは形崩れしやすい。

そのまま缶詰にしたとしても、本来の風味は再現できないのである。そのため、この3種の缶詰は日本で作られないというわけだ。

ただし、海外ではこれらの缶詰が売られている国もある。税関の問題で輸入は困難だが、本来の食感からはかけ離れた味わいではあるようだ。

カミナリによる発電が実用化されないのは？

カミナリは雲の内部に溜(た)まった電気が地面に落下する現象で、その電圧は平均約1億ボルトにもなるという。この膨大な電力、発電に利用できるのでは？と思う人もいるだろうが、実用化は不可能だという。

カミナリの放電は一瞬で終わるため、蓄電する余裕がない。仮にバッテリーへ流し込めたとしても、瞬間的に億単位の電圧を流して耐えられる機器はない。頑丈なバッテリーを開発したとしても、1秒未満で十数時間分の電力を蓄えるほどの機能が必要となる。当然、コストも膨大だ。

これをクリアしても、カミナリの発生場所と時期の予測が困難なので、安定した発電はほぼ不可能である。さらに電力も、1家庭における約50日分の消費電力と同じほど。これを全国に広げると、約2200世帯の1日分しか賄(まかな)えない。

このような理由から、カミナリ発電は非現実的なのである。

瓶ビールはなぜ、栓を抜いてから提供される？

居酒屋などで瓶ビールを注文すると、栓を抜いてから提供される。これは、お客に栓を抜く手間を与えないようにするサービス精神の現れ――というわけではない。単なる規制回避である。

飲食業は保健所の飲食営業許可があれば開業できるが、提供できる酒類は開栓されたもののみ。つまり、グラスに注いだりして、その場で飲むしかない状態のお酒である。

もしも未開封のお酒を取り扱おうとしたら、税務署長の「酒類販売業免許」も必要になってしまう。なぜなら持ち帰りが可能となるため、「提供」ではなく「販売」に該当するからだ。

販売業の免許がないのに未開栓の瓶ビールを提供すると、酒税法違反になりかねない。そして、飲食店が販売免許を取るのも非常に難しい。酒税法第10条9項では、不適当な場所で販売する場合は免許の交付が許されない。酒場や料理店もこの不適当な場所に含まれるのだ。

そこで、店はあらかじめ開栓して提供することで、この規制を回避しているわけだ。

「兄弟都市」ではなく「姉妹都市」というのは?

「姉妹都市」とは、文化交流や親善を目的に関係を結んだ都市のことだ。

大都市では複数の姉妹都市提携を結ぶことも多く、東京都もロンドンやソウルなど、10以上の街や地域と関係を持っている。ロシアのように「兄弟都市」と呼ぶ国もあるが、姉妹都市と呼ぶ国がほとんどだ。

その理由はというと、アメリカ大統領の宣言にある。

1956年、アメリカのアイゼンハワー大統領は第二次世界大戦の傷跡が色濃い欧州諸国を支えるため、民間同士の交流と相互理解の強化を呼びかけた。この民間交流プログラムで使われた言葉が「シスター・シティー」だった。

ブラザー・シティー（兄弟都市）としなかったのは、フランス語やドイツ語などにおける「都市」の単語が女性名詞だったからとする説が有力だ。

現在でも姉妹都市という名称が使われているが、「友好都市」「親善都市」と呼ぶことも増えている。言葉の性差をなくそうとする運動の一環であるという。

蚊取り線香はどうやって蚊を退治している?

夏場の風物詩でもある蚊取り線香は、煙をくゆらせているだけで蚊を退治してくれる優れものだ。そのため、「煙の中」に殺虫成分が含まれていると思いそうになるが、実は違う。

蚊取り線香に火をつけると、熱によって「ピレスロイド」という殺虫成分が空気中に飛散する。これが蚊の体や体内に付着すると、神経系統が破壊されて絶命する。この成分は空気中にも長く浮遊するので、長時間の殺虫・忌避(きひ)効果を発揮。つまり、蚊を退治するのは「煙」ではなく目に見えない成分なのである。

気になるのは安全性だが、人間や哺乳類であれば問題は少ない。体格が大きいので、体内に入ってもすぐ分解されるからだ。よほど大量に吸い込まない限り害はないのである。

換気を十分にしていれば、幼児やイヌやネコと同じ空間で使っても心配はない。しかし魚類や昆虫、ハ虫類、両生類には強毒性を発揮するので、これらのペットと同じ空間での使用は避けたほうがいい。

動物園が動物を輸入するときにかかる費用は?

種類や輸送の手間にもよるが、動物園が海外から動物を輸入するには、かなりの費用がかかる。例えば、ゾウは平均3000万円、ゴリラは8000万円だという。しかし、その中には無料で入手可能な動物もいる。「コアラ」である。

コアラといえば、オーストラリアに生息する有袋類(ゆうたい)の希少(きしょう)動物だ。愛くるしい姿から人気も高く、さぞ高額になるかと思いきや、コアラの輸入費用は「基本無料」である。

これは、オーストラリアからの譲渡やレンタルという形で入手するからだ。商業活動ではないので、輸入自体に費用は発生しないのである。

しかし、コアラの食べるユーカリの葉は日本の環境だと育たないため、大量に輸入しなければならない。そうしたエサ代を含めた維持費用は、1頭につき年間最大1200万円。長期飼育のトータルコストでは、ゴリラを上回ることすらあるという。

地下鉄の車両の先頭にある「扉」は何のため？

地下鉄の先頭車両には前面に扉がある。何に使うのか？　と不思議に思う人も多いだろうが、実はあの扉、非常時の脱出用なのである。

国土交通省の「鉄道に関する技術上の基準を定める省令」第75条2項は、「非常時に側面から脱出困難な区間を走行する列車は、必ず最前部の車両前面と最後部後面から脱出できなければならない」としている。脱出困難な区間とは、車両側面とトンネルとの間が400ミリ以下の場合だ。

単線トンネルなどでは壁と電車の間隔が狭く、既定の広さを確保するのが難しい。そのため乗客が安全に脱出できるよう、前面後面に「貫通扉」を設置している。運転スペースを広くするため左側に設置する車両も少なくない。

ただし、400ミリ以上を確保できる状況なら貫通扉は必要ない。205系が埼京線などの地下区画を走るように、トンネルの広さと避難路が確保された区画では貫通扉のない電車が通過することもある。

都営地下鉄大江戸線の通勤形電車の非常用の貫通扉を開けたところ

マゲを結えなくなった力士は引退させられる？

相撲取りはマゲを結って勝負に挑むが、「髪の毛が薄くなってマゲが結えなくなると現役引退を強いられる」といううわさもある。しかし、髪の毛の量が原因で土俵を下りる必要はない。

確かに、十両以上の力士は原則として「大銀杏（おおいちょう）」というマゲを結う決まりがある。しかし、マゲは原則であって義務ではない。そもそも「マゲを結えないと引退」という規則も存在しないのだ。

ただ制約は存在し、横綱の土俵入りで先導役を務める「露払い」と太刀を持って従う「太刀持ち」は、必ず大銀杏を結うという暗黙の了解があるので、髪の毛がなければ務められない。

また、その日の取組の最後に行司から弓を受け取り、勝利の舞と四股踏みを披露する「弓取り式」の進行役も、マゲなしでは行えない。

「マゲが結えなくなると引退」という都市伝説が流布したのは、髪が薄くなるほどの年齢になれば体力が衰え、引退する力士が増える時期と重なるため。もしくは、江戸時代に「ちょんまげが結えなくなると武士は隠居する」という決まり事があったためだと考えられる。

パスポートの菊のマークと皇室の紋章の菊。どう違う？

世界ではパスポートの表紙にその国の国章を描くのが常識である。日本のパスポートにも、表紙に菊のマークが刻まれている。

しかし日本では、国章を定めた法律が存在しない。そのため、国花の一つである菊マーク（菊花紋章）で代用している。

ただし、パスポートの菊マークは皇室の菊紋章とは別物だ。最大の違いは花弁の数である。

皇室の菊紋章は、16の花弁と八つの花弁の先端を組み合わせた「十六八重表菊」。これに対して、パスポートの菊マークは十六弁の花弁しかない「十六一重表菊」だ。

つまりは、花弁と花弁の間から小さな先端が見えるのが皇室の紋章、見えないのがパスポートのマークとなっている。

一重菊のマークが採用されたのは、1

926年のことである。1920年の国際交通制度改良会議にて、パスポートへの国章印刷が義務化されたことで、菊紋章をデザイン化したマークを付けるようになった。

戦後も継続して使用され、幾度かの細部の変更をへて現在に至っている。

燃料が満タンの車と燃料切れの車、爆発しやすいのは?

ガソリンタンクに燃料が満タンのクルマとほとんど入っていないクルマ。可燃物質が多いのだから、満タンのほうが爆発しやすいと思いがちだ。しかし、実際はその逆である。

これを裏付ける実験が、ナショナルジオグラフィックのテレビ番組で行われている。

2020年の実験では、燃料満タンのクルマ、半分だけのクルマ、4分の1のクルマ、空っぽのクルマを用意し、点火すると最も爆発するのはどれかを調べた。すると、空のクルマが大爆発を起こし、燃料満タンの車はまったく爆発しなかったのである。

その理由は、燃料タンクが空であっても、内部には気化したガソリンが充満しているからだ。そしてガソリンが最も発火しやすいのは、気体のときである。

燃料が満たされていると、空気も少なく燃えにくい。しかし、ほとんどなければ酸素の燃焼作用にも助けられ、大爆発しやすい。空気が15に対して気化ガソリンが1の割合が、最も爆発リスクが高いという。

SPが背広のボタンをはずしている理由とは？

総理大臣などの要人が和やかな笑顔で手を振り、一般の人々の前に登場する際、周囲を囲むコワモテの男たち。このように要人の警護を担うのがセキュリティポリス、略して「SP」だ。

要人の警護が任務なのだから、その服装もきちんとしている。実際、スーツにネクタイが当たり前で、髪形も特に規定はないが七三分けが主流。現在は坊主やスポーツ刈りの人も増えたが、耳にかかるような長髪姿はいない。

ただし、上着のボタンははずされている場合が多い。これはいざというときに、腰や脇に携帯している装備品を素早く取り出すためだ。

SPには女性警察官も所属しているが、全警察官における女性の比率が3割を超えているのに対し、SPでは5％程度にすぎない。これは選抜過程における体格差や体力差によるものと考えられる。

とはいえ、女性要人を警護する必要もあることから、男ばかりで構成するわけにもいかない。

実際、SPが創設された1975年にエリザベス2世英王女が来日した際には女性のみの「表敬部隊」が編成され、現在も活動を行っている。そのスタイルは男性と同じスーツ姿。もちろんスカートを着用することはない。

❸

知っててよかった！
法律・ルールの雑学

例えば…
自宅なのに、住居侵入罪
に問われることがあるって?!

授業内容を、教師の許可なくSNSに上げると…

スマートフォンの普及で、授業内容を録画する生徒も増えている。新型コロナのまん延以降は、オンライン授業が一般化し予習・復習用に録画することもある。

ただし、授業の録画をSNSにアップするのは厳禁だ。教師の許可なくこれを行うと、罪になることもある。

その罪状は「著作権侵害」。著作権法第10条1項によると、法が定めた著作物には「講演その他の言語の著作物」も該当する。当然ながら、授業風景も講演その他に当てはまる。

もしも著作者(教師)の許可なくアップロードすると、著作権法第119条1項により10年以下の懲役(ちょうえき)か1000万円以下の罰金、またはその両方が科される。営利目的でなくても減刑はされない。

訴訟に発展するのは非常に稀(まれ)だが、削除要求と学校による処分はあるだろう。SNS全盛の今だからこそ、著作権侵害にはいっそう気をつけたほうがいい。

「壁ドン」は暴行罪、「口説き」は脅迫罪になる?!

「壁ドン」とは相手、特に女性を男性が壁際に追い詰め、「ドン!」と壁に手を付くアプローチだ。少女漫画やドラマではよく見るシチュエーションだが、現実で行うのはハイリスクである。状況次第では暴行罪になりかねないからだ。

暴行罪は殴る蹴るといった直接的暴力

だけでなく、相手の行動を力で抑制した場合も該当することがある。壁ドンは女性を壁際に追い込むので、行動の抑制と捉えられかねない。そして女性が恐怖を抱けば、暴行罪が成立しかねないのだ。

さらに「オレの女になりな」「今夜は帰さないぜ」などと口説こうものなら、脅迫（きょうはく）罪に問われかねない。相手を押さえ込んだまま、強引な要求をしたと見なされる可能性があるからだ。

脅迫罪や暴行罪が成立すると、2年以下の懲役または30万円以下の罰金となってしまう。

ウーバーイーツは大型バイクや車で配達できない？

コロナ禍（か）で需要が急増した宅配サービス「ウーバーイーツ」。配達スタッフ、通称「配達パートナー」は副業としても人気だ。審査も簡単で、オンライン上で書類をアップロードするだけ。配達手段さえあればすぐにスタートできる。

しかし、配達手段として使用できるのは、基本的に自転車か125cc以下の原動機付自転車（原付）のみ。「早く運べる」「多く運べる」からといって、大型バイクや自動車を利用する場合は申請が必要だ。

自転車か原付以外で配送したいなら、ウーバーイーツ側に軽自動車届出済証

や事業用車ナンバープレートの写真などが必要になる。なぜなら、「貨物軽自動車運送事業法」により、有償で物を運ぶ場合、事業用ナンバーを付けなければいけないと定められているからだ。

　このナンバープレートを取得するためには、居住している自治体の運輸局へ出向き、申請をしなければいけない。

　暑い夏や寒い冬はエアコンの効いた車に頼りたくもなるだろうが、もし違反すれば100万円以下の罰金が科せられる。事業者ナンバーを取得するか、自転車・原付で我慢するほうが得策だ。

コスプレで、リアルな軍服を着ると罰せられる！

軍服風のコスプレをするコスプレーヤーも多いが、本物とそっくりな軍服を着るのはNGだ。

　日本の軽犯罪法第1条15項では、官公職（公務員）の制服や勲章などを一般人が、着用または偽造することを禁じている。破れば拘留、または科料に処せられる。つまり、自衛官だけでなく消防士や警察官の制服を着るのも禁じられているのだ。

　しかも、15項では「外国におけるこれらに準ずるもの」も取り締まりの対象なので、アメリカなどの軍服も処罰の可能性が高い。

　さらに、在日米軍の服装はまた別の法律でも守られている。日本はアメリカと「日米地位協定の実施に伴う特別法」という特別刑法を結んでいて、在日米軍への不当行為はこの法に基づき罰せられる。その9条で一般人の軍服着用は禁じられていて、もしアメリカ軍人でない者が在日米軍の軍服を着用すると、拘留または罰金刑となる。

こうしたルールのもと、実在する軍隊のコスプレは禁止しているイベント運営も多いのだ。

外 国国旗の損壊は違法だが、罰せられることは稀だって？

国旗は、その国のシンボルであり、敬意を持って扱うべきものである。そんな国旗を破いたり燃やしたりすれば、当然のごとく罪となる。

刑法第92条では、外国の国旗や国章を侮辱（ぶじょく）目的で損壊、あるいは除去したものは「外国国章損壊等の罪」に問われ、2年以下の懲役または20万円以下の罰金が科せられるのだ。

ただし、この罪は日本の警察のみでは取り締まれない。第92条2項によって親告罪となっており、外国政府から国旗損傷に対する請求がされないと公訴できないからだ。

では、日本の国旗を破損した場合はどうだろう。実は「日の丸を燃やす行為」そのものを裁く法はない。ただ、他人の所有する国旗を燃やすと器物損壊罪、燃やす場所によっては放火罪になる可能性もある。

その過程で他人の土地に無断で入れば建造物侵入罪にもなりかねないので、絶対にやめておこう。

他人の封書を勝手に開けると罪になる。ではメールは?

他人の手紙を勝手に開封した場合、それが家族のものでも犯罪となる。刑法第133条によると、封をした信書を正当な理由なく開けた場合は、信書開封罪として1年以下の懲役または20万円以下の罰金となる。

この罪でいわれる「信書」とは、郵便法第4条2項で定められた「差出人が受取人への意思や事実を通知した手紙や文書」のこと。つまりは手紙や請求書などの類(たぐ)いである。では電子メールは、この信書に該当するのだろうか? 答えは「該当しない」だ。

信書開封罪は「封をした信書」にのみ適応するので、封ができない電子メールは適応外である。したがって、浮気を疑った彼女が彼氏のメールを盗み見たとしても、それは罪に当てはまらない。

ただ、パスワードを盗んでネット上のメールシステムにアクセスすれば、不正アクセス法違反になる恐れはある。だがこれも「不正アクセス」を禁じたものであるため、メールの盗み見自体を対象とする刑法は、いまだ存在しないのが現状なのだ。

スポーツ界でドーピングは禁止。ではゲームの世界大会では?

薬物で身体能力を強制的に向上させるドーピングだが、これを違反とするのはスポーツの世界だけではない。チェスやトランプの世界大会でも、ドーピングは厳しく禁止されている。

　その理由は二つある。一つは国際チェス連盟がオリンピック競技採用を目指しているので、通常のスポーツと同様のアンチドーピングを徹底していること。二つ目は「頭脳ドーピング」の防止である。

　ドーピングで向上するのは体力だけではなく、例えばＡＤＨＤ（多動性障害）患者の治療に使われるリタリンを健常者が服用すると、通常よりも集中力がアップする。また、テストステロンを使うと男性ホルモンが活発になり、闘争心や意欲が高まる。

　チェスやトランプでドーピングを禁止するのも、こうした頭脳ドーピングを防ぐためなのだ。

　薬物で集中力と意欲を高めれば、試合が多少なりとも有利になる。そうした不正をなくして、フェアな試合を維持するために、ドーピング防止を徹底しているのだ。

タクシーの乗車拒否は禁止だが、例外もある

　道路運送法により、タクシーの乗車拒否は禁じられている。だが例外もあり、その一つが「営業区域」によるものだ。

　タクシー業界では事業所ごとに営業を行うことができるエリアが決められていて、道路運送法20条では「（タクシー事業者は）乗車地または到着地のどちらかが営業区域内でなければ運送してはならない」という規則があるのだ。

ただし、条文にあるように「区域内で乗せた客を区域外で降ろす」「区域外で乗せた客を区域内で降ろす」のは可能で、認められないのは「区域外で乗せた客を区域外で降ろす」こと。タクシーが区域外で客を降ろすと、次は事業所の区域内を目的地とする客しか乗せられないのである。

他にも、乗務員が乗車拒否できる条件がある。高速道路の料金の支払いを強要されたときや、車両の給油や入庫などのために「回送」の表示を出しているときが、それに当たる。

さらには、付添人のいない重病者や泥酔者、不潔な服装をしていて車内を汚すおそれがある客の乗車も断ることができるのだ。

ネットで誹謗中傷すれば傷害罪になることもある!

2022年6月に刑法が改正され、侮辱罪の上限が30日未満の拘留または1万円未満の科料から、1年以下の懲役もしくは禁錮、30万円以下の罰金、または拘留もしくは科料となった。

これにより、ネット上での誹謗中傷に対する罰則が強化されることになる。さらに「殺すぞ」「住めなくしてやる」などと脅した場合は脅迫罪が適用され、2年以下の懲役または30万円以下の罰金が科せられる。

しかし、侮辱や脅迫を受けた被害者が精神的なストレスを感じたときは、より重い傷害罪で罰することも可能だ。

傷害罪は暴力などによってケガをしたときに適用されるが、体だけでなく精神に傷害を負った場合でも成立する。したがって、侮辱・脅迫が原因でうつになったり、ＰＴＳＤ（心的外傷後ストレス障害）になったりしたときは傷害罪となるうるわけだ。

傷害罪は15年以下の懲役または50万円以下の罰金という重罪。精神的な苦痛や不調を覚えたときは、病院で精神疾患の診断書を書いてもらい、警察や検察に提出するのも手段の一つである。

誘導員のミスで事故を起こしてもドライバーの責任になる！

工事現場や大手ショッピングセンターの駐車場で、誘導員のミスにより事故を起こした。そんなとき「誤った誘導が原因だから誘導員が悪い」と思うかもしれないが、法的には車の運転手が大部分の責任を負うことになる。

公務員である警察官であれば、誘導には絶対従わないといけない。しかし誘導員を含めた各種警備員は、法的には民間人として扱われる。そのため、車両誘導にも法的な強制力は認められてはいない。

警備員の業務規程を定めた「警備業法」の第17条でも「この法律により特別に権限を与えられているものでない」としている。

したがって、誘導ミスによる事故が起きれば運転手の責任も問われる。身も蓋もない言い方をすれば「民間人のお願いを鵜呑みにして、安全確認を怠ったほうも悪い」ということになるのだ。

仮に誘導員の責任が認められても、運転手より大きくはならない。もしも誘導に違和感を覚えたり、標識や信号の指示と違っていたりするときは、ドライバーが自ら確認をしたほうがいいだろう。

自宅なのに住居侵入罪に問われることがある!

ある男が浮気相手と一緒になるため、妻と子どもを置いて家を出た。しかし、浮気相手とうまくいかなくなり、行き場をなくした男は自宅に戻ることにした。自宅は男の名義だし、鍵も持っている。妻とも離婚していないので、家族関係は保たれたままだ。男は、妻が留守のうちに自分の鍵で家に入る。すると帰ってきた妻は、男を不法侵入で訴えた――。

こうした場合、男は住居侵入罪に問われる可能性があるのだ。

刑法では「正当な理由がない」のに、人の住居に入ってはならないと定められている。男性の場合、自分の家族の住む自分の家に戻ってきたのだから、正当な理由と受け取ることはできる。

しかし刑法には、「現状の秩序を尊重する」という思想がある。つまり、別居をしていた男は、もはやその家の住居者ではないと見なされてしまったわけだ。こうした状況を避けるには、妻に一報を入れて謝罪し、許しを得てから戻るべきだろう。

SAやPAで人と待ち合わせるのは道路法違反!

高速道路にあるサービスエリア（SA）やパーキングエリア（PA）で待ち合わせをし、1台の車に乗って出かける。よくありそうな状況だが、こうした行為は法律違反となる可能性がある。

道路法第48条の11には「何人もみだりに自動車専用道路に立ち入り、又は自動車専用道路を自動車による以外の方法により通行してはならない」とあり、SAやPAで人と待ち合わせる行為は、この「みだりな立ち入り」に抵触する可能性があるのだ。

また、SAなどに乗りつけた車の放置や人を待つための長時間駐車も、高速道路の運営会社が定めた「供用約款（利用規約）」に違反する行為と見なされる。

管理者の指示に従わない場合は30万円以下の罰金など厳しい罰則も規定されているし、本来の利用者が駐車したくても停められないという状況を引き起こす迷惑行為につながってしまう。

SAやPAは休憩やトイレ、食事などに利用する場所。目的以外の使い方はマナー違反どころか、違法行為になりかねないことを心にとどめておきたい。

酒気帯びの自転車運転手は処罰されるのか?

道路交通法（道交法）第65条によると、

「何人も、酒気を帯びて車両等を運転してはならない」と規定されている。この「車両等」には自転車も含まれているため、自転車の飲酒運転も道路交通法違反にあたる。

しかし自動車とは異なり、自転車では酒気帯び運転で処罰はされないのだ。

道交法第117条2には、酒に酔った状態で車両等を運転したものには5年以下の懲役または100万円以下の罰金に処するとあるが、酒気帯び運転について記された同条2の2の3号には「軽車両を除く」とある。自転車は軽車両なので、酒気帯び運転に関しては罰せられることがないわけだ。

酒気帯びとは、呼気1リットル中のアルコール濃度が0・15ミリグラム以上、または血液1ミリリットル中に0・3ミリグラム以上のアルコール濃度が検出される状態のこと。しかし、酒酔いに関しては数値などの規定がない。

その判断基準は「会話が成立するか」「まっすぐ歩けるか」などによって判断される。つまり、アルコールに強い人なら飲んで自転車を運転しても、罰則が科せられることはない。とはいえ、罰則がないだけで、自転車の酒気帯び運転も違反には変わりがないのでご注意を。

コインパーキングの駐車限度時間を無視したらどうなる？

コインパーキングに停めていて、時間超過の貼り紙を貼られた経験がある人もいるだろう。コインパーキングの多くは

48時間を限度とし、それ以上駐車すると警告の貼り紙を貼られたり、場合によってはレッカー移動されたりする。

しかし実は、この限度時間に法的根拠は存在しない。限度時間は、あくまでも駐車場の管理会社が設定したものなので、超過しても法的な問題になることはない。

とはいえ、私有地の利用については管理者との契約を守る必要がある。

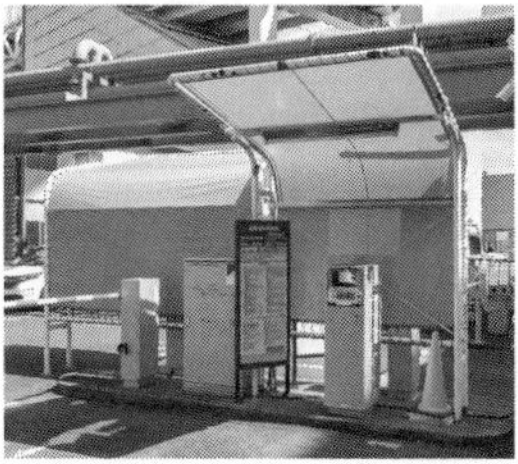

コインパーキングの料金看板には限度時間が明示されているため、利用者は「記された契約を結んだもの」と見なされるのだ。

では、もし限度時間を超えてしまえばどうなるのか。

駐車したままだと、違約金を上乗せされる可能性が高い。さらにレッカー移動されると、違約金の他にレッカー代などの諸費用も請求される。それを「知らなかった」で押し通そうとすれば、債務不履行で裁判所に訴えられることもありうるのだ。

そもそも、コインパーキングは短時間の利用を想定しているため、長時間の駐車は迷惑行為にあたる。レッカー移動の許可をもらうにも、手続きは面倒だ。

もし時間が超過しそうなことが事前にわかっていれば、管理会社に連絡すれば超過時間の支払いだけで済む場合もあるという。

刃物を車内などに放置すると摘発されるかも…

2020年7月1日に公開されたアニメ映画『ゆるキャン△』。これは女子高校生たちがキャンプなどを楽しむ漫画が元だが、警視庁はこの映画のキャラクターを使って、ある注意を呼びかけるポスターを作った。そして、都内の警察署やアウトドアショップに配布する。

問題の注意の内容とは「刃物の放置」。キャンプで使ったナイフなどを車内などに放置して銃刀法違反容疑で摘発されるケースが後を絶たないからだ。警視庁によると、銃刀法では刃体の長さが6センチ以上の刃物を正当な理由なく携帯することを禁じている。

2021年に、都内で刃物を持っていたことにより摘発された件数は、112件。そのうちの約8割は、キャンプや釣りで使ったナイフをバッグに放置していたなど、特に目的がなかった事例だという。

ナイフだけでなく包丁も同じで、スーパーやホームセンターなどで購入したまま放置しておくと、銃刀法違反に問われかねないのだ。

自衛隊のパイロットは民間機を操縦できない

自衛官は任期が終わると一般企業で働くことも多いが、十分業務ができるほどの技術があっても就職に活かせないことがある。

例えば、自衛官は自分の職務に応じた資格や免許を取得するが、実は自衛隊内の資格は、その中でしか使えないことが多い。自衛官募集のパンフレットにも「免許取得」ではなく「技術取得」と表現され、あくまで隊内で仕事をするための技術という扱いになるのだ。

民間機のパイロットは法律上、事業用操縦士、計器飛行証明、航空無線通信士、航空英語検定の免許が必要だ。しかし、自衛隊のパイロットは航空法の適用除外に相当し、事業用操縦士の免許のみで運転ができる。

4種のうち1種の免許のみなので、どれだけ優れた技術を持っていても、一般企業で民間パイロットになるにはあと3種の免許が必要となるのだ。

大 相撲の力士は自動車を運転できないわけ

大相撲の会場に、力士はタクシーなどを使って到着する。関脇クラスともなればそれなりの収入があるので、自家用車を弟子に運転させればいいのに、と思うかもしれないが、現役力士は、日本相撲協会の規定により原則として自動車の運転を禁止されているのだ。

これは1985年、力士による交通事故が相次いで発生したことが原因だ。

しかしその後も、現役力士による交通事故が相次ぎ、いずれも厳重注意や減俸、降格といった厳しい処分を受けている。運転できないと何かと不便だということで、2007年6月の力士会で自動車解禁案が出されたのだが、当時の理事長・北の湖親方が却下。現在も免許取得はOKだが、運転は禁止のままである。

では力士はどうやって移動をするのかというと、幕下以下は原則、公共交通機関限定。一般人と同じ電車やバスを利用して場所に向かう。

十両以上になってやっとタクシー移動が認められ、幕内以上になると、弟子ではない運転手付きの自家用車での移動が認められている。

日本では、法律で死刑を執行できない日がある

日本は死刑を存続させている、先進国では数少ない国の一つで、法務大臣の許可のもとで死刑囚が絞首刑となっている。

死刑囚は死刑執行までの間、拘置所に収容される。服役囚とは違い労働の義務はないのだが、その直前になるまで執行日は知らされない。

そのため、「いつ刑が執行されるかわからない」というプレッシャーは相当である。そんな死刑囚でも、安心して過ごせる日が少しだけある。

「刑事収容施設及び被収容者等の処遇に関する法律」では、死刑執行が許可されない日が定められているのだ。

同法の第178条2項によると、死刑執行が許可されないのは「日曜日、土曜日、国民の祝日、12月29〜31日まで」と、1月2〜3日にかけて」としている。つまり、死刑囚は土日祝と年末年始だけは安心して過ごせるのだ。

しかし平日になれば、再び執行されるかもしれないという恐怖がやってくる。死刑の判決から執行までの期間は平均10年。そのほとんどの期間が、死の恐怖と隣り合わせなのである。

ちなみに「友引(ともびき)の日は執行されない」ともいわれているが、これは俗説にすぎないようだ。

給食に牛乳を出すことは「義務」だって?!

小中学校の給食では、パンであってもご飯であっても、必ず牛乳が出てくる。なぜなら、給食で牛乳を出すことは、法律で定められた義務だからだ。

「学校給食法施行規則」という法律には第1条の2に「完全給食とは、給食内容がパン又は米飯(これらに準ずる小麦粉食品、米加工食品その他の食品を含む)、ミルク及びおかずである給食をいう」とある。

さらに、補給給食は「完全給食以外でミルクとおかずなどを組み合わせた給食」(第1条の3)、ミルク給食は「ミルクだけの給食である」(第1条の4)。これらの共通点は、全てミルク(牛乳)が付いていることだ。

給食と牛乳の導入は戦前から検討され、戦後は連合国軍総司令部(GHQ)やユニセフによる乳製品の提供が始まった。やがて1954年に学校給食法が施行されると、児童の栄養向上のために牛乳を出すことが義務化された。

給食で必ず牛乳が出るのは、そうした歴史の流れによるものなのだ。

配偶者の同意なしで離婚することはできる？

配偶者からのドメスティックバイオレンスや借金苦などで離婚を決意しても、相手側がなかなか同意しないこともある。しかし、そんな場合でも離婚できる方法が存在する。

民法770条によると、同意なしの離婚が許される条件は次のとおりだ。

まずは配偶者の不貞行為が認められたとき。続いて配偶者からの悪意ある遺棄(いき)、つまり生活費の拒否や配偶者を追放したとき。さらには、心身が健康なのに労働や家事の放棄などをした場合。

そして、配偶者が3年間生死不明になった場合や、回復の見込みがない精神病を患(わずら)ったときも当てはまる。

さらには、婚姻関係を継続できない重大な理由があると認められた場合も同意は必要ない。

配偶者のどちらかが裁判所まで申し出て、これらの条件に該当すると認められたら、相手の合意がなくても離婚が成立する。

ただし、民事裁判で判決までにかかる時間は平均1～2年。弁護士費用などもかさむために、金銭面でのダメージも大きい。話し合いや調停がこじれた場合の最終手段ということだろう。

死亡と診断されても、24時間経たないと火葬できない

故人の火葬が許可される時間は法律で決まっている。

「墓地、埋葬等に関する法律」の第3条によると、「埋葬や火葬は死後24時間を経過した後でなければならない」となっている。そのため、亡くなったその日に葬儀を済ませても、火葬は翌日まで待たなければならないのだ。

火葬が死後丸1日たたないと許可されないのは、故人がまだ生物学的に生きていると見なされるからだ。

人が死ぬと、脈拍や呼吸の有無などを医師が細かく調べて、間違いなく死亡したかをチェックする。しかし、心肺が停止しても細胞はしばらく生きている。全身の細胞が完全停止するまでの時間は約24時間。火葬不許可の期間と同じである。

また、医療が未発達な時代では本当に蘇生（そせい）することもあったため、そうした時代の名残（なごり）であるといえよう。

喧嘩にヤジを飛ばすと逮捕されることもある！

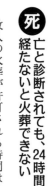

喧嘩は犯罪行為の塊だ。殴れば暴行罪や傷害罪になるし、両者が合意のもとで殴り合えば決闘罪になる。さらにはギャラリーも犯罪者になることがある。

刑法２０６条では、傷害罪や傷害致死（ちし）罪が行われている現場にたずさわり、勢いを助けた者への処罰が記載されている。つまり、喧嘩をヒートアップさせたと見

なされたら、見物人でも罰せられるということだ。

例えば、ヤジで「もっとやれ！」などと煽(あお)ると、喧嘩相手が興奮して争いの被害が大きくなる。そうなれば、現場ほう助罪として1年以下の懲役もしくは10万円以下の罰金が科される。

さらに、喧嘩の末にどちらかが相手を死傷させた場合は、より厳しい傷害ほう助罪に認定されることもある。そうなれば、7年6か月以下の懲役または25万円以下の罰金となってしまうのだ。

犯罪者を見つけたとき、一般人も逮捕できる？

警察官ではない一般人でも犯罪者の逮捕は可能で、刑事訴訟法第213条では「現行犯人は、何人でも、逮捕状なくしてこれを逮捕することができる」とある。こうした一般人による現行犯逮捕は「私人逮捕」という。

逮捕の過程で被疑者にケガを負わせたとしても、鎮圧に必要な範囲と認められれば傷害罪にはならない。ただし、私人逮捕にはルールもある。

軽犯罪の場合は犯人の住所氏名が不明で、相手が逃亡の意思を見せたときのみ許されるのだ（同法第217条）。

さらに、逮捕した犯人はすみやかに警察などへ引き渡さなければならない。もし引き渡さずに過度な制裁を加えたら、逮捕した側が逮捕罪や過失傷害罪になることもある。

誤認逮捕をした場合もやっかいだ。も

し人違いで逮捕をしても、故意でなければ刑事罰の対象にはならない。しかし、民事訴訟での賠償請求を受ける可能性もある。

警察官でない者が逮捕する以上、やはり相応のルールやリスクもあるということだ。

看護師への感謝は法律で義務づけられている?!

医師のサポートや入院患者の看護を行う看護師は、医療の縁の下の力持ちとしてなくてはならない存在。それゆえ、日本国民は看護師に感謝の意を表さなければならない。というのも、これは道徳だけの話ではなく、法律で決まっているからだ。

看護師に関する法律に「看護師等の人材確保の促進に関する法律」がある。1992年に成立したこの法律では看護師の不足を鑑み、労働条件の改善や育成と就職促進、そして看護への国民の理解と関心の向上を目指している。

そして第7条に定められているのが看護師への感謝であり、これを国民の責務としている。

「国民は看護の重要性への関心を持ち、その理解を深めるとともに看護従事者、すなわち看護師への感謝の念を心掛けること」

これが条文の内容であり、看護に親しむ活動にも積極的に参加しなければならない。看護のしかたにクレームをつけるなど、もってのほかだということだ。

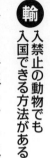

輸 入禁止の動物でも入国できる方法がある

サーカスではゾウやトラなどを使ったショーが行われ、有名な団体は海外でも出張公演している。

だが、ゾウはワシントン条約で輸出入が基本禁止されている。それでも、入国ができるのはなぜなのか？

これは「タレント」として扱われているからだ。そのため、入国も興行目的の短期滞在となる。その後は滞在期間中に出国するか、延長手続きを取れば法的な問題はない。

これは日本だけでなく、世界中の国々でも同様である。

ただし、現在では動物保護の観点から、サーカスでの動物利用の規制が進んでいる。ドイツでは90の地域で動物ショーが禁止となり、アメリカでも96の管理区域を設けて動物使用を規制。ハワイ、ニュージャージー、カリフォルニアでは州全体で動物ショーが禁止された。

アジアでもインド、シンガポールなどでは、野生動物や特定種の使用が禁じられている。

❹

動物の「まさかの生態」に驚く雑学

例えば…
カピバラの全力疾走は
ウサイン・ボルトより速い！

うつが原因で自殺するサルがいる

強いストレスで心を病み、うつを患い自殺する。これは現代社会人の話ではない。南方の島に棲むサルの話だ。

フィリピンのボホール島には「ターシャ」というメガネザルの仲間がいる。その体長は約10センチしかなく、尾は15～20センチ。現在見つかっているサルの中では世界最小級だ。そしてフィリピンにおける準絶滅危惧種の一種でもある。

絶滅の危機にある理由は、ストレス耐性の弱さだ。ターシャはとにかく外圧に弱く、ストレスで簡単に心を病んでしまう。最悪の場合、木から投身自殺することもあるのだ。

しかもボホール島は観光地としても有名なので、観光客が大声を出したり、カメラのフラッシュを使ったり、追いかけたりするだけで簡単に自殺しかねない。そのため、保護区内では厳しい観察ルールが敷かれている。

なお、ボホール島以外にもターシャの仲間はいる。フィリピンの島々だけでなく、インドネシア各地にも分布している。そして、その小ささから密猟する人間も後を絶たないようだ。

カピバラの全力疾走はウサイン・ボルトより速い

ジャマイカの「世界最速の男」、ウサイン・ボルト。最盛期には陸上男子100メートルで9・58秒の世界記録を叩き出しており、現在もその記録は破られてはいない。

そのため「ウサイン・ボルトよりもカピバラのほうが足は速い」と聞けば、首をかしげてしまうのではないだろうか。

カピバラといえば、動物園でもお馴染みの世界最大のげっ歯類だ。ずんぐりとした体形や、温泉にのんびりと浸(つ)かる姿を見ていると、俊敏なイメージは湧いてこない。

だが、カピバラは熱帯の被食(ひしょく)者（食物連鎖上で食われる立場の動物）で、野生種は腰回りの筋肉が非常に発達しており、かなりの速度で走れる。

その速さは時速約50キロメートル。最盛期のウサイン・ボルトが時速45キロほどなので、カピバラが競走したら優勝間違いなしなのだ。ちなみに世界最速動物のチーターは、時速約110キロである。

ただ、動物園のカピバラはここまで速くない。のんびりした生活に慣れすぎて、体に脂肪がついたためだ。

ブタの体脂肪率は なんと、モデル並みに低い！

「ブタみたいな体形」といえば肥満に対する揶揄(やゆ)であり、そう言われて喜ぶ人はほとんどいない。丸々とした姿や、雑食の習性から「太ったもの」というイメージが付いたのだろうが、ブタのほうからすると、トンだ風評被害に違いない。何しろブタは太ってはおらず、むしろ引き締まっているのだから。

ブタの体脂肪率は野生種では約13%。場合によっては10%の個体もいるという。食用ブタは多少増えてしまうが、それでも平均16%というから驚きだ。

厚生労働省が発表した平均体脂肪率は、成人男性が平均15%、女性は20~25%となっている。女性モデルであっても平均体脂肪率は18%、ボディビルダーは12%。単純比較は難しいことを踏まえたとしても、ブタは肥満どころかかなりの筋肉質なのである。

ちなみに、イヌとネコは平均15~20%、ウシは体脂肪率30%。やはりブタのほうが体は引き締まっているのだ。

カンガルーの得意技はパンチではなく、キック

オーストラリアに生息するカンガルーは、パンチで攻撃するイメージが強い。だが、それは創作物のフィクションであり、本当の得意技はキックである。

カンガルーの尻尾は、自分の体を一時的に支えられるほど強靭だ。その尻尾でバランスを取りながら後ろ足で繰り出されるキックは強烈で、カンガルーの体格にもよるが、まともに受ければ人間でも骨が砕け、内臓破裂で死亡することもあるという。

では、なぜパンチが得意技だと勘違いされたのか？　それはカンガルー同士の喧嘩では、まず前足で戦うからだ。しか

しパンチを繰り出すのではなく、キックを当てるために相手を押さえ込んでいるだけ。その姿が殴り合っているように見えてしまい、カンガルーがパンチで戦う創作物が多数制作された。

現在でも、オーストラリアのオリンピックチームのマスコットは、ボクシンググローブをはめたカンガルーである。そうした創作のイメージが先行して、得意技が勘違いされたのだ。

サラブレッドの血液型は3兆とおりもある

人間の血液型はA、B、O、ABの4種類が基本だ。一方、サラブレッドの血液型は3兆種類もある。これほど膨大な種類があると、輸血は極めて難しいように思えてしまう。

人間は、異なる型の血液を輸血されると血液が固まり、最悪の場合死に至る。ところが、サラブレッドには輸血の問題はまったくないという。

そもそも3兆という数字は、サラブレッドの血統ごとに細分化した理論上の数値である。基本の血液型はA、C、D、K、Q、P、Uの7種類。それらを混ぜても、人間のような凝固(ぎょうこ)反応は起こらない。つまりサラブレッドの輸血では、あまり血液型にこだわる必要はないのだ。

しかし、時にはアレルギー症状が出る場合もある。そのため副作用の出にくい血を持つ「ユニバーサルドナー」という輸血専用のウマが用意されている。

このドナーになれる血を持つウマは、

1000頭のうち3頭。だが、ポニーに分類されるハフリンガー種のウマは、全体の80％がドナーの条件を満たしているので、あまり問題にはなっていない。

チンパンジーは売春も戦争も行う

よく「売春は人間最古の職業」「組織的な戦争を起こすのは人間だけ」ともいわれるが、実はチンパンジーの社会でも同じことが行われている。

チンパンジーの群れでは、時折、オスがメスに食べ物などを渡して交尾する光景が見られる。利益を受けて体を性的に提供するという点では、人間の売春行為とそっくりだ。

さらには、群れ同士の戦争行為もアフリカで確認されている。

1971年、タンザニアのゴンベ渓流国立公園にて、あるチンパンジーの群れが南北に分裂した。当初は共存していたが、74年より北の群れが南の群れに攻撃を開始。複数のオスでチームを組んだ組織的な攻撃で、南の群れは徐々に弱体化し、ついに78年に南の群れは全滅したのである。

この「4年戦争」だけでなく、ウガンダのキバレ森林国立公園では90年代と2000年代に、チンパンジーによる同種への組織的攻撃が目撃されている。これらを「戦争」と呼ぶことに懐疑的な研究者も多いというが、別の群れにチームで攻撃を仕掛け、時には群れごと滅亡させることはまぎれもない事実なのである。

チンパンジーは挨拶代わりにセックスをする

「いつでも、どこでも、誰とでもセックスをする」と聞けば、人間なら眉をひそめそうだが、それを当たり前とするのがチンパンジーだ。

　挨拶代わりと呼べるほどお盛んで、特にメスチンパンジーは、1頭のメスが群れの中のオスと次々に関係を持つという。中には15分の間に8頭ものオスと交尾した例もあり、7頭のオスを相手に8日間で84回もコトに及んだ強者もいるらしい。

　相手がいなくともチンパンジーには関係ない。オナニーも盛んで、陰部に物を当てて興奮したり、棒で陰部を刺激したりするメスもいる。「サルは一度覚えたら、死ぬまでやり続ける」は、あながち的外れな表現でもないのだ。

　またアフリカに生息する「ピグミーチンパンジー」は、体は小さいが性欲は旺盛で、体位も正常位を好み、同性との性行為も頻繁に行うという。

白鳥は、人間を殺すこともあるほど凶暴！

　大空を華麗に舞い、水面を優雅に泳ぐ姿が印象的な白鳥だが、無防備に近づくのは禁物。なぜなら、白鳥には外見に似合わない凶暴な一面があるからだ。

　繁殖期に入った白鳥はとても警戒心が強くなるため、近づくと容赦なく敵に噛みつく習性がある。また白鳥は、体長が約150センチと鳥類の中では大型で、

そのぶん翼の力が発達している。そのため、まともに翼で殴打されれば、大ケガを負うのは必至である。

実際に北海道苫小牧市のウトナイ湖では、バードウォッチャーが白鳥に殴られて骨折する事故が起きている。また、海外では人間を翼で殴打し気絶させたうえ、水中で頭の上を押さえつけて殺害した例も報告されているのだ。

ただ、白鳥はいったんつがいになると、生涯その相手と添い遂げるとされ、夫婦の絆が強い鳥としても知られている。それゆえ、彼らが互いの愛を育む時期にアグレッシブになるのも、当然の反応といえるかもしれない。

サイはプロレス並みの激しさで愛を確かめ合う

世界最大の陸上動物はゾウだが、その次に大きいのが「サイ」だ。大きなものなら体長は4メートル以上、体重は3トンを超えるものもいる。そんなサイのセックスは「愛の確認」というロマンチックな表現より「バトル」がふさわしい。

サイの発情期は2～4月で、相手を見つけると、まずは角を突き合わせたり頭をぶつけ合ったりして感情を確認し合う。まずは軽く相手の出方を確かめる、といったところか。

やがて高ぶってくると、オスはメスを追いかけ角をぶつけて攻撃する。一応メスは逃げるポーズを取るものの、オスが疲れて追いかけてこないと見るや、口先で男性器や睾丸(こうがん)を突くという反撃に出る。これがサイの「前戯」なのだ。

前戯が終われば交尾なのだが、所要時間は40分~1時間。いつ天敵に襲われるかわからない自然界では、かなりの長時間である。トラック並みの巨体が欲望のために激突し合うさまは、かなり見ごたえがあるに違いない。

ラッコは、仲間と手をつないで寝る

水上をぷかぷかと浮かぶラッコ。ぬいぐるみのようなかわいさで、水族館でも人気者だ。しかも水族館のラッコは眠るとき「仲間と手をつなぐ」という、あざといワザを見せるのをご存じだろうか。

これは野生の習性が関係している。野生のラッコは眠るとき、海底に根を張る海藻を体に巻きつけて眠る。何かにつかまっておかないと、眠っている間に沖合に流されてしまうからだ。しかし水族館には海藻が生えていない。そこで苦肉の策として、仲間同士で手をつなぐようになったのである。

もちろん、水族館は海ではないので、眠って流されたとしても危険に晒(さら)されることはない。ラッコたちもそれはちゃんとわかっているのだが、何かにつかまっていると落ち着くようだ。

中には「危険がないからもういい」と

ばかりに手をつながず、水槽の中を流されながら眠るラッコもいるという。

ネコは、意外や「侵略的外来種」だった

愛くるしい見た目としぐさで人を魅了するネコ。日本では奈良〜平安時代に伝来したとされ、以来ペットとして愛され続けている。

しかし世界では、ネコは「侵略的外来種」としても扱われているのだ。

侵略的外来種とは、外来種の中で自然環境に大きな影響を与え、生物多様性を脅(おびや)かすおそれのあるものを指す。日本で認定されている主なものは、アライグマやミシシッピアカミミガメ（ミドリガメ）、ブラックバスやブルーギル、アメリカザリガニなどである。

ネコは人間のペットなので、捕食者のいない島々にも持ち込まれやすい。そして人間から逃げたり、捨てられたりして野生化し、原生生物に危害を加えることもある。

オーストラリアの調査によると、国内でネコが殺害する鳥類は、1日約100万羽。日本の奄美大島でも、特別天然記念物がネコに捕食される事例が後を絶たなかった。

エサが減れば普通は捕食種も減少するのだが、ネコは人間がエサを与えるので数が減りにくい。その結果、ネコによって絶滅に追いやられた動物は、現在までに世界で63種もいる。

そのため国際自然保護連合（IUCN）

は、ネコを「侵略的外来種ワースト100」に認定しているのである。

ジュゴンの体位はバリエーションが豊富！

人間と見間違われることもあり、人魚伝説のモデルにもなったジュゴン。ただ、実物のジュゴンを見ると、「これをどう見間違えば人魚？」と思えるような容姿であるのも確かだ。

しかし、ジュゴンのセックスは人間同様、いや、人間以上にバラエティ豊かでテクニシャンでもある。

ジュゴンのオスは前びれでメスに抱きつくと、体をメスの胸から腹まで往復させてこすりつけ、押したりさすったりの愛撫(あいぶ)を展開する。そして唇でメスの体を舐(な)め回し、メスの興奮度合いを見計らって下半身を攻める。その後、挿入へと至るのだ。

体位も正常位や立位、後背位のみならず、水の浮力を利用して倒立状態で行うなど人間がとても真似できない体位をも取るという。

これだけのテクニックや体位を見せるのだから性欲もかなり旺盛で、ある水族館では、すぐに暴れるジュゴンにラバー製のダッチワイフ・ジュゴンを与えたところ、始終抱きついたままでおとなしくなったという。

オランウータンには「森の賢者」ならぬ「森のレイプ魔」もいる

マレーシアやインドネシアの熱帯雨

林に棲み、マレー語の「森の人（orangutan）」が名前の語源とされるオランウータン。その知能の高さから「森の賢人」とも呼ばれているが、そんな呼称とは裏腹に、とても許されない行動に出るオスも中にはいる。

オランウータンのオスは「ロングコール」と呼ばれる求愛行動をする。これは遠吠えによって排卵期のメスを誘う行為で、他のオスへの威嚇信号にもなる。そのため立場の弱いオスは、優位なオスのロングコールがしない方向へと移動を始める。

そんな放浪の最中、威嚇を受けたオスがメスに出会うと、いきなり襲いかかるという。

それはメスが排卵期でなくても同じ。原則として、非排卵期のメスは発情期ではない。つまり、その気になれないメスを無理やりレイプしてしまうということだ。メスは悲鳴を上げて抵抗するが、オスの力にはかなわない。目的を果たしたオスは、再び放浪の旅に出るという。

カタツムリはコンクリートを栄養源にできる！

梅雨時になると、コンクリート壁を登るカタツムリを見ることがある。これは木々へ移動しているのではなく、実は食事中の姿なのである。

カタツムリの主食はキノコや藻類だ。コンクリート壁やブロック塀の表面には小さな藻が生えているので、それを歯舌で削り取ってエサにしているわけだ。

そして、カタツムリがコンクリートを

好む理由には、さらにユニークな説があるという。

カタツムリは殻（から）を大きく育てるため、大量のカルシウムを摂取する必要がある。そのカルシウムを土中の水や貝殻、時には死んだカタツムリの殻から摂ることもある。

だがある説によると、コンクリートからも摂取しているという。つまり、カタツムリはコンクリートをエサにするために登っている可能性があるのだ。

ただし、この説は科学的に立証されてはおらず、仮に本当だとしても、食べているのは雨で溶けだしたコンクリートの炭酸カルシウムであるという。カタツムリに食べられて壁に穴が開く、なんてことはないのでご安心を。

天敵に襲われると自爆するアリがいる

「ええい、死なばもろとも！」と敵を道連れに自爆する。そんな潔（いさぎよ）いアリが東南アジアに生息している。

その名は「バクダンオオアリ」。「自爆アリ」とも呼ばれるが、アメリカなどでは「カミカゼアリ」という別名もある。

バクダンオオアリの働きアリは、大あごの腺（せん）に粘着性の毒液を溜め込んでいる。天敵と戦って死にかけると、働きアリは体を破裂させてこの毒液を飛び散らせる。天敵は毒液をまともに浴びるので、身動きが取れなくなって中毒死するという。

この毒液にはフェロモンの効果もあるので、仲間のアリに危険を知らせることもできる。仲間のために敵と刺し違えるとは、なんとすさまじい潔さだろう。

バクダンオオアリはマレーシア、ブルネイ、タイでの生息が確認されていて、2018年には15種の新種が発見されている。熱帯限定のアリなのだが、温暖化が進めば日本上陸もあるかもしれない。

ダイオウイカは食事で脳にダメージを負うって？

世界最大のイカである「ダイオウイカ」は深海に生息し、2012年7月にNHK取材班が、世界初の生体映像の撮影に成功している。その全長は約3メートルだが、一説によると10メートル以上に成長するものもいるようだ。

だが、その巨体に反して小型の獲物しか食べられないという弱点がある。なぜなら、大きすぎる獲物を捕食すると脳が破壊されかねないからだ。

そもそも、ダイオウイカの脳は人間のような塊形ではなく、中央に穴が開いたドーナツ形になっており、そこから全身に細かく神経が張り巡らされている。その穴の中心に、なんと食道がはまっているのである。

イカは触腕で獲物を拘束(こうそく)しながらくちばしで細かく食いちぎる。ダイオウイカ

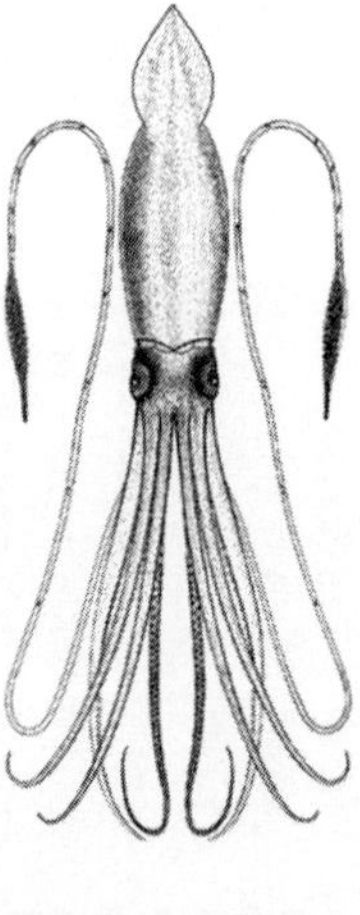

の捕食方法も同じだというが、もしもちぎり足りないと、食道が獲物の体で膨らんでしまう。すると膨らみの分だけ脳が圧迫され、ダメージを負うのだ。

食事で中枢が傷つきかねないとは、意外すぎる弱点だといえるだろう。

アリガタバチのメスは息子や孫にも迫る!

アリガタバチは、体長4ミリほどでハチの仲間だが、メスには羽がなくアリに似ていることから「蟻型蜂」と呼ばれている。日本には約80種以上が生息。夏〜秋にかけて大発生し、人を刺すこともあるので注意が必要だ。

そんなアリガタバチは、人間どころか動物でもタブーとされる習性を持っている。それは「母親が息子とセックスする」、つまりは近親相姦だ。

アリガタバチのメスは、自分の産んだ子どもが成虫になると、自分から迫って関係を結ぶ。それどころか、息子と関係を結んだ末に生まれた子ども、つまり、もう1匹の息子であり孫にもあたるオスとも関係を結んでしまうのだ。

アリガタバチのオスの寿命は2〜3日だが、メスは2か月も生存する。メスが生涯に産む卵の数は100個余り。つまり、すぐに死んでしまうオスと交尾しようとすれば、手近なところで見つけるしかない。

そのため、息子であろうが孫であろうが、見境なく関係を結ぶ必要に迫られているのだ。

アオガラという鳥はご近所さんと不倫を繰り返す

芸能人や政治家の不倫が発覚すると、記者会見を開き「お騒がせしました」と謝罪することがある。

「関係ない一般人にまで、わざわざ頭を下げなくても……」と思えなくもないが、それほどタブーな行為である不倫を、世間体も関係なく繰り返す鳥がいる。「アオガラ」だ。

アオガラはスズメの仲間であり、青と黄色の羽が特徴だ。非常に頭のいい鳥で、要領を得れば牛乳瓶のふたを器用に開けるという。

そんなアオガラだが、ある調査によると、父親が不明のヒナは全体の11％にあたるという。つまり、自身の伴侶(はんりょ)ではなく不倫相手の子どもが多いということだ。

アオガラのオスは、近くの巣のメスに積極的なアプローチをし、メスもなわばりの外にいるオスと関係を持つ。不倫をするオスは全体の95％、メスは85％とされ、特にメスは遺伝的に優秀と見られるオスを求める傾向が強い。

それは、つがいとなったオスがいても同じことで、人間の女性が「夫はいるけど、やっぱりイケメンの男がいい」と口にする心理に近いのだろう。

イモリには「寝取り癖」がある

イモリは性欲の強い動物とされ、節で隔(へだ)てられた竹筒の両側から交尾期のオスとメスを入れると、節を食い破って交尾をすると言い伝えられていた。江戸時代には、交尾中のイモリを引きはがして黒焼きにし、惚れ薬として売られてもいた。

そんなイモリの交尾は、オスが精子の塊である「精包」を地面に産みつけ、メスがそれを溶かして精子を吸収することで成立する。

しかしイモリの中には、産みつけられた精包をこっそりと自分のものと取り換え、それと知らぬメスを妊娠させてしまうオスもいるという。

このオスイモリを「スニーカー」という。「スニーク（sneak）」とは英語で「コソコソする」という意味。スニーク行動はイモリだけでなく、サクラマスなどの魚類やカエルにも見られる習性である。

置き換えたイモリは、夫であるオスの精包を食べてしまう。たんぱく質の塊である精包は精力増進にも役立つらしく、自分の精子を吸収したメスを寝取ってしまう。

寝取ったメスを愛撫する様子はかなり濃厚で、そのためイモリは「性多淫にしてよく交わる」と、古くからいわれているのだ。

サナダムシは、究極の「一人エッチ」が可能！

人や動物の体に寄生し、腸内の栄養素で成長する寄生虫がサナダムシだ。大きなものなら10メートル以上にもなり、幼虫を飲んで寄生させる「サナダムシ・ダイエット」でも話題となった。

サナダムシは頭と成長領域である首以外に50~100に及ぶ体節(たいせつ)からなっていて、その一つ一つが生殖器になっている。各生殖器は男性器と女性器の機能を持つ(雌雄同体)ため、交尾をすることなく卵を産める。

すなわち、男性器から射精された精子を同じ節にある女性器が受け止め受精するのだ。

1匹の体節が50だとしたら、サナダムシは50の「一人エッチ」が可能。しかも、受精まで可能なのだから、「究極のオナニー」といっても過言ではない。

ペットにはミネラルウォーターより水道水がいい

イヌやネコの健康のために、ミネラルウォーターを飲ませる飼い主もいるだろう。しかし、与える水の種類はよく選ばなければいけない。

軟水ならば動物の体にも害はない。問題は硬水を与えたときである。硬水は軟水よりもミネラル分が豊富なため、人間でも飲みすぎると腹を下(くだ)しかねない。

それはイヌやネコも同じで、与えすぎると下痢(げり)になりやすい。さらにはミネラルの過剰摂取で尿路・膀胱結石(ぼうこうけっせき)になることもある。国内産の硬水は問題ないという説もあるが、与えないほうが無難だ。

理想的なペットの飲み水は、意外にも水道水だ。日本の水道水は安全基準が高いので、そのまま与えても構わない。浄水器で塩素を飛ばせば、より最適な飲み水になる。

それでも心配ならば、ペット用のミネラルウォーターを買うのもいい。ペットの健康や好みに合わせ、獣医のアドバイスも参考にしながら与えよう。

すべての赤ちゃんは「ラ」で泣き始める

赤ちゃんがこの世に誕生するとともに上げる産声。その泣き声に「生まれてきてありがとう」と、命の奇跡を感じるお母さんは多いことだろう。

実はこの赤ちゃんの産声、人種関係なく世界共通で、振動数400〜500ヘルツの「ラ」近辺の音だという。理由は赤ちゃんの咽喉の構造にあり、産まれてしばらくは鼻呼吸が続く。そのため多くの声を出せず、1か月以上は1種類しか出せないのだとか。

「ラ」の音は、オーケストラやブラスバンドが演奏前に、いろいろな楽器の音を揃える「チューニング」という音合わせの基準となる音だ。その他、サイレンや時報などにも使われている。

さらに昔、日本でまだ音階が「ドレミファソラシド」と読んでいなかった頃、「ハニホヘトイロハ」と「ラ」をイロハの最初の「イ」に置いて読んでいた。欧米でも「ラ」の音は、ABCの最初の「A」で表されている。

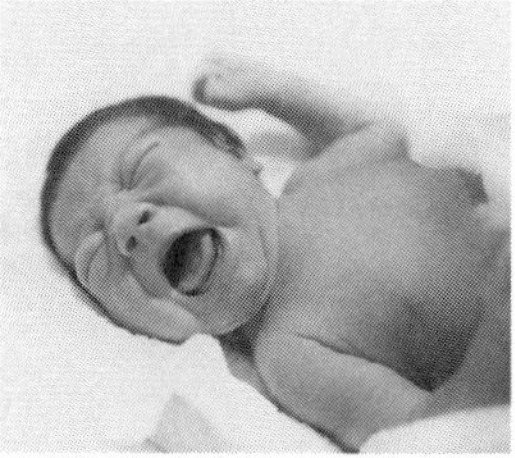

つまり産声だ

けでなく、すべての始まりの音は「ラ」であることが多いのだ。とても神秘的ではある。

人間は赤ちゃんのときが、体の骨の数が最も多い

人体の骨の総数は２０６本とされている。これは解剖学者のヘンリー・グレイが19世紀半ばに発表したものだ。しかし最近では研究が進み、新たな事実が判明している。

骨の発育は、受精した瞬間から10か月間の胎生期から始まり、この頃には小さな骨が８００本あるという。産まれる頃には、それらの骨が結合し３００本ほどに減少する。

生まれたての赤ちゃんの頭を触ったとき、あまりにも柔らかいことに驚いた人もいるだろうが、これは頭骨の頭頂部にある主な六つの骨がまだ結合しておらず、硬い膜性骨（まくせいこつ）でかろうじてつながっているからだ。

骨の結合は年齢を重ねても止まらず、肩、腰、四肢は20歳くらいまでに結合するが、胸骨や舌の骨は30歳まで結合しない。結合するタイミングと回数は生活習慣も関係し、個人差もあるが、80歳を超えても骨の結合は続く。

平均値としては、10代では２１５本程度が、老齢になると１９０本程度にまで減るという。

5
知らないほうが幸せかもしれない雑学

例えば…
今後、コロナのようなパンデミックが
起きる確率は「毎年2%」！

故S・ジョブズの年収は「1ドル」…なわけがない！

アイフォンやマッキントッシュで有名なアップル社。その創業者の1人であるスティーブ・ジョブズの年収が、1ドルだったという逸話は有名だ。

会社の最高経営責任者（CEO）時代に年間報酬を1ドルしかもらわなかった話が由来なのだが、そんな低収入で生活はできたのだろうか？　実はこの話にはからくりがある。

年間報酬こそ無きに等しかったものの、その代わり、彼はアップル社の株を大量に保有していた。その数は約550万株。生涯売却こそしなかったものの、資産価値は9億ドルを下らない。

しかも、ジョブズはアニメーション会社「ピクサー」のCEOでもあった。2006年にウォルト・ディズニー社がこれを買収したが、ジョブズはディズニーの株を約1億3800万株保有し、筆頭株主になるとともに役員にも就任。つまり、収入源や資産は多数あったので、年間報酬が1ドルでも問題なかったのだ。

ジョブズの他にも、グーグルのラリー・ペイジとセルゲイ・ブリン、ヤフーのジエリー・ヤンなど年間報酬を1ドルにした経営者はいる。が、どの人物も株や資産を保有するなど、かなり裕福なのだ。

2050年に、世界は人口減時代に突入する

国連の発表によると、世界人口は20

50年には97億人に到達する。そして2100年に100億人を超え、そこから横ばいになるとされている。

ところが、この予想より何十年も早く、世界は人口大減少時代に突入するという説もある。

政治学者のダレル・ブリッカーとジャーナリストのジョン・イビットソンによると、国連の予想は出生率や死亡率などしか参考にしておらず、途上国の都市化と女子教育の促進を無視していると主張する。

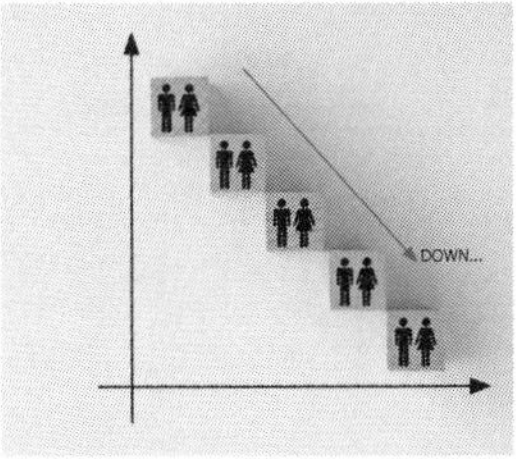

2016年の段階で、経済成長が急速な30か国のほぼ半数がアフリカで、都市人口率の増加も世界平均の2倍。ケニアの大学生も4割が女性と、教育の男女格差も予想以上に狭（せば）まりつつある。

こうした急激な近代化が部族の構造を壊し、人口減少を加速させるとされる。その結果、人口減は2050年頃から始まるというのである。

すでに人口減に陥っている国は、日本や韓国を含め25か国ある。国連の予想に反して、人口の激減は早く訪れるのかもしれない。

国際連合はいつでも日本に総攻撃をかけられる！

第二次世界大戦の反省により、国際平和と安全の維持、経済・社会・文化などに関する国際協力の実現を目標として設立された国際連合（国連）。だが、国連は安保理決議を待たずに、日本を攻撃することができる。

国連憲章第53条1項によると、国連加盟国は敵国が再侵略の兆候を見せた場合、安全保障理事会の許可なく攻撃が可能とされている。この敵国とはドイツ、イタリアの旧枢軸（すうじく）国のこと。枢軸陣営だった日本も、当然敵国の一つだ。

さらに107条では、第二次世界大戦の戦後処理の変更を無効にしている。旧領返還を求めるだけでも、再侵略として攻撃を受けかねないのである。この二つの条項と、敵国から分離した領地の信託統治を定めた77条をまとめて「敵国条項」と呼ぶ。

この条項があるのは、国際連合が旧連合国を母体として成立したからだ。大戦が再び勃発しないために、旧敵国を抑圧することを目的とし、常任理事国が米、英、仏、ロ、そして中国の5か国であり続けているのもそのためだ。

1995年に削除が可決されたが、実行には中ロの反対が予想されるので、敵国条項はいまだに残されている。

2019年にロシアが北方領土領有の根拠に敵国条項を持ち出したように、その気になれば、この条項を利用できるのが現状なのだ。

ハワイが攻撃されても NATOは助けなくていい

北大西洋条約機構（NATO）は集団的

自衛権に基づく軍事同盟なので、基本的に加盟国への攻撃はＮＡＴＯ全体への攻撃として解釈される。

　この集団防衛体制はＮＡＴＯ条約第５条で規定されており、もし加盟国に攻撃があった場合は、他の加盟国も加わったすみやかな反撃が行われる。しかし、この条約が適応されない場合もある。それはハワイへの攻撃だ。

　第５条の適応範囲は第６条で補完されており、ヨーロッパ、トルコ、北アメリカの締約国の国土と、北回帰線（夏至線）以北の島々とされている。北回帰線とは北緯23度27分を走る回帰線のことで、この線より南側の島々はＮＡＴＯ条約の適応外なのである。

　ハワイは北回帰線の南端に位置し、従来の法解釈では適応外だと判断されている。そのため、ハワイが攻撃されてもＮＡＴＯに反撃の必要はないのだ。

　適応範囲が限定されているのは、条約が旧ソ連のヨーロッパ侵攻を前提に作られたからだ。しかし中国の成長が著しい昨今、適応範囲の拡大を求める議論も活発になっている。

近い将来、ラッコは日本の水族館から姿を消す

　イタチ科の水生哺乳類のラッコは、石でお腹にのせた貝を割る姿がかわいいと、１９８０年代初頭より全国の水族館で飼育が始まった。

　最盛期には日本全国で１２２頭が飼育されていたが、２０２２年７月時点の飼

育数はたったの4頭。それらも全てが高齢化しており、近い将来、水族館からラッコが消えるという。

その理由は二つ。ラッコの絶滅危惧種指定と繁殖欲の低下だ。

水族館のラッコはアメリカから輸入していたのだが、毛皮目的の乱獲と環境汚染で2000年に国際自然保護連合（IUCN）が絶滅危惧種に指定した。それ以前より、アメリカでは哺乳類の捕獲・輸出が禁止されており、ラッコの輸入は事実上不可能になったのだ。

国内での繁殖はというと、現存の4頭は全てが高齢個体なので絶望的。飼育下のラッコは繁殖に意欲的ではなく、そうした「草食化」による少子高齢化も、ラッコ減少の一因なのだ。

自殺未遂者の治療費は健康保険がきかないって?!

警察庁によると、2021年度の自殺者数は2万1007人。男性は減少傾向にあるが女性は増加しており、全体の数字は高い水準を維持している。ただし、この数字はあくまでも死亡した人の数であり、未遂者はカウントされていない。

自殺未遂でケガをしたり意識がなくなったりすれば、病院へ運び込まれる。通常なら治療費は健康保険で大部分がまかなわれるが、自殺を試みた人に対しては適用外になることもある。

健康保険法第116条によると「自己の故意の犯罪行為により、又は故意に給付事由を生じさせたときは、当該給付事由に係る保険給付は、行わない」としている。つまり、わざと保険が必要なケガなどをすれば保険の対象外になるのだ。

そして、自殺未遂も「故意に給付事由を生じさせる行為」と認定されている。もしも自殺未遂で生き残ったら、ケガや後遺症に苦しむだけでなく高額治療費の支払いも迫られることになる。ただ、保険が給付されるケースもあり、自殺未遂者が精神疾患だった場合は症状の一つと認定されて保険の適用内となる。

今後、コロナのようなパンデミックが起きる確率は「毎年2%」

2020年から世界中で流行している新型コロナウイルス感染症（COVID-19）は、経済や社会に多大な影響を及ぼしている。いずれは収束するだろうが、今後も新型コロナと同等のパンデミックは十分に起こりうる。

そんな新型コロナと同程度の大流行が起こる可能性について、アメリカ・デューク大学のウィリアム・パン准教授は「毎年2%」と推測している。

これは過去400年間のパンデミックを統計学的手法で分析した結果であり、「パンデミックは決して稀（まれ）なことではない」と警告しているのだ。

しかも、人口増、環境破壊、グローバル化による国家間移動、動物との接触頻度の増加で新型ウイルスの流行リスクは格段に上がっているともいい、「今後59年以内に新型コロナ並みのパンデミックが再来する」とも予測されている。

がん細胞は、誰にでも毎日生まれている

人間の体は約37兆個の細胞でできているが、毎日約8000億個の細胞が新しいものと入れ替わる。

このとき、古い細胞の持っている情報は遺伝子のDNAによって受け継がれるが、この膨大な数のコピーが行われるときミスが起きることもある。このコピーミスによって生まれるのが、がん細胞だ。がん細胞の発現数は1日約5000個なので、全細胞に対してはわずかな数だ。だが、がん細胞は決して自然には消滅せず、限度なく分裂増殖を繰り返し、他の細胞にも影響を及ぼす。

そんながん細胞を増殖する前に処理するのが免疫細胞だ。

免疫細胞は自分（自己）と自分でないもの（非自己）を区別する能力があり、体内にウイルスや細菌が侵入すると攻撃を仕掛けて処理する。がん細胞は本来自己ではあるものの、免疫細胞は非自己と見なして破壊するわけだ。

ただし、加齢や体調不良などにより免疫機能が低下すると、がん細胞への攻撃力は落ちる。さらに、ウイルスや発がん性物質の影響を受けるとがん細胞はできやすくなり、重大な症状へと発展してしまうのである。

地球にぶつかる直前までNASAに気づかれなかった隕石がある！

SF映画では、隕石を1年くらい前に

発見するのがお約束だ。しかし現実では、そんな長期的猶予（ゆうよ）は与えられないかもしれない。

2013年、ロシアのチェリャビンスク州で隕石が空中爆発を起こし、1000人以上の負傷者を出した。さらに4年後の1月9日、アメリカ航空宇宙局（NASA）は地球近辺の隕石通過を発表。隕石接近を察知したのは発表の2日前で、通過地点は約19万キロメートルと、宇宙尺度ではかなりの近さだ。

チェリャビンスクで
撮影された隕石雲

隕石の直径は15～30メートルで、チェリャビンスク州の隕石と同程度だった。衝突時の威力は広島型原爆の10倍と予想され、もしも落下していたら、やはり同じ規模の被害が生じたと考えられる。

そんな隕石の接近に、NASAは直前まで気づかなかったのである。

実はNASAは50メートル以下の小型隕石を、全体の1割も発見できていない。これは、太陽方面からでは太陽光でレーダーが働きにくく、発見漏れが起こりやすいことが理由である。

現在では「ATLAS」という警戒システムで、小型隕石でも数日前には接近を探知できるようにはなっている。しかし、落下の恐れがある隕石への対処方法については、いまだに確立していないのが現状だ。

「童貞に価値はない」という判決が下されていた

一度も性行為をしたことがない男性を表す「童貞」。女性の処女より軽んじられることが多いのだが、実は、裁判で本当に無価値と判決されたことがある。

1948年に、クリーニング店の男性が、セックスレスと家事放棄を理由に妻を相手取って裁判を起こしたことがあった。男性は妻に損害賠償を求めるとともに、童貞を奪われたことに対する慰謝料まで求めたのである。

請求金額は20万円。しかし、東京地裁は損害賠償こそ認めたが、童貞喪失への慰謝料請求を棄却した。

裁判所によると、女性の貞操喪失と男性の童貞喪失では社会的評価が異なり、同一に評価することは妥当ではなく、男性に請求権はないのだという。つまり、童貞には価値がないと判断されたのだ。

同様の裁判はいまだに起こされていないので、判例では童貞は無価値のままとなっている。だが今の時代、女性から男性へのセクハラも認められている。同じような裁判が起こされれば、結果は異なるに違いない。

童謡『サッちゃん』は尾ひれがついて99番まである

童謡の『サッちゃん』は3番までしかないのだが、実は幻の4番がある。それを知ってしまうと、サッちゃんの亡霊が現れて殺されてしまう――。

ネット上では、そんな都市伝説が広まっている。そして、5番を知ると助かるとのうわさもある。

この都市伝説は昭和末期の頃からあったのだが、ネットの一般化により爆発的に広まっていった。そして、人のうわさというものは尾ひれがつくもので、サッちゃんの呪いの歌詞は増え続け、現在「99番」まであるという。

99番の歌詞は「サッちゃんはね　私を殺したヤツにね　自分の魂　すりつけてみたんだよ　しかえしだ　サッちゃん」というもの。これを歌うと呪われるようだが、4番までだった頃に比べると、かなりのインフレである。

ただし16番から98番までの歌詞は、明確には存在していない。インパクトを出すために、16番を99番としたようだ。もちろん、本物のサッちゃんは3番までなので、うわさと混同しないように。

ネズミは外敵がいなくなると少子高齢化で滅亡する

ネズミの社会は、天敵や飢えで常に死と隣り合わせにある。だが、全ての危険を取り払うと、群れは自滅への道を辿る。しかもその過程は、人間の先進国の末路を暗示させるようなものだという。

1968年、アメリカのメリーランド州の研究施設で「ネズミの群れを絶対安全な環境に置いたらどうなるか」という実験が行われた。

最適な温度を保ち、食料と水は無限に与えられる。そんな〝楽園〟に置かれた群れは、最初こそ順調に繁栄したが、開始1年後から変化が見られた。

一部のオスがメスを独占し、残りのオスは意欲を失い引きこもりとなる。やがてメスは交尾・妊娠に興味を持たなくなり、死亡数が誕生数を上回った。そうして治安悪化と少子高齢化が進み、群れは4年目に滅亡したのだ。

「楽園実験」と呼ばれるこの実験は、条件を変えて繰り返されたが、25回全てが同じ結末を辿っている。この少子高齢化による破滅という結末が、先進国の末路を予言しているともいわれている。

座敷童の正体は子どもの怨霊だって?!

「座敷童」といえば、憑いた家を繁栄させる良き妖怪だとされる。しかしその行動には不可解な点もあり、離れた家を没落させるのはもちろん、時には寝ている家主に悪戯をしたり、家族を金縛りに合わせたり、家鳴りを起こして驚かせたりもするという。

また、「たばこり」や「臼搗きわらし」という亜種は土間に潜み、醜い姿で這い回っては奇怪な音を漏らすらしい。座敷童の愛らしいイメージからは、考えられない不気味さだ。

明治〜昭和初期の民俗学者・佐々木喜善は、これらの話から「座敷童の正体は子どもの怨霊」だとする説を提唱した。明治時代以前の日本では、飢饉の際に子どもの口減らしをする村々も珍しくなかった。間引かれた子どもは墓にも入れられず、土間や床下などに埋められたという。そうした子どもたちの亡霊が、最初期の座敷童だったとする。

実際、青森の伝説には、福の代わりに祟り(たた)を起こす「たたりもっけ」という亜種が登場する。座敷童伝説の裏に、過去の悲劇が隠されていても不思議ではないのだ。

NASAの宇宙服は使用期限をとっくに超えている

2022年1月、アメリカ航空宇宙局(NASA)は、宇宙ステーションの使用期限を2024年から2030年に延長することを発表した。しかし基地の期限を延長しても、宇宙飛行士の船外活動は不可能になるかもしれない。なぜなら、宇宙服が限界を迎えているからだ。

NASAの宇宙服は1960年代の製造で、18着中11着が現在もミッションで使用されている。ただ、当初想定された宇宙服の使用期限は15年。すでに限界を40年以上もオーバーしていることになる。つまり、現在のNASA飛行士は、限界超えの装備をダマしダマし使っている状態なのだ。

新規に製造しないのは、宇宙服の縫合(ほうごう)が極めて難しく、職人の高齢化で技術がほぼ断絶しているからである。そのため、NASAは2社の民間企業と合同で新型宇宙服の設計開発を目指しているが、完成の目途(めど)は立っていない。

アメリカはアポロ計画以来の月面着陸計画を進めているものの、ロケットと宇宙服の開発が難航し、実現が不透明になっている。

フリーターにも年齢制限がある

正社員ではなく、アルバイトで生計を立てる人が「フリーター」だ。

バブル経済の時代から平成初期には「自由な生き方」と持てはやされ、2003年時には217万人のフリーターがいたという。しかし、2021年の時点では137万人に減少。若者中心だった年齢層も、今では25歳以上が中心だとされる。

ただ、いつまでもフリーターを自称できないことをご存じだろうか。これは政府が定めた年齢制限があるからだ。厚生労働省が定めたフリーターの条件は「完全失業状態で希望職の形態がアルバイト」「勤め先がアルバイト」「家事・通学をしていない非労働人口で、希望する仕事がアルバイト」である。

さらに「15～34歳までの義務教育卒業者」という年齢制限も課せられている。それ以上の年齢はフリーターには含まれず、自称もできないのである。

では、35歳を過ぎたフリーターはどう呼ばれるかというと、「短期労働者」や「日雇い労働者」「非正規労働者」などとなる。

JR紀勢本線はライオンのフンを線路沿いに撒いていた

鉄道運営で気を使うことの一つが、動

物との衝突だ。その対策として、ＪＲ紀(き)勢(せい)本線では、あるユニークな方策が試されていた。

和歌山県と三重県をつなぐこの路線では、シカとの衝突事故がたびたび発生していたが、網や柵では完全な解決法にはならず、事故は年に数百件を超えることもあったという。そこでＪＲ西日本が目をつけたのが「ライオンのフン」だ。捕食者のにおいを線路沿いに撒(ま)くことで、シカを遠ざけようとしたのである。

ＪＲ西日本では動物園の協力でライオンのフンを集め、２００２年11月より路線に散布。すると、シカの接近がぴたりと止まったのだ。ただ、この方策は現在、行われていない。フンのにおいで近隣住民から苦情が来たためだという。

しかし、ライオンのフン利用を正式採用した路線もある。ＪＲ東日本の釜石線では年に1度、ライオンのフンの成分を含む忌(き)避(ひ)剤を一部区間に散布している。天候にもよるが、1度の散布で平均3か月ほどの効果はあるようだ。

爆弾は、地上より水中のほうが威力が増す！

水は空気よりも分子の密度が高いので、弾の勢いが削(そ)がれてしまう。そのため、銃を撃っても水中だと威力は激減する。

水中では銃弾は数メートルも飛ばないし、地上から撃たれても深く潜れば拳銃程度なら生存の可能性が上がるのだ。

しかし、爆弾の場合は別である。場合によっては、水中のほうが地上より威力が増すこともあるからだ。

爆発の圧力は空気の圧縮現象で減衰されるため、爆発の衝撃波は距離に応じて威力が落ちる。そのため多くの手りゅう弾は、衝撃波よりも破片を飛ばすことで殺傷効果を高めるよう設計されている。ダイナマイトのような爆発力重視のタイプも、威力の有効範囲は非常に狭い。

しかし、水中は空気よりも圧縮されにくく、爆発の圧力がフルパワーで伝わってしまう。人間がその衝撃に晒(さら)されると、猛烈な圧力で内臓が破壊されてしまうほどだ。つまり同じ距離の爆発なら、地上より水中のほうが威力は最大限になる。

そのため水中用爆弾(爆雷)は、火力や破片の飛翔より爆発力を重視する設計になっているのだ。

二条城の「うぐいす張り廊下」は経年劣化で音が鳴っているだけ

京都二条城二の丸御殿の廊下は、歩くとキュッキュッと音が鳴る。これを「うぐいす張り」といい、侵入者を知らせるための「忍び返し」ともいわれてきた。

しかし、その説には疑問が呈され、現在は「経年劣化」という考えが有力だ。

うぐいす張り廊下は知恩院にもあるが、2011年の大修理を終えて以降、歩いても音が鳴らなくなった建物がある。逆に、再建から100年余りたった阿弥陀堂は、近年になって音が出るようになったという。

原因は廊下を支える金具にある。建築当初、金具はクギでしっかり留められていたものの、年月がたって緩み、クギ穴が大きくなったりクギそのものが抜けたりする。すると、床板を踏むことで金具が上下し、こすれ合って音が出るわけだ。

二条城の二の丸御殿

この仕組みは二条城でも同じで、案内板には「長い年月を経て、目かすがいとクギのこすれによって音が生じ」「当初から意図されたものではない」という説明文を載せている。

男性の乳がんの死亡率は女性よりも高い

乳がんは女性だけでなく男性もかかることがある。ロックバンド「キッス」のドラマーだったピーター・クリスが、2008年に乳がんを発症して話題になった。そして、乳がんの死亡率は男性患者のほうが高いという報告もある。

男性が乳がんにかかる率は全罹患率の約1%。しかし、アメリカ・ヴァンダービルト大学医療センターの研究員によると、男性の全生存率は45・8%なのに対し、女性は60・4%だったという。

男性の死亡率が高いのは、検診を受け

る人の割合が少ないからだ。また、男性の乳腺は女性より小さく皮下脂肪も少ないことから、がん細胞が皮膚や筋膜に広がりやすいという特徴も原因の一つと考えられている。

その自覚症状は、乳房やわきの下、乳輪のしこりや、乳房の大きさや形状の変化、乳頭の陥没や分泌物、外観の違和感など。これらは痛みを伴わないことも多く、男性といえども、乳房に違和感があれば医師の診断を受けたほうがよいだろう。

日本企業の部長の年収はタイの部長よりも低い！

経済産業省は将来における産業構造の転換を見すえ、今後の人材政策について検討する「未来人材会議」を設置。そして、会議の内容を踏まえて2022年5月に公表されたのが「未来人材ビジョン」である。

さて、このビジョンの中にはショッキングな内容が記されている。それは「日本企業の部長の年収は、タイより低い」というものだ。

記されているグラフによると、日本の部長の年収が1600万円前後なのに対しタイが2000万円、アメリカやシンガポールが3000万円弱である。そして「日本は、高度外国人材から選ばれない国になっている」とし、「高度な人材を誘致・維持する魅力度ランキング」という指標を算出している。

つまり、日本の国民は低賃金に甘んじており、海外の優秀な人材にとって魅力のない国となってしまっているのだ。

ちなみに「高度外国人材を誘致・維持する魅力度ランキング」のトップ10は、オーストラリア、スイス、スウェーデン、ニュージーランド、カナダ、アイルランド、アメリカ、オランダ、スロベニア、ノルウェー。日本は25位に甘んじている。

日本の子どもの幸福度は先進国でワースト2位

国際連合総会の補助機関で、主に子どもへの支援を活動の中心としているのが「国際連合児童基金（ユニセフ）」だ。

そのユニセフが2020年に公表した調査結果によると、日本の子どもの「精神的幸福度」は38の先進国の中で37位というショッキングな結果となった。


医療レベルが高くシステムも充実しているために死亡率は低く、「身体的健康」は1位。にもかかわらず、精神的健康が低いと判断された理由は、自殺率の高さと生活の満足度の低さだ。

厚生労働省の「令和3年度版自殺対策白書」によると、15～39歳まで死因のトップは自殺。それも、死亡した若者のうちの約半数が自ら命を絶っているのだ。

また内閣府が公表した令和元年度「子供・若者の意識に関する調査」によれば、「自分自身に満足している」という質問に対し、「そう思う」「どちらかといえばそう思う」と回答した13～29歳までの男女は45・1％。ちなみに韓国は73・5％、アメリカで87％である。

さらに「自分の将来に明るい希望を持

っているか」という問いに「希望がある」「どちらかというと希望がある」と答えた割合は61・6%（韓国86・4%、アメリカ91・1%）。

「40歳くらいになったとき、どのようになっているか」という問いには66・2%が「幸せになっている」「どちらかというとなっている」（韓国81・6%、アメリカ86・8%）と回答している。

自分に自信が持てず、将来にも希望が持てない若者が大勢いる日本の現状が、データによって明確に示されているのだ。

日本のビッグマックは韓国や中国よりも安い

日本は世界でも屈指の経済大国であり、物価が高いと信じている人もいるかもしれない。だが、それはもはや過去の話。日本の物価は韓国や中国、タイよりも安く、それだけ経済力が弱くなっているという指摘がある。

各国の経済力を測る指針に「ビッグマック指数」というものがある。これはマクドナルドのビッグマックの価格を比べることで、物価や購買力を測る参考値だ。

イギリスの経済誌『エコノミスト』の調査によれば、2022年1月の段階で、日本は390円（当時のレートで約3・4ドル）で57か国中33位。トップはスイスの6・98ドル、2位はアメリカの5・65ドル、アジアでは、タイが3・84ドル、中国は3・83ドル、韓国が3・81ドルとなっている。

これらを見ると、日本はタイや中国、

韓国よりも経済力が弱いという判断が可能だ。

さらに給与水準でいえば、日本の2021年の平均賃金は、ドル換算で4万ドル強。加盟国のうちデータが集計できている34か国の中で24位であり、主要7か国（G7）では最下位。韓国の4・5万ドルよりも低い。

これらのことからわかるのは、日本は給与が伸び悩んでいるため購買力が弱く、経済力も弱まっている。しかも、昨今は円安やロシアによるウクライナ侵攻で物価が上がりつつある。となれば、安い給料で高い買い物をしなければならないという悪循環に陥ってしまう。

「もはや日本は経済大国ではない」という自覚が、政府にも国民にも必要だろう。

日本では子どもよりペットの数のほうが多い

少子化の一途を辿る日本では、子どもの数は1982年から連続して過去最低を更新している。それに反比例し、増加しているのがイヌやネコの飼育頭数だ。

2021年度の総務省による調査では、15歳未満の子どもの数は1493万人。一方、ペットフード協会が調べたイヌとネコの飼育数は1605万頭と子どもの数を大きく上回っているのだ。

そのため、ペットを社会的にも「家族の一員」と見なし、人と動物が共生するためのさまざまなサービスや取り組みが増えている。さらには高齢者社会に向けて、ペットがもたらす癒やしの効果も大いに期待されている。

　その半面、途中で飽きたり、持て余したりしてペットを捨てる問題も増加。近年は特に、コロナ禍による自粛期間の心細さで飼いはしたが、結局保護センターなどに持ち込むケースも多いという。

ほとんどのクルーズ船には死体安置所がある!

　豪華クルーズ船での世界一周旅行。時間的にも金銭的にも余裕がないとできない旅行スタイルといえる。

　しかし、長旅だからこそ危険とは隣り合わせ。船内で事故に遭い命を落とす可能性も高い。第一線を退いた人が「これまでのご褒美」として利用することも多いため年齢層が高く、急な発作や持病悪化で命を落とすケースも多い。

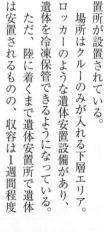

　さらに大型クルーズ船は何千人もの客がいるので、喧嘩などのハプニングも頻繁に起こり、世界のクルーズ船全体で計算すると、毎週2〜3人が亡くなっているという。そのため、クルーズ船のほとんどに遺体安置所が設置されている。
　場所はクルーのみが入れる下層エリア。ロッカーのような遺体安置設備があり、遺体を冷凍保管できるようになっている。
　ただ、陸に着くまで遺体安置所で遺体は安置されるものの、収容は1週間程度が限界だという。

誕生日に死ぬ人は多く、60歳以上はさらに多くなる

自分が死ぬ日がわかる人はいない。だが、統計によると一番死ぬ率が高いのは「自分の誕生日」のようだ。2012年、スイス・チューリッヒ大学のデータ分析では、誕生日は他の日に比べ、死亡率が約14%も上昇するというから驚きだ。

実際、歴史上の人物を見ても、劇作家シェークスピア、画家ラファエロ、ハリウッド女優のイングリッド・バーグマン、坂本龍馬や映画監督の小津安二郎など、生没が同じ日の著名人は多い。

この仮説は「誕生日効果」と呼ばれる。

まず、誕生日は暴飲暴食をしやすく、飲酒運転やアルコール中毒などで命を落とすケースが多いのだという。

また、重い病を患(わずら)っている人は次の誕生日まで頑張ろうと目標にし、それが達成されて気力が尽きてしまう心的要因もある。生きることにストレスを感じている人たちは、誕生日を死の目標に掲げ、自殺も増えるのだそうだ。

さらに還暦を過ぎると体力・気力が落ち、これらのリスクが高くなる。

誕生日はあくまでも自分という命が生まれたお祝いである。くれぐれもバースデー・ブルーには気をつけよう。

スーパーに並ぶ外国産の魚類の3割は、密漁されたもの

あなたが今日スーパーで買った刺身や

ウナギ。実は、それは「ＩＵＵ漁業」で獲られた海産物かもしれない。

ＩＵＵとは「違法（Illegal）」「無報告（Unreported）」「無規制（Unregulated）」の略。つまり、密漁や乱獲、人権を無視した奴隷労働などによる漁業のことだ。しかも日本は世界2位の水産物消費大国で、その多くを輸入に頼ってもいる。

そして、２０１５年に輸入した天然水産物２１５万トンの24～36％、金額にして約１８００億～２７００億円が、違法または無報告漁業によるものと推定された。つまり、日本で売られている外国産の魚の3割は、このＩＵＵ漁業により獲られた魚である可能性が高いのだ。

近年、水産資源は減少の一途を辿り、世界の水産資源のうちの3割が「獲(と)りすぎ」の状態と危惧(きぐ)されている。ＩＵＵ漁業による規則を無視した漁業は、これをさらに深刻にさせる。

さらにＩＵＵ漁業を行う人々は、操業の実態を隠すために漁具を海中へ遺棄(いき)することもあり、環境にも悪影響を及ぼす可能性が高い。今後もおいしい魚料理を楽しむためには、消費する側もしっかりと選択することが必要なのである。

子どもの虫歯は、大人からうつされる可能性が高い

子どもが虫歯になるのは、歯磨きをサボったことやお菓子の食べすぎのせいとされてきた。しかし近年では、「大人からの感染」とする説が有力だ。

わが子が赤ん坊や幼児の頃、離乳食を

食べやすいよう噛み砕いたり、可愛いあまりに口同士のキスをしたりする親も多いだろう。虫歯菌が子どもにうつるのはこのときだ。食べ物、食器、口を通じて、親の口内にいる虫歯菌が感染しているのである。また、同じ食器を使うときにも感染するリスクがある。

医学では親から子への感染を「垂直感染」と呼ぶ。幼児期のうちは両親や親族が自分の口内ケアを怠らず、これらの行動に気をつけると、子どもの虫歯リスクを減らせるだろう。

しかし、完全に感染を避けるのは非常に難しい。仮に菌が口に入っても、子どもの間食を少なくしたり、オーラルケアを徹底させたりすれば、虫歯の発生は十分抑制できる。うつさないよう神経質になったり、もしくは必要以上に親が責任を感じる必要はなさそうだ。

虫歯になりにくい人は歯周病になりやすい

「虫歯になったことがない」とひそかに自慢に思っている人もいるだろう。しかし、だからといって定期的に歯科検診に行かない人は、将来歯周病に泣かされることになるかもしれない。

なぜなら、虫歯になりにくい人は歯周病になりやすく、逆に、虫歯になりやすい人は歯周病になりにくいからだ。これは、虫歯の原因になる菌と歯周病の原因になる菌の性質がかけ離れていて、同じ環境では一緒に増殖しにくいことが理由である。

虫歯の原因菌は「ミュータンス菌」と呼ばれるもので、糖質をエネルギーにして増殖する。甘いものをたくさん摂取して、歯を磨かないと虫歯になるのはそのせいだ。さらに酸素がある環境を好み、歯の表面に付着して溶かしていく。

一方、歯周病菌は糖を分解してエネルギーにすることができず、たんぱく質を栄養として増殖する。しかも酸素を嫌うので、歯や歯茎(はぐき)の表面では生きていけず、歯周ポケットの底で育成する。

このように棲み分けをする二つの菌だが、ミュータンス菌が優位になると歯周ポケットの中も有機酸がたくさん生成され、酸性の環境になる。このため酸性を嫌う歯周病菌は生きにくくなり、比率が減少。同様に歯周病菌が優位になるとミュータンス菌は生きにくくなる、というわけである。

スマホやパソコンの中にもカビは生えるって?!

カビは風呂場や食品だけでなく、電化製品の中にも生える。なぜなら、プラスチックや金属類をも栄養源にできるからだ。そのため、洗濯機や冷蔵庫、エアコンはもちろん、時にスマホやパソコンの中にも現れる。

カビは湿気を好むイメージが強いのだが、湿度の低い状態を好む好乾性のカビも少なくない。そのような好乾性カビがホコリと一緒に入り込むと、内部で繁殖してしまう。また、食べかすや手あかの汚れで、キーボードやマウスにもカビは発生しやすくなる。

スマホの場合は、スマホカバーの穴や隙間を通じてホコリや汗が入り込み、水気を好むカビの発生源になる。スマホにカビが増えやすいのは冬だという。夏場は熱が上がりすぎてカビが不活性化するのだが、寒い冬場は貴重な熱源となって繁殖に最適な環境になるからだ。

スマホやパソコンのカビに健康被害はないとされる。しかし、ホコリの蓄積と相まって、作動不良や故障の遠因になる可能性もあるという。

すでにメダカは絶滅危惧種に指定されている

日本のメダカには関東以北に生息するキタノメダカと西日本以西のミナミノメダカの2種類があり、かつては田んぼや小川などで多く見られた。『めだかの学校』という童謡も作られたが、メダカが身近だったのは昭和時代の話。現在は絶滅危惧種に指定されている。

1970年代の高度経済成長で各地の工場化や宅地化が進み、水辺は工場廃水や生活排水で汚染された。また宅地開発が進められて田畑は減り、川もコンクリートで改修されてメダカの生息域は減少していく。その結果、1999年に環境庁（現環境省）により、メダカは絶滅危惧種2類に指定されてしまった。

現在では保護運動も活発化しているが、キタノメダカの地域にミナミノメダカを放流して生態系を狂わせてしまったり、観賞用に品種改良されたヒメダカを放って遺伝子汚染を起こしたりするといった問題も起きている。また2010年にはメダカブームで乱獲が起きるなど、メダカの前途は多難なままである。

湾岸戦争で損壊した米軍戦車の半数は同士討ちだった

イラクによるクウェート侵攻をきっかけに、多国籍軍が派遣されたのが湾岸戦争だ。1990年に起きたこの戦争で、アメリカ軍が投入したのが最新鋭の「M1エイブラムス」である。

M1はイラク軍の旧式戦車に比べて性能で勝り、敵側の射程を上回る遠距離から攻撃することが可能。そのため、あまり反撃を受けず、損害を受けた車両は十数両といわれている。

しかし、砂ぼこりの舞う砂漠の戦いで熱映像装置（サーマルサイト）が十分動作せず同士討ちが多発。湾岸戦争で損害を受けた数両のうち、半数は同士討ちによるものといわれている。

このように、戦争では誤射や誤爆が付き物だ。夜間や奇襲戦では敵兵の視認が難しいため誤射が起こりやすいが、通常の戦場でも敵軍と誤認されるケースは珍しくない。情報伝達が不十分だったり、砂や濃霧で相互視認が難しかったりする場面だ。また、援護射撃や空爆に味方が巻き込まれることや、嫌いな味方をどさくさに紛れて撃つこともあるようだ。

そうした誤射による戦死者の割合は、平均で全体の1～3割。戦場によっては半分になることもあるという。

❻

日本のジョーシキが覆される海外の雑学

例えば…
スウェーデンは外国から
ゴミを輸入しているって?!

ノルウェーでの曖昧な返事は「ニャア」

肯定も否定も難しいとき、日本での返事は「さあ」「まあ」「どうでしょう」といったところか。では、ノルウェー語で曖昧(あいまい)に答えるときはどう言うか？　答えは「ニャア」だ。

ノルウェー語でハイは「ヤア(ja)」、イイエは「ナイ(nei)」と言う。そのどちらでもないときに使うのが「ニャア(nja)」である。日本語で言うと、「さぁどうだろうね？」となる。

また、「よくわからない」と返したいときは「チャア(tja)」と言うのがいい。

そんなノルウェー語は2種類ある。デンマーク語の影響が強い「ブークモール」と古代ノルウェー語を主軸とした「ニーノシュク」だ。

現在はどちらも公用語となってはいるが、主流となっているのはブークモール。ニーノシュクは西ノルウェーや一部地方でしか使われず、使用人口も全体の1割ほどであるという。

このように複雑な事情のあるノルウェー語。会話中に「ニャア」と言われて「急にネコのマネをされた！」と驚かないように。

フランスでは「13日の金曜日」はラッキーデー?!

日本で「4」が「死」を連想させて嫌われやすいように、欧米で不吉とされている数字が「13」だ。この数字が嫌われ

るのは、「キリストの最後の晩餐に参加したのが13人だったから」「古代のヨーロッパは12進法だったので13はありえない数字だから」などの説がある。

中でも「13日の金曜日」は凶日とされている。これらにも「キリストの処刑が金曜日だった」「フランスのフィリップ4世がテンプル騎士団を壊滅させたのが13日の金曜日だった」などの説がある。

ところが、当のフランスでも13日の金曜日を「幸運を招く日」と信じる人もいる。13と金曜日は共に縁起が悪い。しかし縁起の悪いもの同士がかち合うことで、不幸が相殺されてギャンブルが当たりやすくなるというのである。

もちろん、「不幸の日」とする人も多いのだが、13日の金曜日にはロトくじの売り上げがアップするという。もしフランスに映画『13日の金曜日』の殺人鬼ジェイソンが上陸したら、案外「福の使者」として大歓迎されるかもしれない？

ブルガリアでは首を縦に振ると「ノー」の意味

近年のブルガリアでは、とある風習を見直すための議論が活発になっているという。それは「イエス」と「ノー」のジェスチャーだ。

日本を含む主な国では、「ハイ」もしくは「イエス」のときは首を縦に振り、「イイエ」「ノー」なら横に振るのが一般的だ。しかし、ブルガリアでは逆で、イエスなら「横」、ノーは首を「縦」に振るのだ。

なぜ世界基準と反対なのかは、戦争のせいだとする説がある。中世時代に、ブルガリア王が敵に剣を突き付けられたことがあった。そのとき王は、気が動転したのか首を横に振りながら「はい！」と叫んでしまった。この話が城下にも広まり、国民たちも王の真似をするようになったという。

もしもブルガリア人に「明日遊びに行ける？」と聞いて首を横に振られたとしても、断られてはいないので注意しよう。ただ、やはり外国人とのやり取りでは勘違いが多発するため、見直そうとする動きも活発になっているらしい。

ドバイには住所が存在せず、郵便物も届かない！

ドバイはアラブ首長国連邦の構成国の一つで、世界中からセレブが集まっていたことでも有名だ。すでにバブルは弾けたともいうが、それでも世界一高いブルジュ・ハリファビルなどの威光は健在だ。

まさに、超高層ビルやホテルがあふれる近代都市なのだが、実際に住むとなると少々困るかもしれない。なぜなら、ドバイには「住所」が存在しないからだ。

もちろん、地名や建物名など大雑把な分類はある。しかし日本のような番地は定まっていない。これはドバイ国民の先祖は遊牧民だったので、定住習慣がなかったせいだとされている。

では、郵便物や宅配物はどうやって届くのだろう？　当然、住所がないので自宅には届かない。どこに届くのかというと郵便局の私書箱である。もしくは勤務先に届くこともあるようだ。

しかし、観光客に不便なことから、2015年からは建物に振られた「マカニナンバー」を検索する地図情報サービス「Makani.ae」が提供されている。

ア　イスランドでは近親相姦を避けるアプリがある

セックスのあと、実はその相手と親戚だったと知るなど、かなり避けたいパターンだ。そんな偶然はなかなかないようにも思うが、アイスランドでは非常に可能性が高い。

なぜなら、国の人口がわずか30万人で、しかもその3分の2が首都レイキャヴィック周辺に住んでいる。しかも、父親のファーストネームが子どものラストネームになるので、名前では誰の子孫であるのかわからない。

これらの条件が重なり、知らずに肉体関係を結ぶトラブルもよくあるという。

そこで開発されたのが、過去1200年間にわたるアイスランド人の家系データベースをもとにしたアンドロイドアプリ「IslendingaApp SES」。使い方も簡単で、ユーザー2人がスマートフォンを軽くぶつけ合う（バンプ機能）だけ。近親者なら近親相姦アラームが鳴る。

アプリの宣伝文句はズバリ「ベッドで体を合わせる前に、アプリを合わせよう」。評判も上々で「もっと早く公開されなかったのが残念」というコメントまであるという。

スウェーデンは外国からゴミを輸入している

世界的に大きな問題となっているゴミの廃棄。しかしスウェーデンは別で、突出してリサイクルがうまく回っている。年間200万トン以上のゴミを焼却する過程で、ゴミの半分をエネルギーに変えることに成功しているのだ。

炉にゴミを投入して燃やし、その熱で発生した水蒸気で発電機を回して発電させる。そうして作られた電気が国中に供給されるという完璧なルートである。おかげで、国全体の電気需要の半分を再生可能エネルギーで賄(まかな)えているという。

しかも、こういった廃棄物発電所が国に32か所もあり、2012年からは発電所の燃料として、イギリス、イタリア、ノルウェー、アイルランドのゴミまで受け入れている。

しかも相手国からはゴミの処理料が支払われるので、スウェーデンにとっては、燃料も手に入るし、国の収入も増えるしで一石二鳥。「廃棄物は商品」というわけである。

このような経過を辿(たど)り、排出された家庭ゴミのうち、埋め立て地に送られるのはわずか1%。残り99%はすべてリサイクル処理されている。

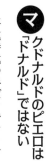

マクドナルドのピエロは「ドナルド」ではない

平成時代の半ばまでマクドナルドのCMで活躍した、黄色と赤色のピエロのキャラクター「ドナルド・マクドナルド」。彼は日本では「ドナルド」と呼ばれていたが、英語での原名はロナルド・マクドナルド（Ronald McDonald）だ。

これは決して間違いではなく、1971年に日本でマクドナルドが展開されるにあたり、フランチャイズ権を獲得した藤田田氏が「日本人にロナルドは発音しにくい」と判断。そして発音しやすい「ドナルド」表記を採用したためである。

公式サイトでは、「日本人が発音しやすいようにマクドナルドと紹介」「アメリカでは"Ronald McDonald"と表記するが、日本ではドナルド・マクドナルドと表記」という旨が記され、「よって、ドナルドも"Ronald"（ロナルド）も、どちらも正しい名称です」としている。

ただ、ドナルドは見た目が怖いという批判も多かった。さらに子どもから大人を対象とした広告路線への変更もあり、2007年を最後に、テレビCMからは姿を消している。

スペインに「日本」という姓を持つ人々がいるって?!

スペイン語で日本は「ハポン（JAPÓN）」だが、スペイン南部のコリア・デル・リオという小さな町に、このハポン姓を持つ人が700～800人も住むという。

その由来を辿ると、１６１４年、この地域に仙台藩の支倉常長が率いる慶長遣欧使節が滞在した。その中の数人はそのまま留まり、地元の女性と結婚して子どもを授かったのだ。

しかし、日本の姓をそのまま使うと何かと不便。そこで、スペインでは出身地を名字にする例が多いことから、日本を意味する「ハポン」が付けられたという。

ハポン姓の出現と同時期に稲作の技術も伝わっており、使節団がこの地に残したものは大きかったようだ。コリア・デル・リオでは、現在でも日本に捧げる祭りが年に４回開催されているという。

このエピソードが日本で認知されたのは意外に遅く、なんと２０１３年になってから。徳仁皇太子（現天皇）が来訪し、記念に植樹式を行ったことがニュースになり、広く知られるようになったのだ。

韓国には地雷原のど真ん中のゴルフ場が存在する

世界で最も危険なゴルフ場が、韓国にある。それが位置するのは「キャンプ・ボニファス」。朝鮮半島の38度線板門店の軍事境界線沿いにある、韓国陸軍の軍事基地だ。

板門店の見学ツアーが行われることもあるが、休戦協定の執行を監視する共同警備区域（ＪＳＡ）の本拠地があるために、セキュリティは基本的に厳しい。問題のゴルフ場は、そうした重要区域の敷地内にある。

１ホールのみという小型の人工芝コー

スで、将兵のレクリエーション用に造られたものであるが、コース周辺は物々しい有刺鉄線に囲まれている。これは兵士が誤って外に出るのを防ぐため。なぜなら、このゴルフコースは周囲を地雷原に囲まれているからである。

そのため、コース外に出たボールは回収できず、時には飛びすぎたボールで地雷が爆発することもあったようだ。まさしく、世界で最も危険なゴルフコースといえよう。なお、軍人専用なので一般人がコースを使うことはできない。

キャンプ・ボニファスのメインゲート

オーストラリアには日本の領土があるって?!

1951年のサンフランシスコ平和条約により、日本は当時保有していた海外領土の全てを手放した。しかし、2022年の現在でも、現地政府が認める日本領が存在する。

その領土というのが、オーストラリアのニューサウスウェールズ州にある「カウラ」。正確には、カウラにある日本人墓地と日本式庭園である。

戦時中のオーストラリアは、直接上陸こそ受けていないが、日本軍の攻撃は受けている。ポートダーウィン空襲や、特殊潜航艇によるシドニー港攻撃などである。そうした作戦で戦死した日本軍人の慰霊のために造られた墓地が、「カウラ日本人墓地」とその庭園だ。

さらに、かつてこの町には日本軍人の捕虜（ほりょ）収容所があり、日本兵231名が死亡する脱走事件も起きている。

1963年、オーストラリア政府はカウラ日本人墓地を日本に寄贈。日本国の恒久的領土と認めることを宣言した。日本の主権は及ばないが、今でも墓地には事件の死者を含めた522名の日本兵が眠っている。

モスクワで、270人もの人が住む地下都市が発見された！

ロシアの首都モスクワには、「地下に巨大な都市がある」という伝説がある。ただし、古代の遺跡ではない。

旧ソ連では、核戦争に備えて地下シェルターの建設計画が進んでいた。そうしたシェルターには、町レベルの巨大シェルターもあったという。

実際、クレムリン宮殿の近辺で発見された軍事シェルターは、総面積約7平方キロメートルで500人以上が収容できた。一説によると、数万人規模の都市シェルターも地下のどこかにあるという。しかし当時の最高機密だったので、現政府も計画の全容はわからないようだ。

そうした地下空間が、反社会勢力の拠点になっているともいわれていて、実際に2013年、不法滞在外国人の「地下都市」が摘発された。発見された居住区には約270人が住み着き、レストランやカジノだけでなく、養鶏場や小型映画館まであった。

しかもこの空間は、2009年まで中国系外国人の闇市場だったという。うわさはあながち間違いでもないようだ。

オーストラリアはウサギと「戦争状態」にある

オーストラリアは二度も動物との戦争を経験している。一度目はエミューの全国駆除に失敗した1932年の「エミュー戦争」。そして19世紀末から続く「ウサギ戦争」だ。

もともとオーストラリアにウサギはいなかったが、1859年にイギリス人が持ち込むと大繁殖する。ウサギの繁殖力は強く、年間1頭あたり18頭以上ものペースで増加を続け、1890年までに全土へと広まった。

これにより国内の農業と生態系は大打撃を受け、20世紀初頭より政府は駆除作戦を決行。しかしフェンスの設置や捕獲は効果が薄く、最盛期には6億匹を超えてしまった。

そこで政府は1950年代より、粘液腫症ウイルスを使った駆除作戦を決行。散布されたウイルスはウサギを9割方駆除するが、残る1割が耐性を獲得する。

1990年代のウサギ出血性疾患のウイルス散布でも、やはり残った少数が抗体を獲得。ウサギ戦争は人類側が劣勢となっているが、外来種を持ち込んだ人間の自業自得といえなくもない。

アメリカでは履歴書を手書きすると不利になる!

パソコン入力が主流の現在でも、日本の履歴書は手書きが一般的だ。プリントアウトでもOKという企業も増えつつあるが、やはり「誠意がない」と判断する企業は、まだまだ多いという。

これに対してアメリカの就職事情は逆。履歴書を手書きすると、採用の確率は下がるという。

日本が手書きを重視するのは、字の形や癖から人柄を探るためだとする。対するアメリカでは、読みやすさを重んじる。パソコン入力であれば、どんな人間が作っても字は読みやすい。逆に手書きの履歴書を作ってしまうと、「相手が読みやすい履歴書にする配慮もない」と認識され、不採用となる確率が高まるのだ。

この他にも、アメリカの履歴書では日本のような顔写真もなく、年齢や性別を書く必要もない。これは「雇用差別禁止法」に基づき、全ての就活者に平等なチャンスを与えるためだ。

アメリカでは「子どもだけで留守番」はNG

親が外出するため子どもに留守番を頼む。日本ではごく普通の光景だが、アメリカでは違法になることもある。

アメリカ全体の法律(連邦法)では禁止されていないが、例えばメリーランド州の州法では、8歳以下の子どもに留守番をさせると親は罰せられる。

同様に、オレゴン州では10歳以下、イリノイ州でも12歳以下の子どもの留守番は許されない。ワシントン州では州法の罰則こそないが、ガイドラインでは小学生以下の子どもだけの留守番は不適切となっている。

このように、アメリカだと親は小学生以下の子どもを放置しないのが常識だ。それは留守番だけでなく、庭や車内でも同じである。実際、カリフォルニア州では6歳以下の車内放置は州法で禁止されている。

30年ほど前までは、アメリカでも子どもだけの留守番が普通に行われていたという。しかし治安の悪化と親世代の意識改革によって、子どもの放置が避けられるようになったようだ。

二 ニュージーランドには貧乳のAV女優はいない?!

児童ポルノについて、海外の規制は日本よりもはるかに厳しい。日本では規制の緩い2次元作品はもちろん、児童を思わせる描写まで規制対象とする国もある。その一国がニュージーランドだ。

ニュージーランドでは、なんと貧乳の女性をAVに出演させるだけでも罪になる可能性があるのだ。

この規制はオーストラリアの等級審査委員会が決めたものだが、商圏が共通しているニュージーランドでも共用される。2010年、同協会はAVおよび成人映画へのAカップ以下の女性の出演を禁止した。貧乳が未成年の女性を連想させるためである。

これに違反すると、児童ポルノ法関連の罪に抵触(ていしょく)してしまう。「見た目は少女だが実は大人」という「合法ロリ」も両国では通用しないようだ。

また、日本のロリコン・アダルトアニメを所持した場合も、種類によっては処罰の対象となる。２０１３年に摘発された事例もあるので、持ち込みは厳禁だ。

『ネコふんじゃった』の中国での曲名は『泥棒行進曲』

ピアノ初心者用の曲としても有名な『ネコふんじゃった』は、作者も制作時期も不明である。そして「ネコふんじゃった」というタイトルも、実は日本独自のもの。韓国では「ネコ踊り」、台湾では「子ネコの舞」というように、国や地域ごとに呼び名が異なるのだ。

その中にはかなり珍しい曲名の国もあり、その代表格が中国だ。中国での曲名は「小偷进行曲」。小偷とは「泥棒」の意味なので、つまり、中国でのタイトルは「泥棒行進曲」なのである。

曲のメロディーから泥棒たちの行列を連想するとはユニークだ。

この他にも、ドイツでの曲名は「ノミのワルツ」。作曲者の名前の誤植が由来という説もあるが、真相は不明だ。また、スペインでは「チョコレート」。「イヌのマーチ」とするロシアのように、イヌと関連づける国も多い。そして旧ユーゴスラビア圏では「黒のメロディー」である。

こうした曲名の種類は全世界で28種。

その大半が由来不明のままだという。

台湾ラーメンは、台湾では「名古屋ラーメン」!

トウガラシで味付けしたひき肉やニラなどを、鶏ガラ出汁(だし)の醤油スープで味付けした激辛ラーメンが「台湾ラーメン」だ。激辛好きからの人気も高いのだが、名前に反して台湾に行ってもほぼ食べられない。日本式のラーメンを食べられる店を探せばあるらしいが、それでも呼び名は「名古屋ラーメン」だ。

その理由は、発祥の地が名古屋市だからだ。台湾ラーメンの起源は台湾料理の「担仔麺(タンツー)」で、これを名古屋市の台湾料理店「味仙(みせん)」の店主が従業員の賄(まかな)いにしたところ、好評だった。そこで店のメニューに載せてみたところ、1980年代の激辛ブームの追い風もあって大人気になった。

しかし、本来の担仔麺は辛い料理ではなく、激辛になったのは名古屋市民の好みに合わせたアレンジであるという。

このように、台湾料理店から生まれたので日本では「台湾ラーメン」、台湾では名古屋生まれの「名古屋ラーメン」と呼ばれているのだ。

アメリカ・テキサス州には約6000頭のトラがいる

世界で最もトラが多く生息する国は、インド。では2番目はどこかというと、意外やアメリカなのである。

トラやライオンは、アメリカの小型動

物園でアトラクションに利用されやすい。動物福祉法は制定されているが、州によっては簡単な手続きで飼育が可能となる。そのため、アメリカ各地で違法な飼育や繁殖が横行しているという。

中でもテキサス州は最もトラの多い州として有名だ。一般人の飼育は州法で禁止されてはいるが、監視が不十分なため認可を得やすい。一説によると、テキサス州全土にいるトラの総数は約6000頭。その3分の1が違法なペット用であるという。

だが、猛獣であるトラの飼育はとても難しく、飼育放棄や脱走事件もよく起こる。2021年初頭にも、テキサスのサンアントニオ市で2頭のペットとして飼われていたトラが脱走し、捕獲後に保護団体へと引き渡された。

野生のトラは世界で3900頭といわれるが、その倍以上のトラが違法に飼育されているのだ。

米国と英国のホテルには「420号室」がない

日本のホテルでは4号室と9号室がないことがある。4は「死」、9は「苦しみ」を連想するので縁起が悪いからだ。こうした縁起の悪い数字（忌み数）は、日本だけの風習ではない。

欧米でも避けられる数字があり、それが「４２０」だ。中でもアメリカやイギリスでは、ホテルに「４２０号室」を置かないほどに忌み嫌っているという。

ここまで４２０が嫌われる理由は、麻薬取引を連想させるからだ。アメリカではマリファナのことを「４２０」と呼ぶこともある。なぜそう呼ぶのか確かな理由は不明だが、一説によると学生の不良グループが4時20分に麻薬を使っていたからだともいわれている。

やがて４２０がマリファナの隠語となり、ホテルの４２０号室で麻薬を使う事例が多発。隠語と同じ数字なので、愛好家にすれば縁起がいいからだ。そうした乱痴気（らんちき）騒ぎを防ぐために、４２０号室がホテルから除外されたのである。

アメリカでは、飲酒運転違反者が一目でわかる

アメリカの「ナンバープレート（ライセンスプレート）」は日本と異なり、デザインにある程度の自由が利く。

州の名物や観光地が描かれたユニークなものもあるが、時には黄色のプレートに赤字でナンバーを書いたプレートを見かけることがある。これはファッションではなく、警察が与えた飲酒運転者の証しなのだ。

アメリカの飲酒運転対策は厳しく、車内に開封したビール缶を置くだけでも取り締まりの対象となる。刑事法違反として現行犯逮捕となれば、警察署に連行されたのちに裁判所から矯正（きょうせい）プログラムへ

の参加と社会奉仕を義務づけられる。なお、参加費用は自己負担だ。

当然免許も停止で、その期間は州によって異なるが、平均半年～1年だ。その期間が解けても、特殊なプレートを一定期間装着しなければならない。それが前述の黄色のプレートなのだ。

こうして他のドライバーに飲酒運転の違反者であることを示し、接近しないよう注意をうながすのである。

スウェーデンでは花火を買うのに免許がいるって?!

夏の夜の風物詩である「花火」を買うのに、日本では免許はいらない。職人が扱う打ち上げ花火は別として、普通の手持ち花火や設置型なら小学生でも購入できる。

しかし、スウェーデンでは免許がないと花火は買えないし販売もできないのだ。

スウェーデンで花火をする場合、まずは警察で講習を受けて使用ライセンスを取得しなければならない。また、花火製品は「スウェーデン市民緊急事態庁」（MSB）のテストを受け、販売店も消防署の保管許可がいる。

適切な保管場所、爆発物販売の看板、取り扱い訓練を受けた人員が用意できなければ、花火販売は許されないのだ。

かつてのスウェーデンでは、18歳以上なら誰でも花火を購入できた。規制もゆるく、数十メートルまで上がる本格打ち上げ花火も自由に使えたのである。

だが、そのせいで人へ発射するといった事故が多発。ついには2019年の法規制により、ライセンス制となった。

カナダには、ホッキョクグマ専用の刑務所がある

カナダ・マニトバ州チャーチル近辺のハドソン湾は、ホッキョクグマのエサになるアザラシの生息地でもある。そのため、海が凍る秋頃になると、流氷に乗って狩りをするためにクマたちがこの町に集まってくる。

そうしたホッキョクグマが町に迷い込んだ場合に備え、用意されたのがクマ専用の刑務所で「ポウラー・ベアー・ジェイル」(Polar Bear Jail) と呼ばれている。

もちろん、人間の刑務所のように懲役(ちょうえき)や禁錮(きんこ)刑を与える施設ではない。実際は単なる収容施設で、捕獲したホッキョクグマを一時隔離する光景が、拘置(こうち)所や刑務所を思わせることから付いた別名だ。

収容可能数は30頭ほど。音で脅(おど)かしても逃げないホッキョクグマがここに連行され、シーズンになると迷い熊で施設は満杯になるという。

しかし、これは笑いごとではない。近年のハドソン湾では、地球温暖化で凍結時期が不安定なので、エサのアザラシが取れなくなりつつある。ホッキョクグマが町に侵入するのは、エサ不足のせいでもある。カナダの熊害は、そうした環境問題の表れでもあるのだ。

夜のエッフェル塔の写真をアップするのは違法?!

パリのシンボルといえば、凱旋門と並

んで有名なのが「エッフェル塔」。観光旅行者が写した画像をSNSやブログに上げることもよくあるが、公開する写真や動画はよく選ばなければいけない。特に夜のエッフェル塔を撮影公開してしまうと、違法になりかねないのだ。

フランスの著作権法では建築物も美術品の一種であり、当然エッフェル塔にも著作権は存在する。しかしEU諸国では著作権の期限を70年と定めており、それを過ぎると著作権フリーになる。エッフェル塔の建築は1889年。当然ながら著作権はすでに切れているので、昼間の姿の公開は合法だ。

気をつけるべきは「夜」である。エッフェル塔のイルミネーションが始まったのは1985年。芸術作品の一種なので著作権法の対象内だ。そのため、夜のエッフェル塔の写真や動画を不特定多数が閲覧可能なSNSに上げたり、もしくは商用利用をすると違法となりかねない。

ちなみに、イルミネーションの著作権が切れるのは2055年の予定だ。

エジプトの首都カイロの意味は「火星」である

エジプトの首都カイロはアラブ社会で最も繁栄した都市の一つであり、その人口は近郊を含めて2000万人を超えている。しかし、古代エジプト王朝の時代には、単なる地方集落の一つでしかなかった。

　古代エジプト王国の滅亡後、カイロはローマ帝国の支配下に置かれる。やがて6世紀にイスラム勢力がローマ軍を撃退すると、「フスタート」という名の都市となった。そして、966年のファーティマ朝による占領で「カイロ」と改名したのだ。

　そんなカイロという地名の意味は「火星」だ。エジプト語で火星は「アルカーヒル」といい、その英語読みがカイロなのである。そして首都建設式典では、本当に火星らしき星が上空に現れたとも伝えられている。

　もっとも、アルカーヒルの本来の意味は「勝利」であり、都市占領を記念して付けられたと考えられている。「火星を意識して付けた」というよりも、付けた名前が火星と同じだったというのが真実に近いだろう。

韓国には、スパイ通報用の電話番号があった

　1950年に勃発した朝鮮戦争は、終戦しておらず休戦状態にある。北朝鮮と韓国は戦争状態のままであり、そのため韓国では、スパイ通報用の電話番号も使われていた。

　その電話番号は「111」。韓国で、この緊急番号は「国家情報院」につながる仕組みになっていた。

国家情報院は、南北対立における国家安全保障に関する情報収集ならびに諜報（ちょうほう）活動に関する保安と捜査を行う大統領直属の情報機関である。一般人がスパイらしき人物を発見したら、情報機関に直接通報することができたのだ。

しかし、この番号はすでに使用できなくなっている。２０２０年７月に当時の文在寅（ムンジェイン）大統領が国家情報院を「対外安保情報院」に改編し、対北活動の大幅縮小を決定したからだ。スパイ対策は事実上廃止となったが、防諜力の低下を批判する声も多いという。

アラブに石油王は存在しない

石油で莫大な富を築いたアラブ諸国の富裕層や王族を「石油王」と呼ぶことがある。確かにアラブ諸国は石油マネーで国が潤（うるお）っているが、日本の漫画で登場するような石油王は存在しない。

例えば、サウジアラビアの石油は産油企業「サウジアラムコ」が取り仕切っているが、この会社は国営企業だ。企業の利益は国庫に納められ、社長も「王」と呼ばれるほどの富は得られない。そしてその利益は、王族だけでなく民衆にも幅広く分配される。

これはサウジアラビアだけでなく、カタールやアラブ首長国連邦など他の産油国も同様で、企業は国営が原則。利益が個人に集中することはない。

ただ、アラブ諸国は財閥社会。サウジアラビアのアブドゥル・ラティフ・ジャミール、クウェートのアルシャヤのように、一族経営の巨大財閥がかなりの財を築いている。石油王はいないが、「財閥王」なら存在するかもしれない。

ブラジルのサッカー選手があだ名で登録されるわけ

ジーコ、ロナウジーニョ、ペレなど有名サッカー選手には事欠かないブラジル。だが、これらの選手の登録名の大半は本名でなく「ニックネーム」なのだ。

例えばロナウジーニョ。彼はFCバルセロナでも活躍し、FIFA最優秀選手賞を得た名ミッドフィルダーだ。そんな彼の本名は「ロナウド・デ・アシス・モレイラ」。

また、ジーコも「アルトゥール・アントゥネス・コインブラ」で、ペレの本名も「エドソン・アランテス・ド・ナシメント」である。

本名登録をしない理由は主に二つある。まずは本名が長すぎること。ジーコらのフルネームからもわかるように、名前と名字の間にミドルネームを挟むため、ブラジル人は名前が非常に長い。登録の手間はもちろん、他国の選手も呼びにくい。

さらに、ブラジル人は似た名前が多く、カルロスやロナウドなどばかりが並ぶと非常にわかりづらい。そのため、選手の大半がニックネームで登録しているのだ。

中国ではタイムトラベルものの映画は上映不可

1985年にパート1が公開されて以

来シリーズ化され、パート3まで製作された人気SF映画が『バック・トゥ・ザ・フューチャー』だ。しかしこの映画、中国では上映禁止である。

この作品だけでなく、中国では時間旅行系の映画やドラマは放送できず、2011年には「タイムトラベルドラマの禁止令」が出されているほどだ。

中国の国家広播電影電視総局によると、「時間改変は歴史への敬意がない」というのが表向きの理由だ。しかしその裏には、政治批判の封じ込めという目的もあったという。

時間旅行系の作品には、ほぼ必ず歴史改変の問題がストーリーに絡んでくる。これには製作陣が持つ現代社会への不満が込められており、視聴者の社会不満へのガス抜き効果がある。これを当局は政治批判につながりかねないとして、ジャンルごと禁止処分にしたという。

現在の中国ではコンテンツ産業も盛んだが、このような当局による規制のため、ハリウッドは超えられないともいわれている。

ヒトラーと同名の政治家がナミビアにいる

アドルフ・ヒトラーといえば、第二次世界大戦期のドイツに君臨した独裁者だ。そんなヒトラーと同名の政治家がナミビアにいる。

ナミビアはアフリカ南西部にある国で、第一次世界大戦までは旧ドイツ帝国の植民地だった。そのためドイツ風の姓を持つ人も多く、地方議員のアドルフ・ヒトラー・ウノナ氏もその一人。2020年のオシャナ州オンプンジャ区地方選挙において、与党の「南西アフリカ人民機構」から出馬して当選し、その得票率は85%にもなっている。

しかし、ウノナ氏はヒトラーの関係者ではない。名前を付けた父も、旧ナチスの信奉者ではなかった。父親はヒトラーの所業を知らず、単なる外国の有名人と思っていたという。

ウノナ氏本人も幼少期は自分の名に疑問は持たず、成長して初めて独裁者と同名であることを知ったという。そんなウノナ氏に改名の予定はなく、当選時には「世界征服をするつもりはない」というジョークも飛ばしている。

ネットスラングの「草」は中国では○○の意味！

日本のインターネットスラングでは、「草」は笑いを意味している。当初は、笑いのローマ字読みである「warai」の頭文字を取り「w」と書かれていたが、草のような見た目だったので、「草＝笑い」に変化したという。

ただし、「草」は単なる笑いではなく「嘲笑」で使われることが多い。そのため、草とw、もしくは「笑」も現役で使われている。しかし、中国人相手に草のスラングは使わないほうが無難だろう。

中国にも草のスラングはある。しかし意味は、日本とは違い「FUCK！」。中国には、「Fuck you」を意味する「草泥马」というスラングがあり、これは2009年の当局による低俗用語排斥運動への反発で生まれた用語で、「操你妈」と書かれることもある。このスラングを縮めたのが中国版の「草」である。そのため、日本の感覚で使ってしまうと、相手が侮辱されたと誤解しかねないのだ。

しかし、昨今では日本と同じ意味で使う中国人も多く、誤解を防ぐために「草（日本語）」と書かれることが少なくないようだ。

ロシアにも日本のような干支があるって?!

毎年、年賀状を書く頃になると意識する干支。日本では古くから使用されている暦だが、実はインドや中国といったアジアはもちろん、アラブやヨーロッパにも干支があり、国によっては猫や豚がメンバーに加わっているなど違いがある。

ロシアで売られている寅年にちなんだグッズ

干支の発祥は中国だとされ、今私たちが一般的に使っている12の動物から成るものは、正確にいうと干支ではなく十二支である。

干支とは、甲・乙・丙・丁・戊・己・庚・辛・壬・癸という「十干」と、子・丑・寅・卯・辰・巳・午・未・申・酉・戌・亥の十二支を組み合わせて使用するもの。10と12の最小公倍数が60だから60年で一回りという長い暦で、60歳の「還暦」は暦が一回りしたという意味を持つ。

古代中国から各国に広まっていった干支だが、ロシアでも日本と同様、ネズミ・ウシ・トラ・ウサギ・リュウ・ヘビ・ウマ・ヒツジ・サル・トリ・イヌ・イノシシの順番は同じ。

ただ、日本のように暦として残っているだけではなく、「東洋のホロスコープ」として認知され、占いの一種として女性に人気が高く、グッズなども販売されている。

ロ シアで、3万年前に絶滅した古代花が復活！

近年、絶滅した動植物を復活させるため、遺伝子分野などでの研究が進んでいる。そして、すでに絶滅種の復活に成功しているともいわれているのがロシアだ。

２０１２年2月、ロシアの科学アカデミーが氷河期の花の復活に成功したと発表。蘇ったのは約3万年前のシベリアで咲いていたとされるナデシコ科のスガワラビランジの祖先で、現代でも子孫がツンドラ地帯で生き残っている。

そんな古代種が復活した要因は「古代リスの非常食」であったことだ。

発見場所はシベリア・コリマ川の地下38メートルの地点である。ロシアの研究チームは地下の地層でリスの巣穴跡を発見し、そこで非常食と思われる果実と種子の化石を発見した。

チームは当初、果実から採取した種子

による発芽を試みたが、完全に凍結していたため失敗。そこで種の組織を培養すると、古代花は無事発芽したという。

オセアニアには人口5人の国がある

国連が認定する最も人口の少ない国は、ヨーロッパのバチカン市国。人口は約615人だ。しかしオセアニアには、さらに少ない国がある。その国というのが、オーストラリアのモスマン市内部に位置する「ワイ公国」だ。

2004年に独立を宣言したワイ公国の人口は、なんとたったの「5人」。もっとも、国連はもちろんオーストラリアも承認してはいない。

モスマン市は1990年代より都市の再開発を進めていたが、芸術家の一家が自宅前の道路舗装を申請したところ、市側の手続きミスで却下されてしまう。激怒した一家は独立を宣言し、モスマン市が許可したことでワイ公国は誕生したのである。

国民は国王である父親と家族のみ。国旗や国歌は、全て父親の自作である。独立宣言したものの、モスマン市とは同盟関係にあるようだ。

こうした自称独立国を「ミクロネーション」といい、オーストラリアにはワイ公国以外にも数十か国が存在するという。

@の呼び方は国によってこんなに違う!

日本では「@」のマークを、ほとんど

の人が「アットマーク」と呼ぶ。

しかし、日本での正式名称は「単価記号」。「@１０００円」とあれば「単価が１０００円」のことで、メールアドレスだけでなく、経理の帳簿や見積書などでも使われる。

@の起源は古く、６世紀頃の修道士の間ですでに使われていたともいわれ、メールアドレスの区切り記号となったのは１９７２年との説もある。

そうした歴史のある@、実は「アットマーク」と呼んでいるのは日本だけで、アメリカでは「アットサイン」。縮めて「アット」と呼ぶこともある。また、中国では「at」を転写し「艾特」と呼ぶことが多い。

この他の地域や国については、台湾だとネズミを意味する「小老鼠」と呼び、ドイツやオランダでは「サル」である。フランスでは「巻貝」で、ロシア語では「犬」。ハンガリーでは、なんと「ぜん虫」、つまりミミズなどの総称である。

世界では、@の見た目から連想されたもので呼ぶのが主流なようだ。

独 仏では「ガ」と「チョウ」を区別しない

昆虫のチョウとガの区別は曖昧だ。両種は同じ「鱗翅目（りんしもく）」の仲間で、姿形も似通っている。しかも海外には、両種をまったく同じものとする国もある。

フランスでは、チョウとガをまとめて「Papillon」と呼んでいる。ただし同列に扱うのは言葉の上だけで、生物学上では別種となっている。そのため、ガであることを強調したいときは「Papillon de nuit（夜のチョウ）」と呼ぶこともある。

ドイツでも、チョウとガはまとめて「Schmetterling」。チョウであることを強調するときは「Tag schmetterling（昼のチョウ）」と呼び、ガについては「Nacht schmetterling（夜のチョウ）」と呼ばれる。

ただし、ドイツ語の「Falter（チョウ）」や「Motte（ガ）」、フランス語でも「phalène（チョウ）」や「phalère（ガ）」という呼び名があるので複雑だ。

パリで女性のズボン着用が認められたのは、つい最近！

フランスのパリといえば「花の都」とも呼ばれるように、ファッショナブルなイメージがある。

だが、パリでは1800年に「公共の場における女性のズボン着用を禁じる」という条例が作られ、200年以上も放置されていたのである。

ズボンを禁じた理由は革命の防止だ。1800年当時のフランスは労働運動が盛んだったが、参加したのは男性ばかり。女性には表立った参加が認められなかったのである。そこで女性たちは労働者の服装である長ズボンをはき、労働運動への参加権と女性の権利向上を求めた。

しかしこの訴えは認められず、政府は女性のズボン着用を禁ずる条例を制定する形で活動を抑制する。女性たちは日常でズボンをはくことは許されず、着用したい場合は警察の許可を必要とした。

とはいえ、20世紀以降はほぼ守られることはなく形骸化し、2013年になってようやく、男女同権の観点から廃止が決定した。こうしてパリの女性たちは、法律の上でも自由なファッションが認められたのである。

ドイツ国歌の1番はナチスの影響で歌われない

ドイツの国歌は「Deutschlandlied（ドイチュラントの歌）」といい、ハイドンのメロディーに詩人のアウグストが歌詞を書き、1843年に完成した。歌詞は3番まであるのだが、フルで歌われることはあまりない。公の場では3番のみ歌うのが通例だ。

1、2番が歌われないのは、歌詞がナチスドイツを連想させるからだ。

1番を要約すると「ドイツはこの世の全ての上にあり、メーメル川やベルト海峡まで国は広がる」という内容。これがナチスドイツの優勢思想と侵略行為を連想させるので、1949年のドイツ連邦共和国成立を境に歌われなくなった。

では2番もナチス関連かといえば、これは少し違う。こちらはドイツの女性とワインの素晴らしさを歌ったものだ。国の歌としては少々内容が軽いというのが理由らしい。

残る3番は「祖国ドイツの統一と正義と自由」に対する努力と幸福を歌っている。戦後に東西分裂した情勢にもマッチしていたこともあり、3番だけが歌われるようになったのだ。

欧米人を「マッチョだね」と褒めたらダメだって？

「君はマッチョだね」と言うと、日本では「筋骨隆々のたくましい人」という意味で受け取られる。ボディビルダーのように、日頃から筋肉を鍛えている人にとっては褒め言葉だろう。

しかし欧米で「マッチョ」といえば、強く否定されることもある。なぜなら、マッチョは外見ではなく、思想や信条、行動を表す言葉だからだ。

マッチョとは、本来「男性のたくましさや勇敢さ」という意味である。そこから男性優位を表すスペイン語の「マチスモ」と合わさり、男らしさを過度に重視する「マッチョイズム」という主義が作られた。そして現在のアメリカやヨーロッパでは、マッチョは男性優位主義という意味合いが強い。

つまりは「反フェミニズム主義者」と見なされてしまうのだ。もし、筋肉の凄さを褒めたいときは、「toned（引き締まっている）」か「buff（筋肉が大きい）」と言えばいいだろう。

中国でBL作品を発表すると犯罪になる！

テレビドラマ『おっさんずラブ』や『きのう何食べた？』が大ヒットしたように、

近年の日本では男性同士の恋愛を描く「ボーイズラブ（BL）」が人気を博している。韓国やタイなどアジア各地でもBL人気は高まっているが、中国では当局の表現規制が厳しく、作家が逮捕された事例もあるのだ。

　2018年、自作のBL小説をネット販売していた女性作家が、中国当局に逮捕された。そして男性同士の性描写を描いたことで「わいせつ物伝播（でんぱ）罪」および「わいせつ物の製造販売」となり、懲役（ちょうえき）10年6か月の実刑判決を受けたのである。中国では強姦でも懲役は最長5年なので、その倍以上という計算だ。

　性的描写を描くと逮捕されやすいため、中国市場では「男性同士の友情」という名目で摘発を回避している。その努力で「ブラザー」と「ロマンス」を合わせたネーミングで、事実上のBLドラマであるとの指摘もある「ブロマンス時代劇」が人気となってはいるが、当局からの風当たりは依然として厳しいのが現状だ。

シンガポール人が公用語のマレー語をほぼ使わないわけ

　マレー半島の南端に位置する「シンガポール」は、日本人に人気の観光スポットでもある。そんなシンガポールの国民は、ほとんど公用語を使わないということをご存じだろうか。

　シンガポールの公用語は、中国語、英語、タミル語、マレー語の四つ。中でもマレー語は憲法で国語に認定されている。

　まさに別格の扱いだが、国民のほとん

どはマレー語を話したり、書いたりすることはまずない。学校の授業は全て英語で行われ、一般社会の使用言語も英語と中国語。マレー語は、国歌斉唱でしか使う機会がほぼないのだが、いったいなぜなのか？

シンガポールは1965年までマレーシア連邦の一部であり、マレー語が国語であるのもその名残だ。しかし国の人口約397万人のうち、マレー人の占める割合はたったの13%。

残りの74%は華人が占め、あとの9%にインド系などが入る。マレー人そのものがシンガポールでは少数民族で、その結果として多数派の華人が使う英語・中国語で国が回っているというわけだ。

2022年時点でのマレー語の使用率は、たったの10%ほどだという。

国名は「赤道ギニア」だが国土に赤道は通っていない謎

アフリカ中西部に位置する「赤道ギニア」の正式名は、「República de Guinea Ecuatorial」。「Ecuatorial」は赤道という意味で、他の言語で国名を記すときも必ず赤道を意味する単語が使われる。だが、これほど国名で赤道をアピールしていても、国土に赤道は通っていない。

赤道は緯度0度線のことで、これより北方が北半球、南側は南半球。そして、最北部にある首都マラボの位置は北緯3度。かすめてもいない。なお、本当に赤道が通る国はガボンである。

北にずれているのにもかかわらず赤道

ギニアを名乗る理由は、「ギニア共和国」と区別するためだ。西アフリカにあるギニア共和国は、赤道ギニアとは何の関係もない。「黒人の国」という意味だとされる「ギニア」の名が、たまたま被ってしまったという。

　このギニア共和国と間違えられないよう、「ギニア共和国よりも赤道に近いギニア」ということで、国名に赤道の名を入れたのだ。

台湾には年に2度バレンタインデーがある

　女性が好意を持つ男性にチョコレートを贈る「バレンタインデー」。近年は「義理チョコ」や女性同士の交換、もしくは自分へのごほうびとして高級チョコを買う女性も少なくない。

　そんなバレンタインデーが、台湾では年に2日ある。まずは日本と同じ2月14日の「情人節」もしくは「西洋情人節」で、「長長久久（福が長続きするように）」の発音と同じ99本の薔薇を、男性が女性に贈る。そして2度目のバレンタインが旧暦7月7日である。

　7月7日といえば七夕で、織女と牽牛の伝説は中国発祥である。これにあやかって「七夕情人節」という恋人の日にしているのだ。情人節には「チャイニーズ・バレンタインデー」という別名もあり、2月より7月のバレンタインデーを重んじる傾向が強いようだ。

　なお、前述したように台湾ではチョコではなく花束を贈るのだが、実は世界ではこちらがスタンダード。バレンタインデーに女性がチョコレートを贈るのは、日本と韓国のみだという。

韓国には〝チョコゼロ男子〟のための日がある

女性が男性にチョコを渡すというバレンタインデーの風習は、高度経済成長期に神戸の洋菓子店が広めたものだ。この風習は韓国にも伝わり、チョコをもらえずガッカリする男性たちがいるのも、また同じである。

ただ、韓国には〝チョコゼロ男子〟のための記念日が設けられている。「ブラックデー」である。

韓国にも3月14日のホワイトデーがあるので、ブラックデーは翌月の4月14日だ。この日になるとバレンタインデーに縁がなかった男性は、黒色の服を着てからチャンジョンミョン（韓国の黒麺料理）をみんなで食べるという。

黒い麺ならチャンジョンミョン以外でもいいし、コーヒーでも構わないという。そうやって恋人ができなかった悲しみを慰め合うのである。もし食べなければ一生独身のままだとされる。

さらに、5月14日には「イエローデー」がある。ブラックデーでも恋人ができなかった男性が、今度は黄色い服でカレー料理を食べる。そうしなければ、やはり一生独身であるという。

韓国のバレンタインデーは、その後もなかなかにユニークなようだ。

7

すべらない！
大ウケ間違いなしの雑学

例えば…
マクドナルドのフライドポテトは
国産ジャガイモでは作れない！

トランプ前大統領と1文字違いの「ガ」がいる

引退後も何かと存在感を見せつけるドナルド・トランプ前米国大統領。そんな彼と名前が1文字違いのガが存在する。

その名は「ドナルドトランピ」。カリフォルニア州南部からメキシコ北部までに生息するネオパルパ属の一種である。

白くボリュームのある頭部、両目が吊り上がったような風貌はトランプ氏そっくりで、名前までほぼ同じとは、すごい偶然——と思うだろうが、命名されたのは、トランプ氏が当選したあとのことだ。

2017年にこの名を付けた生物学者によると、「多くの未発見種が棲(す)むこの国の生息地を保護し続ける必要性を、より広く知ってもらう」ためだったという。

トランプ氏そっくりの新種のガ
「ドナルドトランピ」(正面)

実際、新種であるドナルドトランピの生態や生息域には、まだ謎が多い。

このようにトランプ氏にちなんだ名称は、2017年当時は多かった。ホテルやカジノ以外にも、ウニの化石にすら「ドナルドトランピ」と付いたほどである。

『スターウォーズ』のテーマ曲には歌詞付きバージョンもある

タイトルロゴと同時に強烈なインパク

トを与え、流れるあらすじとともに物語への期待を高めるSF映画『スターウォーズ』シリーズのテーマ曲。この曲には、実は歌詞付きのバージョンも存在しているのだ。

歌詞があるといっても日本限定だ。第1作目が日本公開された1978年、映画人気にあやかり、日本語付きのバージョンが発売された。歌手は『およげたいやきくん』で有名な子門真人（しもんまさと）氏。

しかし、ハンソロは「キャプテン」、ジエダイの武器ライトセイバーは「ライトサーベル」、戦闘機のXウイングは「ウィングファイター」など、用語の誤りが散見される。これは、作詞家が映画を見ずに作ったせいだとされている。

そんな歌付きバージョンをジョージ・ルーカスはお気に召さなかったらしく、ルーカス社からの苦情でシングルは自主回収されている。1999年に出たアルバムに再録されているが、そちらもプレミアが付いて入手は非常に困難だ。

自転車の速度は夏と冬では異なるって?!

自転車レースの世界では「夏はタイムが出やすく冬は遅くなる」といわれる。日常生活でも冬場は体が重く、自転車が思うほど進まないことはある。実はこれらは錯覚（さっかく）ではない。

冬は空気が冷たいので、肺に取り込んでも吸収効率は良くない。酸素の効率的な取り込みができないので、体が疲れやすくなりスピードに影響が出るという。

ただ、すぐに体が慣れてくるので、短距離走行以外では大した問題にはならない。本当の理由は空気の重さだ。

カーディフ・メトロポリタン大学の研究によると、冬場は寒さで空気の密度が高くなる。30度の空気が10度にまで下がるだけで、平均6％も密度が濃くなるという。そこまで高密度になると空気も重くなり、約100グラムの負荷が体にかかる。しかも冬場は厚着するので、その分空気抵抗も増す。

それらの要因によって、冬の自転車は夏場よりも若干遅くなってしまうのだ。

人間は、一定時間自分の顔を見るとやる気が出る

「なかなかやる気が起きないときは、鏡を見るといい」

そんなユニークな法則が、2021年に発表された。

その研究方法は、20代の女性22人に脳内の活動を可視化する装置の中に入ってもらい、自分と他の女性10人の顔写真を表示するというもの。さらに認識できない0・025秒間という短時間にも自分と他の女性の写真を表示した場合、脳がどう反応するかを調査したのだ。

その結果、自分の顔が表示されたときは、「腹側被蓋野（ふくそくひがいや）」と呼ばれる神経伝達物質ドーパミンを放出する部位の活動が高まった。ドーパミンは、やる気や幸福感と深く結びつくことで知られる物質だ。

一方、他人の顔写真を見たときには、恐怖などに関わる「扁桃体（へんとうたい）」という部位

が強く反応したという。つまり、人間は自分の顔を見るとやる気が出たり幸福を感じたりするのに対し、他人の顔を見た場合は恐怖すら覚えてしまうことになるわけだ。

ただ、この実験では恋人や、アイドルなど好みのタイプである場合の結果は不明。次なる調査を待ちたい。

卓球では完封勝利するとマナー違反になるって?!

スポーツでの「完封勝利」とは、相手に点数を入れさせることなく一方的に勝つことだ。野球やサッカーなどではよくあるが、卓球では完封するとマナー違反になってしまうという。

正式なルールではないので勝利が取り消されることはないが、暗黙の了解であり、もしストレート勝ちしそうになったら、相手にわからないようわざとミスをして1点を取らせるのである。

このマナーは２０００年代初期頃の中国が発祥とされ、国際大会のみでの通例となっている。日本ではこのマナーはあまり定着していないが、２０１４年の卓球アジア大会女子団体戦で、日本の福原愛選手が完全勝利を収めて謝罪するシーンがあった。

一方、２０２０年３月のＩＴＴＦワールドツアー・カタールオープンでは、伊藤美誠選手が11対０でストレート勝ちしているし、中国人選手が完封勝ちする事例も増えている。そのため、マナーの見直しをすべきとの議論が活発化している。

マクドナルドのフライドポテトは国産ジャガイモでは作れない!

2022年1月、マクドナルドはフライドポテトの販売をSサイズのみに限定した。理由は新型コロナ蔓延(まんえん)などによる輸入の遅延だった。

この報道を聞いたマックファンはこう思ったはずだ。「どうして国産ジャガイモで代用しないのだろう?」と。

だが実のところ、国産の代用はしたくてもできないのである。

マクドナルドのポテトは「ラセットバーバンク」というアメリカ原産のポテトで作られている。だがこの品種は日本の気候では大きく育たないので、アメリカから輸入するしかない。

しかも防疫の観点からジャガイモを生の状態で輸入できないので、現地でカットと素揚げをした加工品が運ばれる。

そのため国内にポテトの製造ラインがなく、国産ジャガイモを使うとなると、一から製造方法を構築しなければならず、仮にできても従来の味は提供できない。

これらの理由から、マクドナルドのフライドポテトは国産で代用できないのだ。

国会図書館はゲームソフトやアダルト本も保管している

国会図書館は、日本で出版・流通されたあらゆる出版物の保存を目指す国立の機関。収集には出版社や作家からの納本を基本とし、その収集対象には成人向けのアダルト本や雑誌も含まれている。もちろん、図書館内での閲覧も可能だ。

ただ、アダルト本を納本する企業・個人は非常に少なく、一説では出版されたアダルトカテゴリーの8割以上が未納だという。閲覧者も別室に案内されて一般利用客から離される。もうお目にかかれない激レア本も堂々と読み放題、というわけにはいかないようだ。

また、国会図書館にあるのは本だけではない。1999年からはCDなど電子出版物の収蔵も担うようになった。その中にはゲームソフトも含まれるが、資料の外部持ち出しはできないので、家のハードで遊ぶことはできない。もちろん、持ち込んだゲームの使用も不可だ。

なお、国会図書館に保管されたゲームソフトの第1号は、意外にもマリオではなく、最強のクソゲーと名高い『デスクリムゾン』である。

平城京跡から「大人のオモチャ」が発掘されている

遺跡からの出土品といえば木簡や調度品などをイメージしがちだが、中には発掘した人が思わず赤面するような代物もあるようだ。

その代表格が、奈良県の平城京跡から出土した「大人のオモチャ」だろう。それは女性用の自慰道具で、男根をかたどった「張形」と呼ばれるものだった。

張形はウドカズラというブドウ科の植物で作られており、直径約3センチ、長さ18センチほどの筒で、やや反り気味の形状。さらに張形の根元には穴が開いており、そこにひもを通して使用していたと推測されている。

この張形が出土した場所は、大膳寮（だいぜんりょう）という宮廷の食事を司る（つかさどる）官庁のゴミ捨て場だ。大膳寮は采女（うねめ）と呼ばれる独身の女官が60人以上働いていた場所で、いわゆる女の園（その）である。

奈良時代の歴史書『続日本紀（しょくにほんぎ）』によると、当時の宮中では、貴族たちが昼夜を問わずセックスをしていたという。彼らの奔放（ほんぽう）さを横目に、悩ましい思いに駆られた女官も多かったのだろう。

同時通訳は平均で10分が限界！

外国語を母国語に変換したり、その逆を行ったりする職業が「通訳」だ。

通訳には話を区切りながら通訳していく「逐次（ちくじ）通訳」と、「同時通訳」という方法がある。同時通訳は話の内容を瞬時に変換して自分の声で話す方法で、海外ニュースの中継や外国人のインタビューなど必要となる場面は多い。アカデミー賞での受賞者のスピーチや大統領クラスの演説などを、ライブで流す際などだ。

同時通訳は現地語を即座に変換する必要があるだけでなく、わずかな聞き漏らしも許されない。そのため、逐次通訳より高いスキルと集中力が必要となる。どれほど訓練しても、同時通訳は平均10分までが限界だという。

では長時間の同時通訳が必要な場面ではどうするのか？　そのときは通訳が2人以上用意される。最初に1人が通訳を行い、限界が来たら交代する形で進めていくのである。数時間にも及ぶ通訳作業では、複数人が待機することもある。

現在では通訳アプリの発展もあって負担は減っているようだが、固有名詞などの誤りも生じるため、やはり重要な場面では人間の能力が必要だという。

波形手すりは、なぜ「握りやすい」のか？

駅のホームなどの階段では、手すりが波形になっていることがある。こうした波形手すりは「クネット」の名で商標登録されていて、商標権者は東京都千代田区に本社を置く「株式会社クネット」だ。

真っすぐにしていないのは、デザイン性を重視したから、ではない。人間工学に基づいた、最も握りやすい形だからだ。

真っすぐな手すりの場合、手首の角度によっては握りにくく、水に濡れていると滑り（すべ）やすいこともある。こうした欠点を解決するため、クネットは手首の構造を徹底研究して設計。波形の垂直部が取っ手の役割をするので体を引きやすく、水平部は杖のように体を支えやすい。

これら二つの形状を合わせることで、手首の角度と合いやすく、より握りやすくて滑りにくい手すりとなっているのだ。また、滋賀県立大学工学部とクネットの共

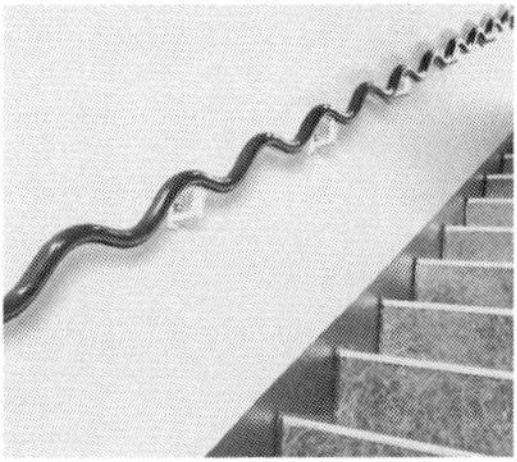

同研究によると、膝への負担も3分の1以下になるという。

現在ではバリアフリー新法の適応商品にも選ばれて、老人ホームなどの介護施設にも活用されている。

北海道から沖縄へ移動すると体重が軽くなるわけ

驚くなかれ、南へ移動するだけで体重が減るという事実がある。例えば北海道で60キログラムの人が沖縄に移動すると体重は約59・91キログラム。なんと90グラム程度も変化するのだ。

この変化には、地球の遠心力が関係している。地球は時速1600キロメートルという猛スピードで回転しており、猛烈な遠心力も生まれている。しかし地球の引力が物体を引き付けるため、宇宙に飛び出すことはない。この引力と遠心力のバランスが重力の強さを決めている。

ところで、遠心力の強さは一定ではなく、回転軸から離れるほどに力が大きくなる。そのため、回転軸（北・南極点）から遠い沖縄だと遠心力が強まって物体は軽くなり、逆に北海道では重くなる。こうした変化を考慮して、体重計にも北海道用と沖縄用があるという。

同じ原理で、北極から赤道直下に移動しても体重は軽くなる。その差は約250グラム。あなどれない数字ではある。

海がほぼ見えずとも「オーシャンビュー」と名乗れる謎

ビーチに旅行するなら、やはりホテル

は海の見える部屋を取りたい。そのため海が見える部屋を「オーシャンビュー」といって宣伝し、料金を割高に設定しているホテルもある。

しかし、オーシャンビューの部屋を取ったからといって、必ずしもバルコニーから広大な海を一望できるわけではない。

オーシャンビューの定義とは、もちろん「海が見える」ことだ。だが、その割合については規定されていない。つまり、「木々の間からかすかに見えるだけ」「遠くに海原（うなばら）が少し映る」くらいでも、オーシャンビューは名乗れてしまう。ガッカリする可能性も否定できないのだ。

常識的には、一部だけ見える場合は「パーシャル・オーシャンビュー」と名乗るのだが、単にオーシャンビューとして宣伝するホテルも少なくないようだ。

失敗したくない場合は、「オーシャンフロント」の部屋を予約するといいだろう。オーシャンビューとは違い、海を一面に眺望できることが約束されている。ただし、その分値段は、やはり割高になることが多い。

3Dゲームの制作で最も難しいのは「ドアの開け閉め」

3Dゲームの進化は目覚ましく、グラフィックも現実と大差ないレベルに達している。そんなゲーム作りで最も表現が難しいのは、意外にも「ドアの開閉」なのだという。

ドアを開け閉めする場合、キャラクターに「ドアを開ける動作」をさせなければばならない。しかし、リアルに表現しようとすれば以下のような問題が発生する。

衝突判定をうまく設定しないとキャラクターがドアをすり抜けるし、距離感や相互作用の微調整、ドアノブをひねるアニメーションの制作も難しい。キャラとドアの動作を同調させなければ、開閉が不自然になってしまうのだ。

また、ドアの隙間にキャラクターが挟まったり、閉じ込められたりするという不具合も発生してしまう。まさに問題の連続である。

かといって、普通のドアを自動開閉式にするとリアリティが損なわれる。ゲームがリアルであるほど、非現実的な挙動はプレーヤーがしらけてしまうのだ。日常的な動作が最大の問題になるとは、ゲーム制作とは複雑なものである。

テレビ局のドメインの末尾「.tv」はテレビではない

テレビ局や映像サイトには、BSフジ（bsfuji.tv）やABEMA（abema.tv）、ネットフリックス（Netflix.tv）、フールー（Hulu.tv）のように「.tv」のドメインがよく使われる。この「tv」、実はテレビの略ではなく、南太平洋の国家「ツバル」を表している。

ツバルは人口約1万人の島国で、tvは英表記の「Tuvalu」から作られた。それがテレビ局に利用されだしたのは、米ベンチャー企業との契約がきっかけだ。

2000年、カリフォルニア州の「ドットTV（dotTV）」が、ツバルとtvドメインの利用契約を締結する。契約は10年にわたり合計5000万ドル（約58億円）の条件で、その翌年から日本などの国々でも、テレビや映像関連サイトにて使われ始めた。

ちなみに、ツバルの国連加盟もドメインのおかげだ。ツバルは国連の分担金を支払う余裕がなかったが、ドメインの売却でGDPが約700万ドルに上昇。そのうち6割がドメイン使用料である。

このことによって分担金の支払いが現実的となり、2000年に189番目の加盟国になったのである。

電車のパンタグラフが「ひし形」だったのは、昔の話

パンタグラフは、電車が電線から電気を取り入れるための折り畳み式アンテナだ。車両にのったひし形の姿は、誰もが目にしたことがあるだろう。しかし、最近のパンタグラフには変化が起きている。従来のひし形が、徐々に姿を消しているのだ。

ひし形は、複数の棒を組み合わせるため作りが頑丈だった。しかし重量が重く、空気抵抗のせいで騒音が出やすい。これらを解消したのが「くの字形」である。「シングルアーム式」とも呼ばれるこのタイプは、棒がくの字に折れ曲がった構造になっている。作りがシンプルなので重量も軽く、製造費もひし形より安い。

さらに空気抵抗も少ないので電車も速度を出しやすく、騒音も軽減されている。耐久度こそひし形より劣るものの、コス

トや運用面ではくの字形が大幅に上回っているのである。

1990年代より登場するようになり、新型車両や新幹線のパンタグラフは大半がくの字形。ひし形の絶滅も時間の問題となりつつある。

香川県が「日本一狭い県」になった驚きの経緯

現在、面積の一番狭い都道府県は香川県である。しかし1988年までは、大阪府が最小だった。

大阪府の面積は1985年の時点で1867・86平方キロメートル。だが、1995年には1892・06平方キロメートルに増加している。これは大阪湾の埋め立てにともなうものだが、特に1991年に第1期造成工事が完了した関西国際空港の影響が大きい。

一方の香川県は1985年に1882・11平方キロメートルだったものが1988年には1874・86平方キロメートルと減少している。

いったいなぜかというと、その原因は国土地理院による算定法の見直しだ。

香川県に属する島々の中に、井島（いしま）という島がある。この島の南側は香川郡直島町に属しているが、北側は岡山県玉野市に属している。だが、その境界は不確定なのだ。

1988年、国土地理院は精度を増すために、それまでの5万分の1から2万5000分の1の地形図に変更する。この結果、井島の香川県側と岡山県側の境界が不確定のままであることが判明し、香川県から井島を含む直島町の面積14・2平方キロメートルを削除した。

つまり、県境未定地が香川県から省かれたために最下位となったのだ。

かつて横浜には「ミシシッピ湾」があったって?

ミシシッピといえばアメリカの州や河の名前だが、江戸時代末期には日本にも同じ地名があった。それは、横浜市のほぼ中央、東京湾の西岸にある根岸湾のことである。

1853年、アメリカのペリー提督が艦隊4隻で浦賀に到来し、江戸幕府に開国を要求した。このとき、彼らは次の来航に備え、江戸湾の周辺地域を測量している。そしてペリー艦隊は、自分たちに理解しやすいよう馴染みのある名前を勝手に付けた。その一つが「ミシシッピ湾」で、名の由来はペリー艦隊に所属する蒸気船ミシシッピ号にあるという。

また横須賀湾は「ポーハタン湾」、千葉県西部の富津沖は「サトラガ砂州」と名付けられたが、これらもペリー艦隊の艦名にちなんだものだ。

さらに横須賀市の旗山崎を「ルビコン岬」と命名する。これは、古代ローマの将軍ユリウス・カエサルが「賽は投げられた」と言って、渡ったルビコン川から付けられた名称であるようだ。

なお「ルビコン川を渡る」には「後戻りのできない道へ歩む」との意味があり、日本を必ず開国させるというペリーの覚悟がうかがえる名称といえるだろう。

こうした地名は実際に「江戸湾西岸図(WESTERN SHORE of the BAY OF YEDO)」という海図に書き込まれ、ペリーが編纂(へんさん)した『日本遠征記』の第2巻に収録されている。

48ページの本はこの世に存在しないって?!

一口に「本」および「図書」といっても、雑誌や絵本、事典や文庫本などさまざまな種類がある。分厚いものは数百ページにも及ぶが、数十ページという薄いものも少なくはない。だが、国連機関の一つであるユネスコによると、48ページ以下の図書は存在しないということになっているのだ。

ユネスコは1964年に「図書及び定期刊行物の出版についての統計の国際的な標準化に関する勧告」を採択(85年改正)している。この勧告によると「図書とは、国内で出版され、かつ、公衆の利用に供される少なくとも49ページ(表紙を除く)以上の印刷された非定期刊行物をいう」と定義している。

そして、5ページ以上49ページ未満は「小冊子」として分類される。つまり、絵本や写真集などで49ページに満たないものは、図書として見なされないのだ。

こうした定義は、「年間の発行数」「国

民1人当たりの読書量」「発行された学術論文」など、教育や文化、科学などに関する統計を取る際、国際比較をより正確なものにするために設けられた。

　ただし、勧告内には「図書出版統計を作成する特別の目的のために用いられるものとする」とあるように、必ず従わなければならないというものではない。

「たまごっち」のためにバンダイは赤字に転落した

　1996年11月に発売され、翌年には爆発的なブームを引き起こした携帯電子ゲームの「たまごっち」。約2年半で累計4000万個以上を売り上げたとされる超人気商品で、開発・販売したのがバンダイである。

　バンダイの1997年度中間決算によると、本体で102億円、関連商品と合わせると249億円の売り上げがあり、これはバンダイ全体の売上高の34％にあたる。

　その人気もあって慢性的な品薄状態が続き、生産調整をしているとのうわさも流れる始末。問い合わせの電話が1日に5000件もかかり、バンダイの社員でさえ入手できない状況に陥る。さらに恐喝（きょうかつ）や詐欺（さぎ）事件も発生するなど、社会問題にもなった。

　だが、1998年に入るとブームは沈静化。未曾有（みぞう）の大ブームに増産を繰り返していたバンダイは大量の不良在庫を抱えることとなり、翌年3月には在庫のうち250万個を処分する。

これによって60億円の特別損失を計上し、最終的には45億円の赤字に転落。当時の社内では「たまごっちは失敗だった」という声も聞かれたという。

切手を舐めると、2キロカロリー摂取したのと同じ

ペロッと舐めるだけで貼ることができる切手。切手の裏に塗られたノリの正体は、「ＰＶＡ」というポリビニルアルコールに、酢酸ビニル・ソルビットを添加したものだ。そのＰＶＡを舐めると、切手の場合は、1枚で2キロカロリーを摂取したことになる。

酢酸ビニル・ソルビットに水分を与えると粘着力が出て、使用可能になる特徴を持つ。昔はデンプンから作られるデキストリンが使われていたが、デキストリンは湿気に弱く、微量の湿気で丸まり、くっついてしまう欠点があった。

それを改善するために採用されたのがＰＶＡである。体への毒性もなく、添加されている酢酸ビニル・ソルビットも植物から精製したもので、チューイングガムのベースにもなっている。切手を舐めたときほんの少し甘く感じるのは、このソルビットによるものだ。

ＰＶＡは日本が先だって開発したものであり、今では世界中で使用されている。切手の裏に日本の技術あり、なのだ。

水島新司はサイクルサッカーの漫画も描いていた

２０２２年1月に他界した漫画家、水

島新司といえば『ドカベン』や『野球狂の詩』『あぶさん』に代表される野球漫画で有名だ。

しかし、デビュー当時の水島は、意外なスポーツを題材にした作品も手がけている。そのスポーツとは「サイクルサッカー」である。

サイクルサッカーは「輪球」とも呼ばれ、自転車の前輪でドリブルやパス、ゴールを行う競技。1チーム2人制の屋内競技と5人制の屋外競技があり、日本には1970年頃に導入された。

水島の作品は牛次郎(ぎゅうじろう)原作による『輪球王トラ』。1972年に『少年キング』(少年画報社)で連載されていたもので、競輪で挫折(ざせつ)した主人公が輪球に転向して再起を図るという内容だ。現在は絶版となっているが、単行本も3巻まで発刊されている。

そもそも『ドカベン』も、最初は柔道漫画だった。水島自身は大好きな野球の漫画を描きたかったのだが、リアルな動きを表現する技術が追いつかず、描ける自信を得るまでに10年かかったのだともいわれている。

京都御所の蛤御門には禁門の変の際の銃弾痕がある

よく「京都の人が〝先の戦い〟というのは応仁(おうにん)の乱のこと」といわれるが、幕末にも京都は、大規模な戦乱に巻き込まれたことがある。1864年に長州藩が起こした「禁門(きんもん)の変」だ。この戦いで長州藩は薩摩(さつま)藩、会津(あいづ)藩、桑名(くわな)藩などに敗

弾痕がある蛤御門

れ、朝敵となっていく。

禁門の変と呼ばれるのは「禁裏（御所）」の門付近を中心として戦いが繰り広げられたからだが、最も激戦地だったのが「蛤御門」。そのため、「蛤御門の変」とも呼ばれる。

蛤御門は御所のある京都御苑の西側に位置し、現在も当時の姿をとどめている。そのため、戦闘の際に打ち込まれた弾痕が今も残されているのだ。

幕末～明治にかけての動乱期、京都には他にも、当時の傷跡が残されている。三条大橋には池田屋事件のときの刀傷が欄干の擬宝珠に残り、島原の揚屋（料亭）だった角屋には新選組が付けたとされる刀傷、伏見区に現存する料亭には鳥羽伏見の戦いの際の弾痕が残されている。

世界史上一番短い戦争はわずか40分間！

世界史で最も短く決着した戦争は１８９６年８月27日にあった「イギリス・ザンジバル戦争」。なんと40分間で終わり、ギネスブックにも掲載されている。

インド洋に面する小国ザンジバルは、当時イギリスの保護国だった。ところが、イギリスによる支配をよく思わない反勢力によるクーデターが８月25日に勃発。これにより、ザンジバル内は親イギリス派と反イギリス派に分裂してしまい、ついに8月27日午前9時、戦争が始まったのである。

　兵力の数では反イギリス派が圧倒的に勝っていたが、最新鋭の戦艦などを持つイギリス本国の海からの援護により、わずか40分で親イギリス派が勝利した。

　反イギリス軍は約５００名の死者を出し、親イギリス軍は１人の死者も出さなかったという。

尼崎市の武庫豊町には1丁目が存在しない

　通常、「丁目」の番地は「1丁目」から始まる。しかし、兵庫県尼崎市にある武庫豊町は、1丁目が存在せず2丁目から始まる。その理由は、１９６５年までさかのぼる。

　当時、西武庫団地の建設が決まり、「常吉」と呼ばれていた地域が区画整理された。武庫豊町は、それにより生まれた町である。

　そして、県道尼崎宝塚線から西へ順番に1丁目、2丁目、3丁目と進む予定だったが、なぜか1丁目の整備は後回しとなり、先に2丁目と3丁目が整備されることになったのだ。1丁目が後回しになった理由は不明だが、その間に事情が変わっていく。

　昭和60年代には、全国的に昔の地名や大字を残そうとする動きが出てきた。これを受け、「武庫豊町1丁目」として整備されるはずだった区域は、元の地名「常吉」を残した常吉1丁目、2丁目として整備されたのだ。

東日本大震災の影響で1日は短くなった！

2011年3月11日、日本に甚大な被害を及ぼした東日本大震災。このとき発生したマグニチュード9・0の地震の影響で、地球の形状軸が17センチ動き、地球が自転する速度つまり1日の長さが1・8マイクロ秒短くなったことがわかった。

この計算は、地球物理学者リチャード・グロス博士により出されたもの。原因は、大地震によって地球内部の質量の分布に変化が生じたためとする。

またアメリカ航空宇宙局（NASA）によると、東日本大震災以前の2004年にマグニチュード9・1を記録したスマトラ沖地震でも、形状軸が7センチ移動し、1日の時間は6・8マイクロ秒短縮したという。

また、2010年に起こったチリ地震（マグニチュード8・8）では形状軸は8センチ移動し、1日は1・26マイクロ秒短縮したと見積もられている。

また東日本大震災の影響としては、日本の海岸線が2・4メートルずれたことも米地質調査所（USGS）の観測で明らかになっている。

トランプをシャッフルした際の組み合わせは何通りか

トランプのカードはジョーカーを除いた52枚のカードからなる。プレーの前にはカードをシャッフルさせるが、その全ての並びは「歴史上で初めて」である可能性が高い。なぜなら、シャッフルしたカードの組み合わせは、天文学的な数字を凌駕(りょうが)するものになるからだ。

組み合わせの数を出すには、52×51×50×49……というふうに、52までの数字を一つずつ掛け算していく。その答えは8・0658×10の68乗パターンもあるのだ。

現在日本で見る形のトランプは、15世紀末のフランスで生まれたとされているが、それから約600年、世界の全人類が人生において何千回、何万回トランプをシャッフルしたと計算しても、この組み合わせ数には到底及ばない。

ちなみに、地球に存在する原子の数は約1・3×10の50乗個。トランプの組み合わせのほうが上回っている。

水中でなら、ガラスをハサミで切ることができる!

地上でガラス板を普通のハサミで切ろうとしても、よほどの怪力でもなければ無理だし、切れたとしても割れて粉々になるのがオチだ。

しかし、非力な人間でも真っ二つにできる方法がある。それは水に沈めることだ。しかも家庭用のボウル程度の深さがあれば、誰でもガラスを切断できる。

ガラスは非晶質と呼ばれる非常に不安定な物質だ。分子は結晶となってはおらず、酸素とシリコンが結びついているだけの不定形なのである。このことから、ガラスは粘り気が極端に高く、流動性が極端に悪い「液体」であるとの説もある

（326頁）。

そんな物質を水中で切ろうとしたらどうなるか。ハサミの切れ目に水の分子が入り込み、酸素とシリコンの分子の結びつきを弱めてしまう。その結果、弱い力できれいに切断できるということだ。

こうした現象を「ケモメカニカル効果」と呼ぶ。工作やゴミ捨てに利用できるが、切断面は鋭いので、手元は手袋などでしっかりガードしよう。

アルミホイルには表も裏もない

アルミホイルには、光沢（こうたく）のある面と光が鈍（にぶ）い面がある。そのどちらが表か裏か、気になったことはないだろうか。

つるつるとした光沢面が表、ややざらついた光沢の鈍い面が裏。そう思う人も多いかもしれないが、その答えは「どちらでもない」だ。

アルミホイルは巨大ローラーでアルミ板を引き延ばして作られる。そして延ばされたホイルは、2枚重ねてさらに薄く延ばされていく。その工程でローラーに接する面は摩擦（まさつ）で滑（なめ）らかに、接しない部分はアルミ同士の衝突で光沢が失われ、細かなざらつきが生じる。

そうした工程で触り心地に違いが出てしまうのだが、どちらを表裏とするかの規定はない。したがって、アルミホイルに表や裏はないといえるのだ。

光沢のない部分は食べ物がくっつきやすく、光沢のある面は熱が伝わりやすいので、加熱するときは内側にしたほうがいい――ともいわれているが、実は大した違いはないので、好きなほうを使えばいい。

なんと、イカには心臓が三つある！

イカは泳ぐ速度の速い軟体動物で、その速さは時速約40キロメートルにもなる。タコの速さは時速約15キロというので、その2・5倍。無脊椎(むせきつい)動物の中では最速の部類に入るという。

イカが高速で泳げる秘訣は体の構造にある。普通の生物とは違い、イカは心臓を三つも持っているからだ。

イカの心臓は胴体の中心部に位置し、普通の動物と同様に血液と酸素を体中に運んでいる。しかし、素早く泳ぐためにはより膨大な酸素が必要となり、短時間に大量の酸素を筋肉に送るため、両エラの付け根にも血液ポンプが一つずつ備わっている。

このポンプの働きによって、血流がより迅速(じんそく)に体をめぐり高速遊泳が可能となっているのだ。この二つのエラ心臓と本来の心臓を合わせ、イカは心臓が三つもあることになる。

ちなみにタコの心臓も三つだ。そのため瞬間的な速さはイカに匹敵するが、水抵抗の高いずんぐりした体形のせいで長時間速度を保つことができないのである。

標語の「安全第一」には、それに続く「〇〇第二」「〇〇第三」がある

工場や工事現場でお馴染みの標語が

「安全第一」。実はこれには続きがある。「品質第二、生産第三」だ。

安全第一の標語は、20世紀初頭のアメリカが由来だ。しかし当初は「安全第三」だった。より正確にいえば「生産第一、品質第二、安全第三」。つまり生産と品質の維持が第一で、労働者の安全は後回し。そのため労災も頻繁に発生したという。

こうした状況を変えたのが、製鉄会社のUSスチールだ。2代目社長のエルバート・ヘンリー・ゲーリーは、社内規則を安全重視に転換。1906年頃に作られたという新しい標語が「安全第一、品質第二、生産第三」だった。

生産量が下がるとの反対も多かったというが、労災の激減で工員の士気も上がり、生産数と品質が大きく向上した。会社の利益も大幅に上がり、各社はこぞってこの標語を真似したという。

効率重視で安全が軽視されがちの昨今、ゲーリーの精神を今一度見直すべきかもしれない。

エアーズロックの約90%は地中に埋まっている

オーストラリアの名所であるエアーズロック（ウルル）。荒野にたたずむ巨岩は高さ約350メートル、全長約3400メートルで、一枚岩としては世界第2位の大きさだ。

しかし、目で確認できる巨体は、エアーズロックの一部分でしかない。なぜなら、地上部分は全体の5～10%、残りの90%以上は地底にあるからだ。

約6億年前のエアーズロックは山岳地帯だった。花崗岩（かこうがん）質の砂岩層が地殻運動で隆起し、その大きさは8000メートル級だったという。それが長期にわたる風雨とさらなる地殻変動により、軟らかい層が消滅。地表に残った硬い層が現在のエアーズロックなのである。

今の姿になったのは約7000万年前のこと。エアーズロックの地下部分は緩やかな曲線を描き、約40キロメートル離れたマウント・オルガ（カタジュタ）とつながっている。

エアーズロック（ウルル）

なお、かつては観光客も自由に登頂できたが、この岩を聖地と崇（あが）める先住民への配慮から、2019年に一般人の登頂は禁止された。

冬山で遭難して眠っても必ずしも死ぬわけではない

「眠ったら死ぬぞ！」と意識を失いかける友人を叩いたり、眠らないよう円陣を組んで仲間を起こし合ったり。テレビドラマや映画などでよく見る光景だが、実際の雪山遭難で無理やり起こすのは、正しいとは言い切れない。

遭難時の睡眠が命にかかわるのは、眠ると体内の深部温度が下がって熱が余計に放出されて、体温を必要以上に失うことで凍死しやすくなるという理屈だ。しかし、無理に起きて体力を消耗してしまっても死のリスクは高くなる。

装備さえ十分であれば、雪山で軽く眠ってても構わないことがある。もちろん雪原のど真ん中では凍死するのが確実なので、山小屋を見つけるか、かまくらを作って避難するのがいい。

濡れた服は着替え、毛布や寝袋で寒さを防げば、睡眠をとっても死ぬ可能性は少なく、むしろ体力の温存と回復につながり、助かる確率が上がるのだ。

全世界のパソコンをつないで、がんの解析を行うプロジェクトがあった

世界中のパソコンを一つにつなげて難病克服の手段を探る——。そんなSFチックなプロジェクトが、21世紀初頭に行われていた。2000年にアメリカで行われた「UDがん研究プロジェクト」だ。

複数のパソコンをインターネット経由でつなぎ、CPU（コンピューターにおける中心的な処理装置）の余剰処理力を集積することにより、がん治療薬の研究開発に必要な計算を共同で行う。そうすることでスーパーコンピューター以上の処理能力が実現し、研究開発が加速するというわけだ。

貢献順位の設定による競争の取り入れなどで、参加国は220か国以上、参加人数は約134万1217人にも達した。チームで功績を競い合う参加者も多く、世界第1位となったのが、日本の巨大掲示板ユーザー「2ちゃんねらー」で構成された「Team2ch」だった。

プロジェクトは2007年に突然終了し結果も不明だが、同様のシステムを用

いた一般参加型のボランティア・コンピューティング（VC）は、現在も新型ウイルスの解析などに利用されている。

ウィンドウズ製のパソコンにAドライブやBドライブがないわけ

パソコンの記憶領域の中で、システムファイルが内蔵されたドライブを「システムドライブ」という。つまり、OSが入っている領域である。

ウィンドウズ製のパソコンの場合、Cドライブから始まり、拡張に従ってD、Eと続いていく。ここで疑問に思うのは、なぜいきなり「C」から始まるのか、ということだ。

歴史をさかのぼると、ウィンドウズ製PCの源流である「IBM PC」では、稼働のために2枚のフロッピーディスクを使う必要があった。まずはAドライブに起動用のフロッピーディスクを入れ、Bドライブにソフトウェアのディスクを挿入し、動かす仕組みだったのだ。

時代が進むと内蔵ハードディスク式が主流となり、フロッピーが無用となった。そのことにより、AドライブとBドライブも搭載されなくなる。現在のPCにA・Bドライブがないのは、そうした技術の移り変わりを反映した結果なのだ。

サービスが終了した日にポケベルの葬式が開かれていた！

1980年代末から90年代後半にかけて一世を風靡（ふうび）した「ポケベル（ポケットベル）」。当初は電子音で相手を呼び出すだ

けだったが、やがて、発信者の電話番号やメッセージを送る機能が付加され、企業の連絡手段としてだけでなく、90年代には若者の間でも連絡ツールとして大流行した。

最盛期は契約数が１０００万台を突破するほどだったポケベルだが、ＰＨＰや携帯電話の普及により廃れてしまう。２０００年代以降もサービスは続けられていたのだが、利用者の減少で２０１９年9月30日をもって全面終了となった。

その前日である29日、秋葉原で開かれたのが「みんなのポケベル葬」だ。遺影の代わりに「１１４１０６４（アイシテルヨ）」と表示された巨大なポケベルの画像が置かれ、黒白の鯨幕や葬儀のお礼の挨拶もあるほど本格的なものだった。

東京都葬祭業協同組合が主催した式場には2時間半で３００人以上が参列し、ポケベルへの感謝と哀悼の意を捧げたという。

ジェームズ・ボンドと同じ名前の小惑星がある

スパイ映画『００７』シリーズの主人公といえばジェームズ・ボンドだが、同じ名を持つ小惑星が、火星と土星の間のアステロイドベルト（小惑星帯）に存在する。小惑星番号９００７だ。

１９８３年10月5日、チェコのＡ・ム

ルコスが発見し、007という番号が付けられたことからジェームズ・ボンドと命名された。架空キャラの名前が小惑星に付くことはよくあり、他にもシャーロック(5049)やモリアーティ(5048)、日本の作品からはかぐや姫(7991)やアンパンマン(46737)の名が使われている。

新発見の小惑星には仮符号が付けられ、その後の観測で存在が確定すれば正式な番号が振られる。それから発見者などが名前を付けるのだが、ここで架空のキャラクターの名前を望めば、そのとおりに命名されるというわけだ。

ただ、公序良俗に反すると判断された名前や、すでに使われた名前、ペットの名前は禁止など細かなルールがある。

「デカイ」という名の小さいヘビがいる

中央アメリカからアメリカ、カナダにかけて生息し、湿地帯や熱帯林に潜んでいるが、場所によっては都市部にも出現するというヘビ。その名は「デカイ」。ただし、エサとなるのはミミズや昆虫ばかりで、人を襲うことはない。

と、大げさに記してみたが、実はこのデカイ、名前に反して大きさは最大でも40~50センチほど。最小では20センチを下回り、とぐろを巻けば手のひらに乗る大きさだ。まさに名前負けである。

もちろん日本語の「デカい」とは関係なく、学名は「Storeria dekayi」。Storeriaは博物学者のデビッド・ハンフリーズ・

ストアーを、「dekayi」は動物学者のジェームズ・エルズワース・デケイへの敬意を表す。このうち「dekayi」をラテン語読みするとデカイになるのだ。

ちなみに英名は「Brown snake（茶色いヘビ）」となっている。しかし和名に当たる名前がないので、日本ではそのままデカイと読まれたのである。

人間は「硬い椅子」に座ると相手に批判的になるって?!

人間は硬さや柔らかさといった皮膚感覚を、向かい合っている人の性格と結びつけてしまうことがある。

つまり、硬い椅子だと相手の性格を「頑固」「厳格」「安定」と結びつけてしまう傾向にあり、逆に柔らかい椅子に座ったり触れたりしながら話を聞くと、相手の言うことを受け入れやすくなったり、評価の判断が甘くなったりしやすいのだ。

ちなみに「硬い」と「柔らかい」だけでなく、「冷たい」と「温かい」も同じ。ある実験では、温かい飲み物を出されたら「やさしい人」と評価し、冷たい飲み物を出されると「冷たい人」と評価しやすくなるという結果が出ている。

人間の心理は五感を通して、いとも簡単に影響される。大切な交渉事は、なるべく柔らかいソファーのある場所で温かなドリンクを飲みながらしよう。

漢字の音読みは必ず3文字以内に収まる

漢字の読み方には「音読み」と「訓読

み」があり、音読みは中国語における読み方を取り入れたもの。訓読みは日本で作られた和語の読み方である。

これらの読み方には特徴がある。まず、訓読みは漢字のあとにひらがなの送り仮名を付けることが大半で、動詞や形容詞としても活用されるためだ。そして音読みには、3文字以上の読みが存在しない。

病は「びょう」、療は「りょう」というように、音読みは必ず3文字以内に収まる。また3文字の読み方は必ず2文字目が小文字になり、末尾が「い・う・き・く・ち・つ・ん」のいずれかという特徴がある。4文字以上あったり、真ん中が小文字でなかったりする場合、それは訓読みである。

ではなぜ、音読みには3文字以上の読みが存在しないのか。

中国の漢字は1文字の発音を1音節で区切り、中国語の音節は、音の高低を表す「声調」、頭の子音である「声母」、それに続く部分の「韻母（いんぼ）」という3音で構成される。音読みは中国の読みから作られたので、原典に倣（なら）い3文字までとなっているのだ。

キレイな海では、水中で目を開けても痛くない

プールで目を開けると痛くなったり、赤くなったりすることがある。原因は水中の塩素濃度が高い、もしくは排泄物が目に染（し）みるためである。海の水でも目が痛むことがあり、主に角膜の傷にプランクトンなどの異物が入って染みるのが原

因だ。

では、海中の異物が少なかったり、角膜に傷がなかったりする場合はどうなるのか？　実は、痛みを感じることはないという。目の表面を保護する涙液には塩分が混ざっていて、海水の塩分の浸透を防ぐからだ。

したがって、不純物の少ないキレイな海であれば、水中で目が痛む可能性は低いだろう。

ただ、涙のpH濃度が海水と合わない人もいて、そうした場合は痛みを感じることがある。また、紫外線などの刺激も痛みを起こしやすい。涙の自浄作用でしばらくたてば治ってしまうが、違和感があるのなら真水（まみず）で洗い流すのがいい。

だが、洗いすぎるとかえって目を傷つけてしまう。強い流水と浸透圧の違いが眼球の負担になるためで、念入りに洗いすぎるのは逆効果ということだ。

「売り切れ」が点灯中の自販機でも購入できることがある

買いたい飲み物があったのに、自動販売機に行くと「売り切れマーク」が点灯していた——。そんなガッカリを経験した人は多いだろう。

しかし、その自動販売機が古ければ、まだ希望はある。なぜなら、売り切れマークが出ていても、最後の1本が残っている可能性があるからだ。

自動販売機の内部では、飲料に合った温度が常に設定されている。全ての飲料を売り切ると販売員が補充しにくるが、温めたり冷やしたりするには時間が必要だ。その間にお客さんが飲み物を買うと、ぬるいまま出てしまうこともある。それを防ぐため、売り切れ表示でも1本だけを残し、補充直後でも適温で提供できるようにしているのだ。

しかし、確実に入っているとも限らない。その最後の1本が買われている可能性もあるし、最新型の自動販売機ではAI制御や通信機能で在庫を管理し、本当に最後まで売り切るようになっている。「あればラッキー」程度に考えておくのが無難だろう。

上野動物園は、正しくは動物園ではなく「博物館」

上野動物園の正式名称は「東京都恩賜（おんし）上野動物園」。日本で初の動物園であり、現在もパンダを含む約350種の動物が展示されている。ただ、分類上では上野動物園は動物園ではなく「博物館」だ。

正確には「博物館相当施設」。これは博物館と同等の事業を行う施設のことで、文部科学大臣か各都道府県教育委員会の審査によって指定される。認められるには、学芸員の設置や年100日以上の開園などの義務を負う必要がある。美術館などの文化施設の他に、動物園や植物園も認定されていて、上野動物園もそうした施設の一つなのだ。

上野動物園は博物館付属施設として1882年に開園し、4年後に宮内庁へと権利が移され、1924年に東京市（現東京都23区）へと下賜（かし）された。戦中の動乱で一時荒廃するが、戦後には「ZOO is the PEACE」を合言葉に復興を果たし、1955年に「生きた動物の博物館」として博物館相当施設となったのである。

缶コーヒーが容量でなく重量で表示されるのは？

ジュースの場合、缶やペットボトルなどの容量は「ミリリットル（㎖）」で表示されている。お茶も内容量は「600㎖」や「1ℓ」と表している。それらに対して、缶コーヒーは「グラム（g）」単位だ。

この違いには、体積の変化が関係している。

液体を温めると体積が膨張し、容量が若干変化する。そのためリットル単位で表してしまうと、表記と中身に違いが生じてしまう。そのため、缶コーヒーは温度が変化しても安定を保つ質量の単位を表示しているのだ。

一方、ジュースは基本的に温めないので、ミリリットル表示で構わないというわけだ。なお、ビールやチューハイといったアルコール飲料も、冷やして飲むのでミリリットル表示である。

なお、グラム表示は缶コーヒーだけではない。お茶はペットボトルならミリリットル表示だが、缶の場合はグラムである。同様におしるこ、紅茶、スープなど温めることが前提の缶飲料は、体積変化を考慮しグラム表示を採用している。

8
そのルーツに
びっくり仰天！の雑学

例えば…
マトリョーシカ発祥の地は
なんと日本だって?!

「アポロチョコ」とアポロ計画は何ら関係がない

大手菓子メーカー明治製菓の「アポロチョコ」は、1969年8月7日に発売されて以来、多くの人々に愛好されているヒット商品だ。

そんなアポロチョコは特徴ある円錐形をしているが、これは同年7月21日に人類初の月面着陸に成功し、世界中から大注目された「アポロ11号」をモチーフにしたもの。それゆえ商品名も当然、アポロ計画から付けられたと思うかもしれないが、実際はそうでないようだ。

明治がお菓子の名前として「アポロチョコ」を商標登録したのは、月面着陸より3年前の1966年のこと。商品名の由来もギリシャ神話に登場する太陽神アポロンで、宇宙船とは関係がなかった。

ただ、アポロ11号の計画よりも先に商標登録していたため、月面着陸の十数日後というタイムリーな時期に宇宙船と同じ名前のチョコレートを発売することができたのである。

なお、明治はアポロチョコの販売から約5年後にチョコスナックの先駆けである「きのこの山」を発売したが、これはアポロチョコと同じ生産機械で作られた商品である。

血液型の「O型」はもともとC型だった！

血液型はよく知られているように、A・B・O・AB型の4種類が存在する。アルファベットの順番で考えればOでなくCが妥当のような気がするが、実は当初、O型はC型と呼ばれていた。

　そもそも血液型とは1900年、オーストリアの病理学者カール・ラントシュタイナーによって提唱された概念だ。彼は他人どうしの血液を混ぜると血球が塊になるケースと、ならないケースがあることに着目し、これにより血液のグループ分けを行った。

　その結果、分類されたのがA・B・C型の3タイプであった。ちなみに、AB型は後に別の研究者によって発見されている。

　ただその後、C型はA・Bいずれの性質も持っていないということで、数字のゼロにちなみ「0型」に改名されてしまう。ところが、この「0」がアルファベットの「O」に似ていることからたびたび間違えられ、「0型」はいつしか「O型」と呼ばれるようになったのだ。

トイレの男女マークを初めて使ったのは？

　公衆トイレの入り口には、青と赤の人形マークを描いているところが多い。青のマークは男性トイレ、赤のマークは女性トイレを表し、日本語の読めない外国人でもわかりやすい。

　こうした簡易

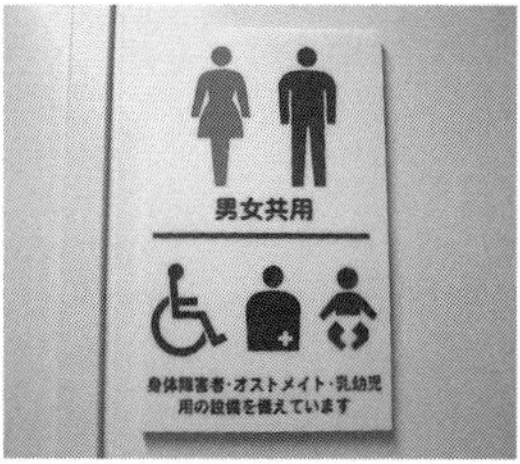

男女共用
身体障害者・オストメイト・乳幼児
用の設備を備えています

イラストの案内表記を「ピクトグラム」といい、もともとはオーストリアで作られたものだ。しかし、これをトイレの入り口案内としたのは日本が最初である。

1964年の東京オリンピック開催で懸念された問題が案内標識だった。多種多様な人種が来日するので日本語案内は役に立たず、各国の言語を全て併記しても読みにくい。そこで考案されたのがピクトグラムの利用である。

どんな国の人でも一目で用途がわかるよう、男性用を青、女性用を赤のマークで表した。この方策は成功し、トイレにピクトグラムを採用する国々も増加。事実上、トイレマークは日本発祥なのだ。

ただ、最近では赤青ではなく同色にするトイレも多い。これは色弱者に対する配慮の一環であるようだ。

米野球の始球式は、大統領を運動させるために始まった

今では当たり前になっている野球の始球式は、日本では1908年の米プロ野球チーム「リーチ・オール・アメリカン対早稲田大学野球部戦」が始まりという。

投げたのは、当時の早稲田大学総長大隈重信だ。始球式で空振りをするという伝統も、このとき学生が大隈総長へ気を使い、球を大きく空振りしたことから始まっている。

アメリカでは、1910年4月14日の「セネタース対アスレチックス戦」が始球式の起源だとされている。投手はウィリアム・タフト大統領。ただ、大統領が始

球式を務めたのは威厳を示すためではなく、なんとダイエットが目的だったともいわれているのだ。

タフト大統領は歴代アメリカ大統領の中でも体重が最も重く、140キロもの巨漢だった。側近はそんな大統領の運動不足を懸念(けねん)し、始球式を勧めたといわれている。このとき大統領は、観客先からグラウンドの捕手にボールを投げている。

アメリカでは、このスタイルが長く一般的で、日本のようなピッチャーマウンドから投球する方法に変わったのは、最近のことなのだ。

縁日で人気の綿あめ。その発祥の地はアメリカだった！

綿あめといえば、祭りや縁日の屋台などでよく見かけることから、日本生まれのお菓子だと思っている人もいるかもしれない。だが、綿あめ発祥の地は日本ではなく米テネシー州だ。

世界で初となる電動綿あめ製造機は1897年、菓子製造業者のウィリアム・モリソンとジョン・C・ワートンの2人によって製作された。

製造機は「フェアリー・フロス（Fairy Floss＝天使の綿毛）と名付けられ、1904年のセントルイス万国博覧会に出展。それまで誰も見たことのない雲のような形をしたお菓子はインパクト十分で、博覧会では6万8000個以上も売れたという。

博覧会で好評を博した綿あめが日本に到来したのは、明治時代後半から大正時代にかけてのこと。アメリカ由来の新たなお菓子は日本でも大人気となり、綿あめ製造機も瞬く間に各地に広まった。

そんな歴史を持つ綿あめだが、最近ではお菓子としての用途のみならず、ドリンクに浮かべられたり、すき焼きの砂糖代わりに用いられたりするなど、よりいっそう活躍の場を広げている。

「クイックルワイパー」開発のヒントになったのは、アレだった

手軽に床掃除ができるアイテムとして重宝される、大手日用品メーカー花王の「クイックルワイパー」。

「立ったままで簡単に掃除できる新しい方法」をコンセプトとして、１９８７年に開発が始まったのだが、その際、シート素材のヒントとなったのがカーペットだ。

当時、一般家庭にもフローリングが普及していたが、畳に比べてホコリや髪の毛が目立ってしまう。小まめに掃除するにも、従来の雑巾がけは体への負担も大きい。そのため、シートには雑巾がけと同様の効果が求められる。では、素材を何にすればいいのか？

試行錯誤の結果、着目されたのがカーペット。カーペットに付いたホコリや髪の毛はなかなか取れない。ならば逆転の発想で、カーペットで掃除をすれば簡単に取ることができるはずだ。

カーペットと同様の吸着力があって耐久性にも優れ、しかも使い捨てできる素材として選ばれたのが不織布だ。それまで花王が培(つちか)ったオムツや生理用品の技術

を活かし、専用素材「スパンレース」の開発に至ったのだ。

世界で最初に普及したSNSは「sixdegrees.com」

ラインやフェイスブック、インスタグラムにツイッターなど、現代人に欠かせないネットツールが「ソーシャル・ネットワーキング・サービス」（SNS）だ。日本で最初に流行ったSNSは「ミクシィ」だとされているが、世界で最初に一般化したのは「sixdegrees.com」である。

このSNSを作ったのは、アメリカの企業家アンドルー・ワインライク。名称の由来は「六次の隔(へだ)たり」で、「全ての人間は6人以内の知り合いでつながっている」という理論に基づき、1997年からサービスを開始した。

サイトの機能は、メール送信やつながりのある人限定の掲示板という初歩的なもの。それでも当時としては画期的な機能であり、最盛期には100万人が利用したという。

しかし、スパムや利用者間のトラブルを解決できず、2000年にサービスを終了。システムはその後のSNSの基礎となり、「GREE」を運営するグリー株式会社の社名も、このSNSに由来するという。

「さいたま市」がひらがな表記なのは行田市のせいだって?!

埼玉県の県庁所在地である「さいたま市」は、2001年に浦和市、大宮市、与野市が合併してできた市だ。そして、2005年に岩槻(いわつき)市も加わったことで、現在の形となった。

しかし、なぜ「埼玉市」ではないのか。実は合併時の市名公募において、1位となったのは埼玉市。そのまま漢字表記になるのが自然だが、ひらがなになった理由の一つは、反対意見への配慮だ。

埼玉県行田(ぎょうだ)市は「埼玉」の字と関わりが深い。かつては「武蔵国埼玉郡」と呼ばれ、『万葉集』でも「さきたまの津」と紹介されている。そうした歴史から、市は「埼玉(さきたま)発祥の地」とも呼ばれ、今も埼玉(さきたま)の地名が残っている。

そこに持ち上がった埼玉市の命名案に、行田市は反対。由緒ある地名を別の市に使われるのをためらったのだ。そのため3市は行田市と協議し、「さいたま市」で妥協したのである。

レオタードは、もとは男性用に開発された衣装だった

体操競技などで女性選手が着用するレオタードだが、実は男性用の衣装だった。

その起源は19世紀のフランス人曲芸師のジュール・レオタール。レオタールは世界初の空中ブランコをなし遂げた名曲芸師だったが、衣装がブランコに引っかかりやすいという悩みを抱えていた。

そこで、芸がしやすいよう全身にフィットした上下一体の衣装を作る。その後、レオタールの名を取り「レオタード」と名付けられたのである。

現在では女性用として用いられること

が多いが、体操競技会では性差解消の観点から、レオタード着用を拒否する女性選手が出始めている。２０２１年東京オリンピックでも、ドイツ人女性選手がレオタードの代わりにボディスーツを着用して話題になった。

ルンバは、宇宙探査用ロボと地雷検知ロボの賜物

「ルンバ」といえば自動掃除ロボットの代表格だ。アイロボット社が２００２年に発売すると世界中で大ヒットし、現在も次世代型が販売されるロングラン商品でもある。そんなルンバのルーツは、なんと軍用ロボと宇宙ロボにある。

　アイロボット社が創業したのは１９９０年。創業者であるマサチューセッツ工科大学（ＭＩＴ）の人工知能研究者だった３人は、１９９１年に宇宙探査用ロボ、１９９６年には地雷検知ロボを開発した。

　これらはアメリカ軍やアメリカ航空宇宙局（ＮＡＳＡ）に採用され、火星探査、アメリカ同時多発テロ、イラク戦争などで大いに活躍している。これらの技術を応用したのがルンバである。

　宇宙探査用ロボの自律性を持つＡＩに、地雷検知ロボの高い探査機能を合わせて、部屋のゴミを自動回収する掃除用ロボを開発した。これがルンバ誕生の経緯だ。

なお、アイロボット社の軍事部門は2016年に売却されている。

関西では、初対面の人に「また行こう」と言う謎

「また○○へ行こう」もしくは「また飲みに行きましょう」。何げない誘い文句だが、これを初対面の人から言われるとどう感じるだろう。もしあなたが関東出身なら「一回も行ったことがないのに」と違和感を覚えるかもしれない。

実は、関東の「また」は「もう一回」の意味で使われることが多いのに対し、関西の「また」にはもう一回の他、「今度」の意味もあるのだ。

ある調査によると、「一度も遊んだことがない人に『また遊ぼう』って言う?」というテーマでアンケートを取ったところ、近畿では8割以上が「言う」と回答。それに対し、東日本では23地域中21地域で「言わない」が過半数を占めた。

このように「また」という言葉に対しては、東西で微妙に意味合いが異なるのである。

それゆえ、関東人の女性を恋人に持つ関西人の男性は注意が必要だ。もし恋人に「またあのお店へ行こう」などと誘い方をすると、「私は行ったことない。〝また〟って誰と行ったの!」と思わぬトラブルが発生するかもしれない。

オリンピックの「五輪」表記を発明したのは?

日本ではオリンピックを「五輪」と表

記するが、この言葉が初めて用いられたのは1936年7月25日のことだ。

名付け親は読売新聞運動部の記者で、戦後はスポーツ評論家として活躍した川本信正氏。当時、川本氏は紙面の編集担当者から「見出しにオリンピックの6文字は長すぎるので、略してほしい」と相談を持ちかけられていた。

実際、この頃の新聞各社は見出しにオリンピックの文字を用いる際、活字を少し小さくしたり、2行に分けたりと表記に腐心(ふしん)していた。

そこで川本氏はオリンピックのシンボルマークが五つの輪であることから「五輪大会」という表記を考案。また当時、川本氏が読んでいた菊池寛の随筆に宮本武蔵の『五輪書』についての記述があり、ここからヒントを得たともいう。

そして7月25日の読売新聞では「五輪旗伯林(ベルリン)に着く」という見出しが躍り、朝日新聞でも8月15日付けの紙面に「五輪景気」という見出しが登場した。こうして「五輪」の呼称はオリンピックを指す言葉として、国内に定着していったのだ。

動物の「ジラフ」は、なぜ日本で「キリン」と呼ばれるのか?

長い首に愛くるしい目を持つキリンは、動物園でも人気が高い。だがキリンは英語名ではジラフ(giraffe)と呼ばれ、海外でもその名で広く認知されている。

またキリンは漢字で「麒麟」と表記され、もともとは古代中国の伝説上の動物を指す。その麒麟は、顔は龍に似て、体は鹿、牛の尾を持ち一本の角が生えているなど、ジラフとは似ても似つかない姿。それなのに、ジラフはなぜキリンの名で呼ばれるようになったのか？

ジラフが初めて日本に登場したのは1907年、恩賜（おんし）上野動物園においてだ。ジラフの買い付けは初代上野動物園の監督（園長）石川千代松氏が行ったが、当時は非常に高額であったため、国が予算を執行しようとしなかった。

そこで石川氏は「麒麟を購入する」と偽り、予算を獲得。麒麟は皇帝が善政を行った際に現れる聖獣とされ、縁起のよい動物と考えられていた。そのため国も買い付けを承認したというのである。

諸説はあるものの、こうしてジラフはキリンの名で日本人に親しまれることになったのである。

「しゃぶしゃぶ」は肉を揺らす音が語源ではない

薄切りにした牛肉などを熱湯にくぐらせ、タレをつけて食す「しゃぶしゃぶ」は、日本を代表する鍋料理の一つだ。

それにしても、しゃぶしゃぶとはどこか不思議な名前である。その語源については「肉を鍋の中で揺らす音から名付けられた」と思っている人もいるかもしれないが、そうではない。

しゃぶしゃぶの名称は1952年、大阪の老舗料理店「スエヒロ」の当時の社長、三宅忠一氏が考案したのが始まりとされる。

三宅氏が新たに店に出す料理の名前を

考えていたところ、店のスタッフがたらいでおしぼりを「じゃぶじゃぶ」洗っている場面に出くわした。そう、このじゃぶじゃぶという音、そしておしぼりがすすがれる様子が、鍋の中で肉が揺れる光景に似ていたことから「しゃぶしゃぶ」という名前が誕生した。

なお、しゃぶしゃぶは現在でこそ冬の定番料理だが、そもそもスエヒロが提供を始めた理由は「夏場に焼肉の売れ行きが落ちる」ことへの対策だったという。

味噌カツは、名古屋ではなく三重県が発祥だって?!

ボリューム満点のトンカツに濃厚な味噌ダレをかけて味わう「味噌(みそ)カツ」は、名古屋の代表的なグルメとして認知されている。しかしこの味噌カツ、発祥は名古屋ではなくお隣の三重県ではないかとの説がある。

その味噌カツの源流とされる店が、津市の「カインドコックの家カトレア」だ。

この店で味噌カツが誕生したのは1965年。まだ洋食が一般的でなかった時代に、店主の谷一明氏が「日本人に親しまれる洋食を提供したい」との思いでメニューを考案する。そこで生み出されたのが「味噌にカツレツ」という和洋を融合させた味噌カツであった。

これが「三重県が味噌カツの発祥」とされる理由で、確かにカトレアが提供を始めた頃、名古屋ではまだ味噌カツは今ほど浸透していなかったという。

ただカトレアは「我こそが味噌カツの

元祖」とアピールしているわけではなく、それを裏付ける資料もない。味噌カツについては岐阜県発祥説もあり、そのルーツは不明である。

ランニングマシンは刑罰器具だった

フィットネス用品の定番といえばランニングマシン。だが、もとは19世紀のイギリスで刑罰器具として使われていたものだという。

そもそもランニングマシンは和製英語で、英語では「踏み車」を意味する「トレッドミル（treadmill）」と呼ばれている。この踏み車とは、囚人を強制労働させるための道具だった。

監獄で用いられたトレッドミルは中空の大きなシリンダーの外側にステッパーを備えた構造になっており、それを複数の囚人が足踏みをして回転させる仕組みであった。この作業で生まれた動力は、風車を回したり穀物をひいたりする際のエネルギーとして活用されたという。

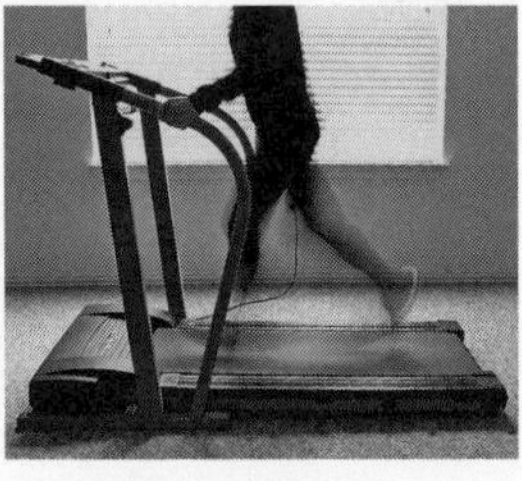

当時のイギリスの監獄法では16歳以上の囚人は、入獄後の3か月はトレッドミルを行う義務があった。この労務は1日6時間も行われたとされるから、過酷な刑罰であったことは間違いない。

その後監獄法は廃止され、この刑罰器

具も消滅するはずだったが、1953年にアメリカのクィントン社がトレッドミルにヒントを得て、モーター付きのランニングマシンを開発した。囚人を苦しめた刑罰器具は、健康器具に生まれ変わったのである。

北九州市は「西京市」になる可能性があったって?

福岡県北九州市は人口約100万人を抱える政令指定都市。成立したのは1963年で、当時の門司市、小倉市、戸畑市、八幡市、若松市が合併して誕生した。現在では福岡市に抜かれて九州で2番目の都市となったが、合併から1978年までは、人口で第1位を誇っていた。

だが「北九州市」が誕生する際、一つ問題があった。合併そのものが吸収合併ではなく、5市が対等に合併するという形をとったため、新しい名前が必要になったのだ。

このとき新市名を住民に公募したところ、1位は「西京市」、2位が「北九州市」だった。

1位の西京市が選ばれなかったのは、京都や東京からも遠く、都でもないのに「京」の字が入ることに異論が出たためだとされ、「天子様がおられた歴史がないのに、京と名乗っていいのかなあ」という発言もあったという。

「Not Found404」の404はプログラマーの気まぐれで決まった

インターネットで何かを検索したとき

に「404：ページが見つかりません」という、冷酷無比なメッセージが表示されることがある。この「404」という数字、いかにも意味がありそうでさまざまな説が出回ってはいるが、実はまったく意味のない数字である。

ワールド・ワイド・ウェブ（WWW）を開発しウェブシステムを構築していた1990年当時、現在とは比較にならないほど少ないメモリの容量の中、プログラミングなどの作業をしなければならなかった。そのため、それぞれのエラーに対して長いメッセージを書くことは非現実的だったことから、数字を使用することになる。

そこで多忙なプログラマーたちは、クライアントエラーのコードは400番台にしようと気まぐれで決め、「Not Found」については、特別な意味もなく404が指定されたのだ。

「クリスマスは恋人たちのもの」という風潮は雑誌がきっかけ

欧米のクリスマスは、家族で過ごすことが多い。一方で日本では「クリスマスは恋人と過ごす」という意識が広まり、恋人のいない人たちが「クリスマス粉砕（ふんさい）デモ」なるものを行ったりもしている。

ただ、この風潮は1983年に、女性ファッション誌『anan（アンアン）』が「今夜こそ彼のハートをつかまえる！」と大々的にアピールしたことが始まりだ。

それまでの日本のクリスマスは、家族や友人同士でパーティを開くなど複数人で楽しむもので、サンタクロースのプレゼントを待つ子どもが主体のイベントでもあった。だが、本誌の提唱により「2人きりの夜」が定番となり、『non-no（ノンノ）』などの女性誌も追随する。

一方、男性トレンド誌である『ポパイ』や『ホットドッグプレス』がクリスマスに恋人と過ごすという特集を組み始めたのは、1987年頃から。女性たちの要望に応じる形で、ディナーやホテルの予約をするようになったとの指摘もある。

マトリョーシカ発祥の地はなんと日本だって?!

人形の胴体部分を開くと、大きさの違う人形がいくつか入れ子になっている工芸品といえば「マトリョーシカ」。ロシアで定番のお土産だ。

名前の由来はマトリョーナという女性の「愛称」であるという。そして、ロシアで作られるようになったのは1890～1900年頃。伝統的な工芸品ではあるようだが、その歴史はまだ120年ほどしかないのである。

しかも、そんなマトリョーシカのルーツは日本にあるともいわれている。19世紀末に日本の箱根をロシア人が訪れたところ、七福神の入れ子人形に深い感銘を受けた。それを土産として持ち帰り、知り合いの職人に似たものを作ってもらった。それがロシア全土に広まり、マトリョーシカになったという。

ただ異説もあり、モスクワのろくろ師ワシリー・ズヴェズドチキンと絵師のセルゲイ・マルチンが独自に作ったともいわれている。その説によれば、ワシリーが1890年頃に原型を思いつき、絵師の協力で作り上げたとされている。

パソコンのキーボードの文字配列が複雑なわけ

Aの隣はS、Sの上はWで下はX……。キーボードの文字配列は、なぜこうもややこしいのだろうか。アルファベット順に並べればよさそうなものだが、複雑なのはタイプライターの名残（なごり）である。

インクリボンを活字印刷したハンマーで叩いて紙に字を打ち込むタイプライターは、ワープロやパソコンの先祖ともいえる。ただ、電力を使用しない半面、速くタイピングしすぎるとハンマー同士が引っかかって打てなくなる欠点があった。

この欠点が複雑な文字配列にした理由だ。使用頻度（ひんど）の高い字が近くにあると、ハンマー同士が干渉しやすい。そのため、わざと字をバラバラに配列したのだ。ここで発案された文字列は、上段の文字を並べて「QWERTY配列」とも呼ばれている。

だがそれ以外にも説があり、「モールス符号を簡単に打つため」ともいわれる。しかしタイプライターが由来であることは事実であり、それが現在のパソコンのキーボードにも引き継がれているのだ。

堺市の住所に「丁目」の「目」がない裏事情とは

住所で一つの町を区分するときは、1

丁目、2丁目と「丁目」で分けられる。

しかし大阪府堺市の場合、2006年に吸収合併された美原区(旧美原町)を除けば、「丁」だけであり「目」はつかない。

その理由について堺市は、はっきり示す史料はないものの、江戸時代の「元和の町割」にそのルーツがあるかもしれないとされている。

元和元(1615)年に大坂夏の陣で全焼した堺は、徳川家康によって碁盤目に町割がなされる。これが元和の町割だ。やがて町の数は400近くにも及び、まもなく24の町名と縦筋の通り名とを合成させて通称にする。

さらに明治時代の1872年、町名の改正が行われ、独立した町名の代わりに街の中心部を南北に通る大道筋に面した町名を元に、東側は○○町東1丁、東2丁、西側は○○町西1丁、西2丁というように変更された。

つまり、それぞれ独立した町が東1丁、西2丁となったため、町を区分する意味合いを持つ「丁目」は馴染まなかったとされる。

さらに、昭和の初めに「目」をつけるかどうかで市議会で論議されたが、由緒のある「丁」に統一したというエピソードも残されている。

人気ロックバンド「B'z」は「A'z」だったって?!

ギタリストの松本孝弘とボーカリストの稲葉浩志からなる、日本を代表するロックユニット「B'z」。だが、実はデビュー直前まで、ユニット名は「A'z」（アズ）だったという。

テスト盤を制作していた頃は「松本バンド」という仮名称が付いていたが、「A'z」というユニット名案が浮上。これは当時「JT」（日本たばこ産業）や「JR」（旧日本国有鉄道）などのネーミングが出てきた影響が大きかったようだ。

同じように「短く現代的で、記号的で覚えやすいバンド名」を意識し、さらにはAからZまで全てをカバーするという意味を持つ「A to Z」、そしてギターとボーカル2人のエースのユニット、という意味で「A'z」となった。

ところが決定直前、Aのローマ字をそのまま読むと、当時流行していた感染症の名称と同じになるということで変更を余儀なくされる。そこで、「A」の次は「B」ということ、さらにはロゴの見栄えなどを含め「B'z」というユニット名に変更されたのだ。

「タコメーター」の「タコ」はギリシャ語由来

ATが主流の現在では、装着しているクルマも少なくなった「タコメーター」。エンジンの回転数を表し、スピードメーターの横に位置するが、その名前の由来を知らない人は多いかもしれない。

タコメーターは英語でtachometerと書き、エンジンに限らず軸の回転数を示す。そして、tachoはギリシャ語で「速度」を意味する「ταχος」が由来だ。となれば、タコメーターもスピードメーターと同じ意味を持つわけだ。

ただ、スピードメーターが「1時間にどれくらいの距離を走れるか」で速度を示しているのに対し、タコメーターはエンジンの回転数で速さを表す。

エンジンが発達していなかった時代にはオーバーヒートなどを避けるため、回転数のほうが大事だったこともあり、スピードメーターはタコメーターよりもあとに登場したともいわれている。

「勝訴」「敗訴」の文字が書かれたあの巻紙の名前は？

社会的に注目を浴びた裁判で、判決後に関係者が駆け出してきて広げる「勝訴」「敗訴」「不当判決」などと書かれた紙。正式には「判決等即（速）報用手持幡（てもちばた）」というが、通称は「びろーん」。なんとも締まりのない名前ではある。

かつては毛筆での手書きが主流だった「びろーん」だが、最近はパソコンのプリンターを使うことが多いという。その代わりバリエーションが豊富になった。

例えば、2022年1月の「コインハイブ事件」の最高裁判決のときは、青地に白抜きで「無罪」、同年5月のグローバル

ポップな書体の「びろーん」（時事）

ダイニングが都の時短命令は違法だとして訴えた件では、東京地裁判決では「びろーん」を2枚に分割して「命令は違法…」「でした!!!」とポップな書体で書かれたものだった。

その一方、まだまだ手書きにこだわる人も多いという「びろーん」。裁判の結果やそれによる社会への影響ももちろん大切だが、ニュース映像で「びろーん」に注目するのも面白い。

サーロインの「サー」ってどういう意味?

ステーキ肉の中でも最高の部位といわれる「サーロイン」。腰肉の部分を「ロイン」というが、その前に付く「サー」って何? と思ったことはないだろうか。

これには、イギリスの叙勲(じょくん)制度における栄誉称号の一つ「サー(sir)」で、貴族の称号をもらった牛肉という説がある。

中世のイギリスの晩餐(ばんさん)会の席で、牛肉料理を食べたイングランド王のヘンリー8世が、あまりのおいしさに「この肉にサーの称号を与える」と宣言。それから「サー・ロイン」と呼ばれるようになったというものだ。

ただし、有力なのは「サー」はフランス語で「上」を意味する「sur(シュール)」とする説。つまり、腰(ロイン)の上の部分にあたる肉だから、というシンプルなものだ。

ただ、「サーロインは君主が特別な肩書を与えるほどおいしい」という逸話が生まれるほど、美味な部位であることは間違いない。

パラリンピックの「パラ」は「下半身不随」を表す

世界最高峰の障がい者スポーツ大会が「パラリンピック」。４年に1度、オリンピックの終了後に同じ場所で開催される。

その第1回は１９６０年のローマ大会だが、当時は「国際ストーク・マンデビル競技大会」という名称だった。

この「ストーク・マンデビル」は、第二次世界大戦で脊髄（せきずい）を損傷した兵士たちを助けるための「ストーク・マンデビル病院」から取ったもの。下半身不随になった多くの兵士たちに希望を持たせるためにスポーツが推奨され、それが大会開催につながったという経緯があるのだ。

当時は、出場資格を脊髄損傷の車いす選手に限定していたので、「下半身不随」を意味する「パラプレジア（Paraplegia）」という英語とオリンピックを合わせて「パラリンピック」となった。

その後、視覚、知的などの障害を持つ選手にも出場権が広がっていき、現在では「パラ」はギリシャ語の前置詞で「並んで立つ」、つまり「対等」という意味に解釈されている。

高齢者をシルバーと呼ぶようになった理由

高齢者を「シルバー」と呼ぶのは日本だけだ。しかも「シルバー」は「シルバーヘア」など白髪に由来したものではなく、きっかけは列車。ＪＲが国鉄だった頃にさかのぼる。

1973年9月15日、敬老の日にちなんで、国鉄は高齢者や体が不自由な人のための優先席を設けることを決定した。その際、普通席と区別するため座席シートの色を変えることとなる。

しかし検討する時間も予算も足りず、国鉄の工場に余っていたシルバーの新幹線座席カバーを使ったのである。

これが偶然にも「いぶし銀」「銀髪」など、シルバーというポジティブな高齢者のイメージとリンク。そして「シルバー＝高齢者」という意味を持つ関連用語が増えていったのだ。

品川駅が港区にある理由は開通を急ぎすぎたため

JRの品川駅が、品川区ではなく港区にあるのは有名な話である。そしてその理由は、宿場町の反対によるものだとされてきた。

江戸時代までの品川は「品川宿」という交通の要所だった。東海道最初の宿場町として2キロメートル以上も宿と家屋が連なり、その人口は約7000人にのぼったともいう。中には商店や旅籠（はたご）など、行楽客を相手にする商売人も多数いた。

しかし、明治時代になって品川宿への鉄道建設計画が持ち上がると、猛烈な反対運動が巻き起こる。なぜなら、鉄道によって利便性が高まれば宿場町への宿泊客が消え、旅籠業者も失職するからだ。そうした反対運動への配慮によって、品川に近い高輪（たかなわ）に駅が造られたのだという。

これが長く通説とされてきたのだが、実

は最近では別の説も有力視されている。それは、ただ単に「面倒だった」というものだ。

開通を急ぎたかった政府は用地買収の手間を面倒くさがり、宿場町をあえて避けたのだという。確かに納得できる説ではある。

クローン技術を使った最初の生物は「ニンジン」

生物の細胞やDNAから作り出された、同じ遺伝子を持つ存在やそれを作り出す技術が「クローン」だ。クローン人間の生成は倫理上許されないとし、世界中で禁じられてはいるが、動植物のクローンはすでにいくつも誕生している。

そうしたクローン第1号がニンジンだ。

1958年、アメリカのコーネル大学で植物学者スチュワードがニンジンのクローン実験を行った。分解した細胞を培養し、そこから新たな個体を作り出すという方法である。

この試みは見事に成功し、完全な植物が試験管から生まれた。これこそ人類が生成した最初のクローンである。

この2年後にはフランスで苗のクローンが作り出され、現在の農業界でもクローン苗の製造が盛んだ。

動物界では1996年に羊のクローン「ドリー」の誕生が話題となり、2018年には中国でカニクイザルのクローンが作られている。こうしたクローン技術は、作物の安定増産だけでなく、再生医療への応用も期待される。

「ガッツポーズ」は、元ボクサーのガッツ石松氏が由来じゃない?!

1974年、東京で行われたWBC世界ライト級王座戦で、ガッツ石松氏は世界チャンピオンのロドルフォ・ゴンザレスと戦い8回KO勝ちを収めた。

みごと新王者となったガッツ石松氏は、両手を高々と上げて勝利をアピール。ここから、両手を上げて勝利を喜ぶポーズを「ガッツ石松の勝利ポーズ＝ガッツポーズ」と呼ぶようになったとする。

ところが、ガッツポーズという名称はすでに1972年から存在している。ボウリング雑誌『週刊ガッツボウル』の中で、ストライクを取ったときのポーズを「ガッツポーズ」と呼んでいるのだ。

しかし、このボウリング雑誌のガッツポーズはどんな仕草をしても自由であった。

そのため、ガッツポーズという言葉の起源はボウリング雑誌で、スタイルの定義はガッツ石松氏によるものともいえる。

『探偵！ナイトスクープ』の「ナイト」は夜ではない！

朝日放送の『探偵！ナイトスクープ』は関西で人気のバラエティ番組。深夜に放送されるため、「ナイトスクープ」の「ナイト」は夜を意味する「night」だと思っている人も多いだろう。

だが、さにあらず。この「ナイト」は騎士を意味する「knight」なのだ。

そもそも同局には、月〜金曜日の23時17分から「ナイト・イン・ナイト（knight in night）」というバラエティ放送枠があった。25歳以上の男性に向けて、翌朝会社で話題になるような番組作りをしよう、という意図で1986年に作られ、深夜で主流だったエロや、つまらないギャグに頼らないといったポリシーで制作された。

「騎士（knight）」には、そんな高潔さや、深夜番組の常識に対抗するなどのイメージが込められたとのうわさも伝わっている。かつては番組タイトルとして帯番組の体裁を取っていたが、2000年頃のリニューアルで放送枠名となる。

『探偵！ナイトスクープ』は1988年3月より放送開始。土曜日から金曜日への移行は1991年からで、現在の局長・松本人志は3代目にあたる。

雑誌『CanCam』は「キャンパスリーダー」が名前の由来

小学館が発行する月刊女性ファッション『CanCam（キャンキャン）』は、蛯原友里（えびはらゆり）、山田優、押切もえなどが看板モデルだった2000年代には社会現象にもなった、OLのバイブル的な雑誌である。

雑誌名は、呼び方こそ「キャンキャン」で知られているが、「CanCam」と2回目のキャンの最後が「m」であることは、意外に見落とされているかもしれない。

これは「アイ・キャン・キャンパス（I can campus.）」の略。すなわち「キャンパスリーダーになれるように」の意味だ。創刊時は大学生活を舞台に誌面を展開していたのである。

また、キャンパスリーダーではあるが、多くの人からモテるのではなく、近くにいる「2〜3人の男性にモテて、かつ同性には反感を買わないスタイルを定義する」のが、編集方針だったともいわれている。

『少年サンデー』の由来は日曜と関係あり？

『週刊少年マガジン』（講談社）と同じく、1959年3月17日に創刊された少年向けマンガ週刊誌『週刊少年サンデー』（小学館）。

しかし、創刊された日も発売日も、日曜日ではなく水曜日。つまり雑誌名の「サンデー」は曜日とは関係なく、初代編集長の豊田亀市氏が「休日」「明るい」「エンターテインメント」といったイメージでサンデーと付けたのだという。

豊田氏は当時、学年雑誌『小学一年生』を担当していた。そして、学年雑誌をこれからもっと面白くするためには、漫画に力を入れるべきだと考えていたという。

そこで彼は、「週刊少年サンデー」の執筆陣に「トキワ荘」メンバーを揃（そろ）える。

確かに創刊号には手塚治虫、藤子不二雄や寺田ヒロオなどが名を連ねている。

9

人々の大いなる誤解を正す雑学

例えば…
新選組の浅葱色の羽織は
1年で廃止されていた!

水のない砂漠で「溺死する」ことがある!

砂漠でも溺死(できし)者が出る。そう聞くと、「オアシスで溺(おぼ)れ死ぬんだな」と考えるかもしれない。だが、この溺死とオアシスは何の関係もない。原因は「雨水」だ。

砂漠はめったに雨が降らないため、砂が固く引き締まっている。吸水力は極端に低く、そこに大雨が降れば地表を大量の水が流れ、時には洪水を引き起こす。

しかも、低地には「ワジ」という大昔の川跡が無数にあり、そこに流れ込んだ濁流(だくりゅう)で溺死するのである。

実際に、2009年、サウジアラビアのジッダで砂漠の濁流が起こっている。数時間に72ミリという猛烈な集中豪雨で街の大部分が冠水。さらにはワジからの鉄砲水まで発生し、死者106人、行方不明者50人を出す大惨事となった。

砂漠の都市には排水システムがほとんどなく、周辺の土地も水をまったく吸収しない。そのせいで、数年に一度の豪雨が起きると大惨事になりやすいのである。

一説によると、砂漠の死因の9割が洪水による溺死とされている。

ローソンの「からあげクン」はニワトリではなく、妖精

ローソンの定番商品である「からあげクン」のマスコットキャラクターの名前も「からあげクン」だ。容器やポスターに描かれた姿は愛嬌(あいきょう)たっぷり。しかしこのからあげクン、実はニワトリではなく

妖精である。

公式設定によると、からあげクンはからあげクン王国に住むニワトリ形の妖精だ。ときどきローソンの店内に遊びに来て、お客に商品を買うよううながすという。ただ、その姿は目に見えないようだ。

さらに驚くべきはその家族。主役扱いの「レギュラーくん」には「ガーリックペッパー」という双子の弟がいて、さらに兄の「のりしお」と姉の「ピザ」がいる。彼らは母の「レッド」と父の「チーズ」の間に生まれたのだが、この「チーズ」が王国の創設者だ。

さらに、彼らの親友である「のりしょうゆ」や「スパイシー」といったサブキャラクターたちもファミリーの一員。しかも、新フレーバーが出るたびに新たなからあげクンが生まれるので、その総数は200人を超えるという。驚異の大家族ではある。

「プチトマト」は販売を終了しているって?!

一口サイズの「プチトマト」は、サラダや弁当に洗うだけで添えることができ、家庭菜園でも育てやすい人気の野菜だ。

そんなプチトマトが、すでに販売を終了していると聞けば、首をかしげる人が多いだろう。

確かにスーパーなどでは、今

でもプチサイズのトマトは売られている。だが、そのトマトは全て「ミニトマト」だ。ミニトマトとは、重さが10グラム程度の小型トマトの総称。プチトマトは、その中の一品種なのである。

プチトマトを開発したのは、種苗（しゅびょう）メーカーの「タキイ種苗」。高度経済成長期に団地暮らしが増えたことに着目し、ベランダでも栽培可能な小型のトマトを開発した。プチトマトと名付けられた改良種は、目論見（もくろみ）どおり団地需要にマッチして大ヒット。そうして「ミニトマト＝プチトマト」というイメージが形成された。

だが、新規業者が次々に参入したことで、プチトマトの売れ行きは悪化。その結果、２００７年にプチトマトは販売を終了したのである。

自由の女神は「女性」ではなく、白人でも黒人でもない

ニューヨークのリバティ島に立つ「自由の女神」は、アメリカ独立１００周年を記念して、独立運動を支援したフランス人の募金によって贈呈され、１８８６年に完成したものだ。

その性別と人種は「女性で白人」と答える人がほとんどだろう。だが実際は、性別不明の「緑人」なのだという。

１９９０年代、像の人種について議論が起きたことがある。その結果、出された答えが「緑人」だった。自由の女神は銅製なので、表面の色は緑がかっている。そこで架空の緑人にすることで、人種論争を無理やりに終わらせた。人種に敏感

なアメリカらしい解決方法だといえる。

また、自由の女神の英名は「Statue of Liberty」で直訳すると「自由の像」となる。女神と和訳されたのは、フランス語の「Liberty」は女性名詞で、フランスの画家ウジェーヌ・ドラクロワの絵画『民衆を導く自由の女神』がポーズの由来であるからだ。

そのため女神とされてはいるが、本来の性別はハッキリとしていないといえる。

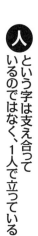

人という字は支え合っているのではなく、1人で立っている

「人という字は、人と人とが支え合った姿なんです」。テレビドラマ『3年B組金八先生』で、武田鉄矢演じる坂本金八が放った名ゼリフだ。だがもし、漢字に強い生徒がいたらこう反論しただろう。

「いいえ先生。『人』は、人間1人で立っている姿です」

「人」の字は、物体や生物などの形を象(かたど)った象形文字の一種である。この字が象っているのは人間の姿だが、2人組のことではない。人を横から見た光景なのだ。もちろん、「誰の力も借りずに力強く立つ姿」という教育的な意味もなく、ただ立っているだけだ。

教師を演じた武田鉄矢も、2014年11月のNHK番組などで劇中の名言を否定している。ただ、意味の誤解自体は、例のドラマが始まる前から広まっていたともいう。

人という漢字は「○○人」など複数形で使うことも多いので、人とのつながりが由来という誤解が広まったようだ。

ちなみに、本当に人同士の支え合いが語源とされる字は「仁」である。人の隣に2本の線を置くことで、人間同士のつながりや慈しみを表しているという。

義務教育の意味は「子どもは勉強をする義務がある」ではない

教育は勤労、納税とともに、日本国憲法に定められた国民の三大義務の一つだ。そのため小学校から中学校までは「義務教育」と呼ばれ、子どもが学校に通わなければならない義務と考えられがちだ。

確かに憲法第26条1項において、日本国民は全員が等しく教育を受ける権利を与えられている。ただ、これは権利であって義務ではない。2項では義務の範囲が記載されてはいるが、その内容は子どもに普通教育を受けさせる義務だ。つまり、義務教育とは「親が子に教育を受けさせる義務」なのである。

教育基本法の第5条でも、「義務教育は保護する子に教育を与える義務」としている。また3項と4項にて国と自治体の学校設置を定めているので、国家全体の義務ともいえるだろう。

つまり、義務教育は無理やりにでも学校に通わせる義務ではない。子の権利を妨げないための義務なので、不登校になっても憲法違反には当たらない。

舞台では大人の俳優も「子役」と呼ばれることがある

「子役」は芝居で子どもの役をする役者

のことだ。基本的には未成年がするもので、大人になると普通の俳優として扱われる。

しかし、芝居の世界には「子役の年齢制限」はない。そのため成人しても子役を続けることは不可能ではないのだ。

テレビドラマや映画の習慣としては、子役となるのは中学生が限界。しかし役者が童顔だったり、体が小柄だったりすると、高校生以上でも子役は続けられる。

もっとも、所属事務所が独自の制限を設けていた場合はその限りではない。さらには年齢制限つきのオーディションもかなり多いから、子役を長く続けるのは難しいだろう。

ただ、舞台の場合は別で、大人の役者が子どもの役を演じることは珍しくない。その役者が何歳であっても、子どもも役なら「子役」と呼ばれる。そのため、中年男性の子役も舞台の世界では珍しくないのだ。

ドラキュラは吸血鬼ではなく、「ドラゴンの子」という意味

「ドラキュラ」は作家ブラム・ストーカーの小説『吸血鬼ドラキュラ』に登場する怪物の名前だ。小説の世界的なヒットで吸血鬼の代名詞となったのだが、本来の意味は「ドラゴンの子」だ。

ドラキュラのモデルであるヴラド3世は、中世ワラキア公国（現ルーマニア）の君主である。厳格な人物だっただけでなく、捕虜（ほりょ）を串刺しにするなど残虐な行為も多々行ったという。

そうしたヴラドの異名が「ドラキュラ（ドラゴンの子）」だった。父親のヴラド2世には「竜公（ドラクル）」の異名があり、その息子なのでドラゴンの子と呼ばれるようになったという。

ドラキュラのモデル・ヴラド3世

ヴラドは１４７６年にオスマン帝国との戦いで戦死するが、その約４００年後にブラムが彼の異名を怪物の名前に採用したのだ。キリスト教で、ドラゴンは悪魔と同一視されている。そこに捕虜を串刺しにしたヴラドの悪評も重なり、吸血鬼の名前にしたという。

そのため近年では、ドラキュラの正体をヴラドとする作品も多い。

落ち込んでいるときは、暗い曲を聴くと立ち直りが早い

自信を失ったり、嫌なことがあって気が滅入（めい）ったりしているとき、明るい曲を聴いて気分を盛り上げようとする人も多いだろう。ところが、その方法は逆効果だ。気分が落ち込んでいるときに聴くのは、「暗い曲」が効果的である。

人間には、自分の考えや行動を無意識に周囲と合わせる本能がある。これを心理学では「同調効果」と呼ぶ。周囲の行動と自分の考えが違うとストレスを感じるが、自分の考えが周囲と同じなら気分は向上する。

音楽でもこの効果は発揮される。例えば、失恋したときに失恋ソングを聴くと、感情が歌詞やメロディーと同調して気持ちがリフレッシュする。逆に、明るく励まされるような曲を聴いたら、気持ちと噛み合わずにイライラする。気が滅入っているときは、無理に明るくなる必要はないのだ。

明るい曲は、パーティなど気分が高揚している場面で聴くのがいい。気分の盛り上がりに派手な曲調が同調して、さらにテンションが上がること間違いなしだ。

「デマ」と「ガセネタ」、その意味は微妙に違うって?!

SNSが全盛の現代では、虚偽の報道を流すフェイクニュースが問題となっている。そうしたニセ情報は「デマ」や「ガセネタ」ともいわれ、虚偽の情報を流すという意味自体はどちらも同じである。

デマは「デマゴギー（demagogie）」というドイツ語の略で、本来は政治目的での誹謗中傷や社会不安を利用して、憶測や誤認の情報をわざと流すことなどを意味していた。これがやがて、悪口や裏付けのないうわさ話で他人の感情を動かしたり、都合のいい行動をさせたりする意味になった。

対するガセネタとは報道用語の一種。ガセは「ニセ」、ネタは報道の「タネ」が変化したものだといわれ、ニセの情報や虚偽の記事を表すときに使われる。

これらの違いは、ニセ情報の流出が「わざと」か否かだ。デマには意図的に流すという意味があるのに対し、ガセネタにはそれがない。つまり、勘違いでウソを流した場合もガセネタと呼べる。

しかし、デマはわざと流した場合にしか成立しないのだ。

非 可燃物の割合が、ゴミ全体の1割以下なら可燃物として出せる

ゴミ出しでの悩みの種は分別だ。紙やプラスチックオンリーのゴミなどは分けやすいのだが、複数の素材が混ざったものは悩ましい。

実際、正しく分別しないと焼却炉では不燃物の掃除のために装置を停止する必要があり、再点火までに数百万から1000万の費用がかかるようだ。

そう聞くと、とにかく細かく分類する人もいるだろう。だが実は、それほど熱心に分ける必要はあまりない。

ゴミ捨てには「9割ルール」というものがあり、可燃物に対して非可燃物の割合が1割以下なら、可燃ごみとして出してOK。例えば、服についているボタンは、服の生地に対してその割合は少ないため、服を可燃ごみとして出していい地域であれば、まとめてゴミにできる。

ただ、自治体によってはこのルールが通用しない場合もあるという。「9割ルール」を使う前に、地域のゴミ出し規定はきちんと確認しておこう。

ハ 1ゲンダッツの工場は世界に4か所しかない

「ハーゲンダッツ」といえば、アメリカ

のゼネラル・ミルズ社が手がける高級アイスクリームブランドで、日本でもハーゲンダッツジャパンが製造と販売を委託されている。

世界中で販売されているので工場も世界中にあるかと思いきや、実はたったの4か所しかない。アメリカのニュージャージー州ウッドブリッジ、カリフォルニア州トゥラーレ、フランスのアラス、そして日本の群馬県である。

ハーゲンダッツが日本に上陸した1980年代は、まだアイスの海外輸入が制限されていた。そこで高梨乳業などの3社は合同で日本法人を立ち上げ、群馬県高崎市に国内用工場を建てたのである。

ハーゲンダッツの直営内で、日本向けのアイスを製造しているのはここだけだ。

しかし、幻の「5番目の工場」が日本に存在する。それは株式会社サンタが経営する「愛媛工場」だ。ただし、ハーゲンダッツの直営ではないので、公式には含まれていない。

校長に授業を行う権限はなく、代理で教壇に立つこともできない

担任教師が病欠などで不在になり、教頭が臨時に教鞭をとるというケースはよくある。しかし、校長が代理で授業を行うことはできない。なぜなら、校長にはその権限がないからだ。

学校教育法第37条4項によると、「校長は、校務を司り、所属職員を監督する」としている。校務は学校の運営に関する全ての管理・事務と解釈され、具体的に

は、「教育活動に関する事務」「施設設備の維持管理」「教職員の人事や教育機関など各種機関との調整管理」である。

この他にも、第11条で定められた「児童及び生徒、学生に対する体罰を除いた懲罰行為」なども校長の義務である。

ただし、その中に児童や生徒への教育指導は含まれていない。そのため、校長が代理教師として教壇に立つことはないのだ。一方、教頭は学校教育法第37条7項の「必要に応じ児童の教育をつかさどる」という条文から、授業を臨時に行ってもよいと解釈されている。

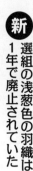

新 選組の浅葱色の羽織は1年で廃止されていた

幕末の京都を駆け抜けた剣客集団、新選組。彼らのトレードマークが、浅葱色にだんだら模様の入った羽織だ。だんだらとは袖を三角形に白抜きしたデザインで、赤穂浪士が討ち入りの際に着ていた羽織の柄を真似たものともいわれる。

新選組を扱ったドラマや映画ではお馴染みの羽織だが、意外にも着用されていた期間は短い。その理由は、隊士からの評判が悪かったためともされている。

そもそも浅葱色は、田舎の武士が着物の裏地などに好んで使う色だった。そのため、新選組の羽織は当時の人の目に野暮ったく映ったのではないか。

また、探索活動などを行う際にも、浅葱色にだんだら模様の装束では目立ちすぎたようで、やはり隊士たちから不評を買った。

そうしたことから羽織は次第に着用されなくなり、１８６４年に発生した池田屋事件以降は誰も身につけなくなったらしい。新選組が結成されたのは１８６３年なので、羽織はわずか1年程度で廃止されたことになる。

それ以降の新選組の隊服は黒一色の装束であった。ちなみに、浅葱色の羽織は大文字屋呉服店（現大丸松坂屋百貨店）、隊旗は髙島屋飯田呉服店（現髙島屋）が手がけたものだ。

「大人1人＝子ども2人」と車の乗車定員を数えてはダメ！

クルマには車種や車の大きさに応じて乗車定員が設定されている。乗車定員は大人と子どもで人数の数え方が違うのだが、あなたはどう数えているだろうか。

もし「大人1人が子ども2人分」などとカウントをしていたとしたら、それは誤りだ。

国土交通省の「道路運送車両の保安基準」によると、大人1人は小児または幼児1・5人に相当とある。つまり大人2人＝子ども3人という計算だ。また、子どもとして認定されるのは12歳未満の児童で、体格などは関係ない。

では、例えば乗車定員が7人の車に大人3人が乗る場合、子どもは何人まで乗れるだろうか。

このケースの計算式は「（乗車定員－大人の乗車人数）×1・5＝子どもの乗車人数」なので、「（7－3）×1・5＝6」で、子どもは6人まで乗ることができる。

なお、乗車定員は車検証にも記載されており、これをオーバーすると普通車の場合、減点1の違反点数と反則金6000円が科されるので注意が必要だ。

石川県には、猛毒のフグの卵巣を使った料理がある

フグは猛毒を持つ魚として知られていて、毒の主成分はテトロドトキシンと呼ばれる神経毒だ。これは青酸（せいさん）カリの850倍以上の強い毒性を持ち、わずか1～2ミリグラムで人を死に至らしめる。

このフグ毒が特に多く含まれているのが卵巣だが、実は石川県にはこの危険な部位を食べる料理が存在する。それが「フグの卵巣のぬか漬け」だ。

その製法は、卵巣に対して35～40％の塩と約1年間桶で漬け込んだあと、ぬかを加えてイワシの魚醤（ぎょしょう）を注ぎ、さらに1年以上漬けるというもの。

フグの卵巣のぬか漬け

こうすると卵巣の毒素は次第に抜けていくとされる。だが、なぜ毒素が減少するのかは科学的に解明されておらず、また完全に無毒になるわけでもないという。

もっとも、ぬか漬けは製造後に毒性検査を受けて出荷されているため、食しても人体に影響はない。

製造するには「石川県ふぐの処理等の規制に関する条例」によって県から許可

を受ける必要がある。この禁断の珍味の発祥は定かではないが、江戸時代に北前船で運ばれたフグをぬか漬けにして保存食にしたのが始まりといわれている。

朝鮮戦争のとき、日本人が米軍に従軍していた

太平洋戦争終結後の1950年に勃発した朝鮮戦争に、日本人は戦闘に関与していないとされてきた。しかし2020年、日本人がアメリカ軍の一員として従軍し、前線で実戦に参加したという記録が明らかになる。

同年6月の毎日新聞の記事によると、同社が入手したアメリカ国立公文書館の極秘文書には、少なくとも60人の民間人がアメリカ軍に帯同し、うち18人が戦闘に加わっていたとする。

文書のタイトルは「韓国における日本人の無許可輸送と使用」で、尋問記録を中心に構成。渡航者の尋問証言には、前線に送り込まれた生々しい様子が記録されている。

ある日本人は、同行した部隊からカービン銃が支給され、激戦だった「大田(テジョン)の戦い」に巻き込まれたと語る。同じくカービン銃を持たされた当時12歳の少年は「4、5人は殺したと記憶している」と証言。その他にも「15〜20人は殺害した」「たくさんの人を殺した」と語った日本人もいる。

中には命を落とした人もいて、記録では死者1名、行方不明者1名。物故者(ぶっこしゃ)の死亡証明書には、「朝鮮半島の戦闘で殺さ

れた」と記載されている。

大洪水時には森林の貯水効果は期待できない

森林地帯の土壌は、木々の根が張り巡らされているため、スポンジ状の隙間が空いている。降雨時には雨水がその隙間に蓄えられて、地下水としてゆっくりと放流される。この機能によって、河川での急激な水かさ上昇を緩和させられる。

そうした治水機能を持つ森林が減少すると、雨水が地表に多く流れてしまい、洪水被害が拡大しやすくなる。また土壌内の根が地面をつなぎとめる働きをするので、地滑り防止の効果もある。

これが森林の貯水量における洪水緩和機能だ。しかし、その機能については疑問視する声もある。

2001年度の日本学術会議の答申によると、森林の貯水効果は認めながらも大洪水には効果が低いとされた。降雨量が多すぎると雨水のほとんどが河川に流出するので、大幅な軽減効果は見込めない。森林の緩和機能が期待できるのは、あくまでも中小規模の洪水のみだというのである。

森林の土壌を洪水被害の軽減に利用するのは、極めて難しいのだ。

警察官の「巡査長」は正式な階級ではない!

警察には他の役所や民間企業のように、「係長」や「部長」といった役職がある。そして役職の他に、上下関係を示すものが「階級」だ。日本の警察は警察法第62条により9階級に区分され、上から「警視総監」「警視監」「警視長」「警視正」「警視」「警部」「警部補」「巡査部長」、そして採用されたばかりの新人は「巡査」となる。

ここまで読んで不審に思われた人もいると思う。それは「巡査長」がふくまれていないことだ。しかし、巡査と巡査部長の間に位置する巡査長は正式な階級ではない。

通常、警察官が昇級しようと思えば昇任試験を受けなくてはならない。ただ、部署によっては多忙のために受験勉強の時間が取れなかったり、実務重視で試験を受けなかったりする人もいる。また、階級が上がって管理職となり、現場を離れるのを嫌がる人もいる。

そこで、勤務成績が優秀で実務経験が豊富であるにもかかわらず巡査のままでいる警官が、巡査長に任命されるわけだ。

このような昇任システムのため、昇進を目指す警察官は、刑事課や交通課よりも時間に余裕のある総務課など事務系の部署を望む傾向にあるらしい。

D 「Jポリス」は機動隊広報係の所属だった

機動隊は警察組織の中でも最大の人員を誇り、テロ対策やデモへの対処、暴徒の鎮圧を任務とする「武闘派」のイメージが強い。

しかし、これらの「治安警備」だけではなく、大規模な自然災害や事故・遭難の救助活動などの「災害警備」や、イベントなどの「雑踏警備」も機動隊の任務となる。この雑踏警備で脚光を浴びたのが、いわゆる「ＤＪポリス」である。

２０１４年6月、サッカー・ワールドカップ本選に日本チームの出場が決まったとき、渋谷のスクランブル交差点がサッカーファンで埋め尽くされた。大混乱が予想されたため、警備に当たったのが警視庁の第九機動隊。このときに指揮官車の上でマイクを握り、ユーモアを交えた巧みな話術で誘導したのが機動隊広報係の隊員だった。

これが「ＤＪポリス」の誕生で、警視庁は、この男性隊員とセンター街近くで活動していた広報係の女性隊員に対し、警視総監賞を授与している。

そもそも、広報係は誘導目的の呼びかけが重要な任務で、そのスキルを高めるために、「機動隊警備広報競技会」なるものが実施され、「広報技能検定」も設けられている。渋谷でのＤＪポリスは、数人しかいないといわれる「上級」の合格者だったらしい。

株主優待を受けるのに保有期間は関係ない

株価の値上がりはもちろん、さまざまな特典がある「株主優待」も、株を持つ楽しみの一つだ。実はこの株主優待、たった数日だけ保有していれば、受けることができる。

株主優待や配当の権利を得られる日を「権利確定日」といい、その日に株主として名簿に記載されていれば大丈夫。保有期間は一切関係ないので、確定日の翌日に売却しても、権利は失われない。

しかも、権利確定日が近づくと株価が上がるという企業も多い。したがって、確定日の1か月か2か月前に株を購入し、権利が確定すれば売り抜くという方法をとれば、優待も配当も受けることができ、さらに利益も期待できるのだ。

ただし、名簿に記載されるためには、購入後3営業日の期間が必要なので、最低でもそれまでに買っておく必要はある。

プーチンは、ロシアのNATO加盟を望んでいた

2022年2月のロシアによるウクライナ侵攻は、ウクライナが北大西洋条約機構（NATO）への加盟を希望したことが原因の一つとされている。しかし、かつてロシアもNATOへの加盟を望んでいたという、驚愕（きょうがく）の事実が存在する。

そもそもNATOは、旧ソ連を中心とする東側諸国に対抗するために設立された。東側諸国はワルシャワ条約機構を発足させて対立するが、1991年に解散。同年にはソ連も崩壊し東西冷戦は終息を迎える。そして2000年にロシアの大統領に就任したのが、プーチンだ。

プーチンは就任後まもなく、当時のクリントン米大統領と会談し「ロシアがNATOに加盟するのはどう思うか」と質問。また、記者から「本当にNATOに加盟するのか？」と尋ねられると「なぜダメなのか？」と反論してもいる。

さらには「ロシアは欧州の一部で、離れることはできない」と主張し、2001年にアメリカ同時多発テロが起きると、どの国よりも早くブッシュ米大統領（当時）に「われわれはあなた方と共にある」とメッセージを送っている。

実は、3月は道路工事が少ない月だった

「3月は道路工事が多い」と感じている人は少なくないだろう。

しかし「令和2年度 全国の直轄国道における月別の路上工事時間」（国土交通省）によると、3月の路上工事時間は11万3000時間で1月に次いで下から2番目。最多の10月（25万9000時間）の半分にも達していない。

また、令和1年度の3月は9万6000時間と最低で、トップは11月の23万5000時間だ。

「3月に工事が多い説」の根拠としては、年度内の予算消化が理由に挙げられていた。確かに過去には、年度末に道路工事が多く行われていた可能性があったとの指摘もある。

だが、10年ほど前から国は国道の工事を抑制。工事に伴う渋滞の緩和などを目的に、交通量が多い時期を「路上工事抑制期間」と定め、この期間中は工事をできるだけしないようにしているという。

この抑制期間には、ゴールデンウィークやお盆、年末年始の他に3月も含まれる。そのため、年度末の工事は少なくなっているのだ。

スマホのバッテリー容量は「目安」でしかない

スマホのバッテリー容量が1%になっても、意外と長く持つ。逆に、5%残っているはずなのに電源が落ちてしまう。そんな経験をした人も多いだろう。

その原因は、ガソリンの残量で示される車のガソリンメーターとは違い、スマホは残量を物理的な測定方法で表示しているのではないからだ。

バッテリーの容量は、アルゴリズムを使うことで残量がどの程度か計算をして、その値（あたい）を画面に表示している。その指標となるのは電圧で、つまり、電力の容量が大きければ電圧が上がり、少なければ下がるという現象で推測しているわけだ。

ただし、計算に誤差が出ることもあり、バッテリーの劣化によって計算結果が不正確になることもありえる。さらに、バッテリーは気温の影響を受けやすく、熱さや寒さで誤差を生むこともある。

このような理由により、バッテリーの残量表示はあてにならず、目安でしかないといえるのだ。

慢性の腰痛はストレスが原因だった

腰の痛みが3か月以上続く状態を慢性

腰痛といい、異常がないのに痛みが続くケースと、異常が治ったのに痛みが続く二つのケースがある。腰に外科的な異常がなくなったにもかかわらず、痛みが続いてしまうのだが、原因として考えられているのがストレスだ。

腰から痛みが神経細胞を通って脳に伝わると、ドーパミンという神経伝達物質が放出される。するとミュー（μ）オピオイドという脳内物質が多量に放出され、さらにセロトニンやノルアドレナリンが放出され、痛みを脳に伝える経路が遮断される。

これによって、腰痛などの痛みが気にならなくなったり、我慢できたりするようになるのだ。

しかし、ストレスを長期間感じていると脳でドーパミンが放出されにくくなり、腰痛が長引いたり、わずかな痛みでも強く感じたりするようになる。このような精神的な理由を放置して治療を繰り返していると、効果が出ないためにストレスや不安が増えるという悪循環が起こってしまう。

長く治療を行っているのに痛みがなくならないときは、精神科や心療内科を訪ねてみるのも一つの方法だ。

ジャック・ダニエルはバーボン・ウイスキーではない

ウイスキーの種類の中でも、アメリカを代表するのがバーボンだ。

その中でも人気のあるブランドが「ジャック・ダニエル」だが、「ジャック・ダニエルはバーボンではない！」と頑（かたく）なに言い張る人たちもいる。他ならぬ、ジャック・ダニエルの蒸留所があるリンチバーグの人々である。

そもそもアメリカで造られるウイスキーが必ずしもバーボンと呼ばれるわけではなく、その原材料や製造方法については連邦アルコール法で細かく定められている。

法によると、「原材料のトウモロコシを51％以上含むこと」「内側を焦がした新品のオーク樽（だる）を製造に用いること」「80％以下の度数で蒸留されていること」などの要件がある。これに従えば、ジャック・ダニエルはれっきとしたバーボン・ウイスキーだ。

しかし、「バーボン」という名称はケンタッキー州のバーボン郡に由来するが、ジャック・ダニエルの故郷であるリンチバーグはテネシー州に属する。しかもジャック・ダニエル社の創業は１８６６年と１５０年以上の歴史を持つ。

つまり、リンチバーグの人々にとってジャック・ダニエルは地元の誇りであり、他の土地の名前が由来であるカテゴリーに分けられることは許されないのだ。

「ブランデーはブドウを、ウイスキーは麦を蒸留したもの」ではない！

「ブランデーはブドウを、ウイスキーは麦を蒸留したもの」というウンチクをバーなどで耳にした人もいるだろう。

だが、この定義は誤りではないものの正解でもない。なぜなら、ブドウを原料としないブランデーも、麦を主原料としないウイスキーも存在するからだ。

　アルコール飲料は大きく三つに分けられる。❶ワインや日本酒、ビールのような醸造酒、❷ブランデー、ウイスキー、焼酎、ジン、ウオッカのような蒸留酒、そして❸リキュールに代表される混成酒だ。醸造酒は原材料を発酵させて製造し、蒸留酒は原酒を蒸留して水分を蒸発させて造る。

　ブランデーの主な原料は、ワインと同じくブドウである。しかし、ブランデーの一種であるカルバドスは、リンゴが原料だ（ただ、カルバドスの名称はフランスのノルマンディー地方で造られたものに限られており、地域以外のものはアップルワインと呼ばれる）。

　ウイスキーも大麦やライ麦など麦を原料にしたものは多いが、バーボン（ウイスキーの一種）やコーンウイスキーの主原料はトウモロコシだ。

　つまり、ブランデーは果物を、ウイスキーは穀物を原料とした蒸留酒で樽熟成したものを指す、というのが正解だろう。

瓶や缶に入っていても「生ビール」だって？

　居酒屋などで「まずは生ビール」と注文すると、ジョッキやグラスに注がれたものが出てくる。そのせいか、「生ビール＝ジョッキもしくはグラスに入ったビール」というイメージが強い。しかし、生ビールは瓶や缶に入っていても「生」であることに違いはない。

そもそも生ビールとは熱処理を施していないビールのこと。ビールは麦芽をビール酵母で発酵させて造られるが、酵母菌を残したまま瓶詰めすると、発酵が進みすぎて味が変わったり瓶が破裂してしまったりすることもある。これを防止する方法が熱処理だ。

しかし1967年、サントリーが「ミクロフィルター」で酵母菌をろ過した「純生」を発売。その後、70～80年代にかけて生ビール化が進み、現在では国産ビールの90％以上が生ビールなのだ。

つまり、サーバーからジョッキに注がれているものも、瓶や缶に詰められているものも生ビールということになり、熱処理されたビールはほんの一部だけ。

「生ビール」と注文して瓶ビールが出されたとしても、クレームをつけるのは間違いなのだ。

アニサキスが胃に入って痛いのは「噛まれるから」ではない

アニサキスはサバなどの魚介類に寄生する線虫で、胃に入ると数時間後に胃やみぞおちに激痛が走り、嘔吐が生じる。この激痛のため、「アニサキスが胃壁に噛みついている」とよくいわれる。

しかし、アニサキスには口も歯もなく、噛みつくことはできない。痛みの原因は、アニサキスが刺さった際に起きる胃の収縮や、アニサキスの分泌成分によるアレルギー反応だとされる。

なお、「アニキサスが胃壁に刺さる」と聞けば、それが痛みの原因かとも思いがちだが、柔らかな虫が刺さったところで痛みは生じない。

また、基本的にはアニサキスによって引き起こされる食中毒に治療薬はなく、内視鏡による摘出しか治療法はない。

ただし、アニサキスはクジラやイルカの体内でしか成虫になれず、魚を通して人体に入るのは幼虫である。そのため、胃の中に居続けることができず、体外へ排出されてしまうのだ。

さらに、アニサキスの幼虫が胃に入っても、必ず痛みを伴うわけでもない。何匹食べたら症状が出るのかなどは明らかになっていないが、ほとんどの場合は症状が出ずに、そのまま排出されてしまうともいわれている。

アニサキス中毒を防ぐには、目に見えるのであれば指やピンセットなどで除去する。それ以外では、マイナス20度で24時間以上の冷凍や、70度以上または60度なら1分の加熱、生で内臓は食べないことなどを厚生労働省は推奨している。

平安時代、「大根足」は美脚を意味していた

太くどっしりした足のことを「大根足」と呼ぶが、こう言われて褒(ほ)められたと喜ぶ人は少ないだろう。
しかし昔は、「大根足」といえば「しなやかで白い美しい美脚」を褒める言葉として使われていたという。
大根についての最古の記録は『古事記』で、仁徳(にんとく)天皇が皇后に向けて詠んだ歌
「つぎねふ　山代女(やましろめ)の　木鍬(こくわ)持ち　打ちし

淤富泥(おほね)　根白(ねじろ)の白腕(しらただむき)　枕(ま)かずけばこそ知らずとも言わめ」である。この「淤富泥」が大根のことで、仁徳天皇は、皇后の「美しい白い腕」を大根にたとえているのだ。

そもそも大根は、大昔から今のように太いわけではなかった。品種改良が進むにつれて太く大きくなっていき、江戸時代には世界一大きな桜島大根をはじめ、130もの品種が収穫できるようになっていったのだ。

「大根足」が、現在のように太い足を指す言葉になったのは、江戸時代以降。だから、もし「大根足」とからかわれたら「品種改良の前の大根だよね?!」と言い返してはどうだろう。

運 動した翌日に筋肉痛になるのは「若い証拠」ではない

運動をした2、3日後に筋肉痛になると「ああ、年取ったな」とがっくりする人も多いだろう。若者は筋肉痛が翌日にくるというイメージがあるからだ。しかし実は、筋肉痛が出る早さは年齢とは関係ないのである。

そもそも筋肉痛とは、運動によって筋繊維が負傷することで起きる痛み。ダンベルでの運動や短距離の全力疾走など、「早く強く動かす」ほど負荷がかかる。しかもダメージの蓄積が早く、修復が追いつかないので、筋肉痛が早く起きやすくなる。

逆に、水泳やウォーキングなど強度の低い運動は、筋肉のダメージに修復が追いつくので、筋肉痛を感知するのも遅くなる。つまり、年齢が上がるほど筋肉痛が遅く感じるのは身体的な理由ではなく、激しい運動をする機会が減っていくからなのだ。

人間が探索できた海は5%未満にすぎない

地球上の70%を占めている海だが、人類が海について把握しているのはたったの5%程度で、95%はほとんど解明されていないという。

そもそも水深200メートル地点よりも深い「深海」と呼ばれるゾーンは、宇宙よりたどり着くのが難しいとされている。なぜなら、このくらい深くなると太陽光が海面の0・1%しか届かず、さらには水深が10メートル深くなるごとに、水圧が1気圧ずつ高くなっていくからだ。

したがって、深海の水圧は20気圧以上となり、人間が耐えられる限度を大きく超えている。逆に宇宙空間は無重力なので、圧力を気にする必要はない。そのため、深海にもぐるには高機能の潜水艇や探知機が必要だが、世界でもまだまだ数が足りない状態なのだ。

風邪をひいたら、おかゆよりステーキだって?!

風邪をひいたときの食事の定番といえ

ば「おかゆ」だろう。胃にもやさしいし食べやすいので悪くはない。ただ、積極的に体調を回復させたい場合は、あまり意味のないメニューなのだ。

体力が落ち、免疫が下がっている状態の体に、米をやわらかく煮たものだけを食べても、体から出た水分や塩分を少し補給できる程度。せめて栄養価の高い卵を入れた「卵がゆ」にするなど、工夫が必要だ。

そして体力回復に最も効果的なメニューは、ステーキ。脂っこくて消化が悪いように思えるが、ステーキの脂はてんぷら油と違いバターに近いため、消化にいい。さらには、栄養価の高いたんぱく質と亜鉛(あえん)が豊富だ。

胃もたれを避けたい場合は、赤身のヒレステーキを選べば完璧である。

世界最大の砂漠は「サハラ砂漠」ではなく、南極大陸

「砂漠」といえば岩や砂に覆われた地域というイメージがある。そのため世界最大の砂漠は「サハラ砂漠」と思っている人も多いだろう。

しかし、砂漠の定義は「年間降水量２５０ミリメートル以下」「降水量より蒸発量が多い」というもの。つまり砂に覆われた灼熱(しゃくねつ)の地域だけではなく、氷に覆われた南極大陸や北極圏周辺も条件にあてはまるのだ。

広さを見ると、サハラ砂漠は約９１０万平方キロメートルだが、南極大陸は約１３８３万平方キロメートル。つまり、

世界最大の砂漠は南極大陸ということができる。グリーンランドやアラスカなどの北極圏周辺の土地は、約1370万平方キロメートルで2番目。

3番目に大きいのがサハラ砂漠で、4番目がアラビア砂漠で約233万平方キロメートル。5番目はゴビ砂漠で、約130万平方キロメートルと続く。

砂に覆われた砂漠の中では圧倒的にサハラ砂漠が大きく、また南極と北極は砂漠に含めない場合が多い。そのため、サハラ砂漠が世界最大の砂漠に挙げられることが多いのだ。

県庁所在地なのに特急列車が停まらない都市がある

都道府県の中心都市が県庁所在地である。人口も多く、利便性の高い場所にあることが多い。

だが、県庁所在地でありながらJRの特急列車が停車しない市がある。一つはJR路線が走っていない沖縄県の那覇市。そしてもう一つが奈良市である。

JRの奈良駅は3面5線を有する高架駅で、乗り入れるのはJRのみ。乗降客も比較的多い。それでも特急列車が停まらない理由は、奈良駅を通っている関西本線、奈良線、桜井線、和歌山線はいずれも、特急列車そのものが運行されていないからだ。

そもそも奈良線、桜井線、和歌山線の3線は特急を運行するほどの距離がない。近畿圏でいえば、大阪駅や京都駅、神戸駅、滋賀県の大津駅は東海道本線、和歌山駅は紀勢本線の特急が停車する。

しかも奈良県の移動は、近鉄奈良駅のほうが圧倒的に便利というのが一番の理由のようだ。

Tシャツやポロシャツもカットソーの仲間である

通販サイトに数多く並ぶファッションアイテムで、案外知られていないのが「カットソー」の条件だ。あるショップでは「Tシャツ」で分類されているものが、別のショップでは「カットソー」と呼ばれているケースもあり、その違いがわかりにくい。

カットソーとは、布地を編み上げてから裁断し、縫製する方法で作られた上着の総称。英語表記は裁断を意味する「cut」と縫うことを意味する「sew」を合わせてできている。つまり、布地が編み物で縫い合わせた跡があるものは全てカットソーなのだ。

Tシャツはもちろん、ポロシャツやタンクトップもカットソーに該当する。ただ、セーターは編み上げて作られるので、カットソーには入らないのだ。

おとぎ話の桃太郎は、モモから生まれたのではない

日本昔話の中でも特に有名な「桃太郎」は、モモから生まれた桃太郎がイヌ・サル・キジをお供にして鬼ヶ島へ行き、鬼退治をするという内容だ。

しかし、これとは別に「川で拾ったモモを、おばあさんとおじいさんが食べて

若返り、赤ちゃんを授かった」というパターンも存在する。

昔話の研究者や民俗学者の間では、モモから生まれたパターンを「果生型」、若返りにより生まれたパターンは「回春型」と呼ぶ。そして、歴史的に古いのは回春型だという。

桃太郎の話の起源はわかっていないが、少なくとも室町時代には庶民の間で、口伝えで語られていたという。それが文字に記録されたのは江戸時代。この時点では回春型で、モモを食べておばあさんが若返り、桃太郎を産んだ話だった。

ところが明治時代に、小さな子どもが読む話に、男女の関係が出てくることは好ましくないと「モモから生まれた」に改変された。この果生型が教科書に載り、一般的に広まっていったのだ。

座高測定が廃止された理由は「意味がない」から

「座高」とは椅子に座ったときの上体の高さのことで、かつての身体測定では身長や体重と共に測られていた。元は、戦前の徴兵検査で上半身の発育を測定するために行われ、戦後は生徒の体格が学校の椅子や机に合っているかを調べるために続けられていたのだ。

しかし2014年、「学校保健安全法施行規則」の改正で、健康診断から座高の項目が削除された。それによって、改正の翌年を最後に座高測定は行われなくなった。文部科学省が座高を廃止した理由は、単純に「意味がない」からだ。

身長や体重ならば、生徒の発育や健康状態に直結するため測定は必要だ。しかし上半身のみを測っても、健康管理にはあまり役立たない。机や椅子の設計にも役立ってはおらず、むしろ小中学校では生徒自身で調整可能になっている。

そのため、「座高は不要」とする教師も多かったようだ。そうした意見を鑑(かんが)みて、座高の測定は廃止となったのである。

ビルの屋上に書かれた「R」にヘリコプターは着陸できない

ヘリコプターの離発着場であるヘリポートは、地上はもちろん、ビルの屋上にも置かれていることがある。そこには「H」や「R」のマークが描かれたものもあるが、これらは厳密にいうとヘリポートではない。

ヘリポートの設置は航空法第79条を根拠とし、「公共用」「非公共用」「場外離発着場」の3種類に分類される。しかしHマークのある場所はどれにも該当しない、事故災害時用の緊急スペース「緊急離発着場」だ。

緊急離発着場は災害やビル火災などで、救急ヘリが離発着するためのスペースである。そのため緊急時や訓練以外で使用されることはない。

一方のRは、「緊急救助スペース」

と呼ばれる。Hマークとは違って離着陸はせず、ホバリングをしたまま救急隊員や支援物資の降下を行う空間である。

設置については航空法第81条の2と各自治体の判断を根拠としている。つまり、HマークとRマークのあるスペースは、通常で使用できるヘリポートではなく緊急事態に備えた場所なのである。

ゆうパックは生き物を送れるって?!

生き物の郵送は途中で死亡する可能性もあるので不可能——と思いきや、ゆうパックであれば配送できる場合がある。

ただし、生き物を輸送する関係上、細かな条件がある。一つは生き物が健康体と認められること。二つ目は、輸送中にエサや水の補給を必要としないこと。

さらに、悪臭を発せず環境の特別な調整も必要とせず、包装で脱出や排せつ物の漏洩(ろうえい)を防いであることだ。もちろん、人に危害を加えないことは大前提である。

これらの条件をクリアして、ゆうパックで配送できる生き物は、カメやトカゲなどのハ虫類、鈴虫やカブトムシ、クワガタムシの幼虫などの昆虫類、伊勢エビや金魚といった魚介類などの小動物のみ。

都道府県内の短距離輸送であれば、小鳥も許可されることがある。しかし哺乳(ほにゅう)類は、小型種でも認められない。

「時間」を決めているのは地球の自転ではなかった!

地球が1回転するのに要する時間を

「自転周期」といい、太陽の周りを1周する時間は「公転周期」という。そして1日の約24時間と1年の約365日も自転・公転の長さから計算されてきた。

しかし、地球の自転と公転の速さは一定ではない。月との引力で常にブレーキがかかっており、自転は毎年少しずつ遅くなっているからだ。しかも1日ごとの自転スピードも不安定であり、公転速度も誤差がある。そのため、現在の時間は地球の自転を参考にはしていない。

では、現在の時間は何を基準にしているのかというと、それは原子の振動数だ。

セシウム原子は最も規則正しい周期で振動するため、電磁波を当てて周囲の電子が「91億9263万1770回振動するまでの時間」を1秒としている。

この「原子秒」を基準とした時間の誤差は、1億分の1。しかし地球の自転周期との誤差があるので、うるう秒を挟むこともある。

月は「巨大隕石の衝突で生まれた」のではないって?!

太陽系の誕生初期に火星クラスの小天体級隕石（いんせき）が原始地球に衝突し、砕けた欠片（かけら）が集まって衛星になった——。これが「月」の誕生に関する定説だ。

この「ジャイアント・インパクト」と呼ばれる説は1975年に提唱されたのだが、これでも解明できない謎がある。最たる問題が月の地質だ。

アポロ計画で採取した月の岩石を解析したところ、大部分が地球の成分と一致した。だが定説が正しければ、巨大隕石の成分が大半でないとおかしくなる。

この矛盾を解消するために出された新説が、「月は巨大隕石ではなく、小型隕石の連続衝突で段階的に形成された」というものだ。

2017年にイスラエルのワイツマン科学研究所が発表した論文では、小惑星の度重なる衝突で、地球周辺に隕石の残骸と地表の欠片（かけら）が飛び散り、それが集まって月になったとする。コンピュータのシミュレーションによると、この衝突は20回起きたとされている。

オリンピックの主要公用語は英語ではない

オリンピックには多くの国や地域の人たちが集まるので、事実上の世界言語である英語が公用語と思われがちだ。実際、選手やコーチ、メディア関係者も英語で会話することが多いという。

しかし、オリンピック憲章第2章27条では公式言語をフランス語と英語に定め、二つの中でもフランス語が優先されることになっている。

古代オリンピックを復興させ近代オリンピックの基礎を築いたのは、フランス人のピエール・ド・クーベルタン男爵である。クーベルタン男爵は、古代ギリシャ文化への憧れから古代オリンピックの復興を構想し、1898年にアテネで第1回大会が開催された。

復活した近代オリンピックは、その後、二度にわたる世界大戦での中止と新型コロナウイルスによる延期を挟んで、現在も続けられている。このような功績を称えて、オリンピックの公用語はフランス語となったのだ。

　公式文書はフランス語版が優先されるし、選手団のプラカードに書かれる国名もフランス語表記。開会式などのアナウンスも、フランス語→英語→開催国語の順で行われる。言語表記の中にも意外な歴史が隠れているのだ。

「マインドコントロール」を「洗脳」と訳すのは誤り

「マインドコントロール」とは人の精神を意のままに操ることで、その和訳が「洗脳」――という認識は実のところ誤りで、マインドコントロールと洗脳は同じものではない。

　まず、マインドコントロールは人間の心理を制御する技法で、言葉や宣伝で人の心に働きかけ、支配や搾取をすることもある一方、自分自身に暗示をかけてパフォーマンスを高めたり、気分を盛り上げたりするというポジティブな一面もある。つまりは、人間の心を動かす技術や方法全般のことをいう。

　一方の洗脳は、人間や考え方を強制的に変えることだ。暴力や監禁によって相手の自意識を壊し、思想を根本から作り変えてしまう。そうして相手を支配し、都合のいい「奴隷」にしてしまう。洗脳もマインドコントロールの一種とされることもあるが、同一のものでもない。

　つまり洗脳とマインドコントロールの

違いとは、相手の支配のみを目的とするか否か、暴力的手段を用いるか否か、ポジティブな面があるか否か、なのだ。

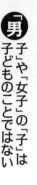

「男子」や「女子」の「子」は子どものことではない

「サバサバ系女子」や「草食男子」というように、大人に対しても「男子」「女子」を使う例が増えている。「男性」や「女性」よりフラットな印象があるためか、2000年代後半頃からよく使われるようになった。

ただそれ以前より、スポーツ界では男子選手・女子選手という呼び名がある。「子」は子どものイメージが強いので不思議に思っている人もいそうだが、決して間違った使い方とはいえない。

そもそも「子」の字は乳児の姿から作られた象形文字で、その成り立ちから「子ども」「わが子」という意味がついた。だが、それとは別の意味もある。「男性」と「人間」だ。

才能ある人を「才子」、王族など身分の高い男性を「君子」というように、大人の場合は才能や地位に優れた人に用いられる。また、「男性（女性）の方」と敬う意味もある。いわば男子や女子は、男性・女性への尊称といえる。

そのため、「アラフォー世代が集まる女子会」も決して誤りとはいえないのだ。

10

これはお役立ち！ライフハック雑学

例えば…
雨や雪の日でも滑りにくい靴にする簡単な方法とは

エアコンは「つけっぱなし」のほうが節電になる…はウソ？

今や日本の夏に欠かせなくなったエアコンだが、電気代に関しては、「電源を小まめに消すより、つけっぱなしにするほうがお得」といわれることがある。

その理由は、通常エアコンが最も電力を消費するのは運転開始直後とされるからだ。エアコンは室温を急速に設定温度に近づけるために、より多くのパワーを必要とする。だが、いったん適温になると、そのあとは比較的少ない電力で室温を維持する。したがって、小まめにオン・オフを繰り返すより節電になるという。

ただ例外もある。ある大手メーカーの調査によると、外気温が35度以上の猛暑日なら「つけっぱなし」のほうがお得だが、30度程度なら「こまめに消す」ほうが節電につながるという。

一方、暖房を使用する場合は、外気温が3度未満なら「つけっぱなし」、それ以上の温度なら「こまめに消す」ほうがお得であることがわかった。

つまり、外気温と設定温度の差が小さい日なら「小まめに消す」ほうが節電になるというわけ。実際の電気代は住宅環境などによって異なるかもしれないが、一つの目安にするといいだろう。

エアコンの効果範囲を示す畳数は家の材質で変わる

家電量販店やカタログなどでは、エアコンの効く範囲を「畳数5〜7畳」などと表記している。だが、これは決して「5畳から7畳の間」という意味ではない。

日本の住宅は木造と鉄筋が主流で、断熱性もそれぞれ違う。当然ながらエアコンの要求スペックも異なるので、性能表もそれらに合わせている。つまり、先ほどの5～7畳とは、「木造住宅は5畳、鉄筋住宅は7畳」という意味なのである。

鉄筋住宅の範囲が広いのは、密閉性が高いためだ。

畳数の目安は、「平均気候で南向きの洋室」を基準に算出されている。だが、その基準は1960年代のものので現在の住宅事情とは合致しておらず、部屋の日当たりなどによっては効き目が悪くなったり、あるいは効きすぎることもある。過負荷で電気代が上がるばかりか、故障の可能性も増えてしまうだろう。

最近では、住宅事情などを入力して最適なエアコンを算出するツールもあるので、それらを駆使して住居に合うものを選ぶようにしたい。

スマホの充電速度が最も速くなるケーブルの長さは？

スマホの充電速度を決める要素の一つは「ケーブルの長さ」だ。充電の速度は電圧と電流の強さで決まる。

電圧はケーブルの長さに影響されにくいが、電流はその距離に合わせて変動する。短ければ強く、長ければ弱くなってしまうのである。よって、短いケーブルを使ったほうが電流は強くなり、充電が早く終わるというわけだ。

しかし、短ければ短いほど良いというわけでもない。2018年9月10日放送のTBS系番組『林先生が驚く初耳学』内での実験では、30センチのケーブルと50センチのケーブルでは完了までの時間がほぼ同じだった。50センチを境に劇的な変化はなくなるようだ。

もちろん、短いものでも粗悪品なら充電は長くなる。急速充電に対応する機器も少なくないが、ケーブルがスマホや充電器の性能に合致しないと本来の性能が発揮できない。

ケーブルを買うときは、機器との相性や重視する性能を考えよう。

スマホの電池残量は80％前後がベスト

スマホユーザーの中には、常に電池残量が80～100％でないと不安になるという人もいるだろう。また自宅にいるときなどは、充電状態のまま「ながら操作」をする人が多いかもしれない。

しかし電池を長持ちさせるためには、そんな考えや習慣はやめたほうがいい。

例えば、アイフォンのバッテリーは、フル充電のサイクルを500回繰り返しても蓄電容量の最大80％を維持するよう設計されているという。言い方を変えれば、500回繰り返せば80％にまで下がるということだ。

フル充電は100%の消費で1回なので、1日で50%消費してその日にフル充電し、次の日に50%使った時点で1サイクルが完了となる。これが10%程度の消費で細かく充電を繰り返せば、それだけサイクルは早くなってしまうのだ。

では、どのタイミングでの充電がいいのか。かつてはバッテリーを使いきってからの充電がいいとされたが、現在のリチウム電池では劣化の原因になるという。

また常に満充電の状態も好ましくはなく、20%程度から80~90%の充電がベストなのだ。

網戸を右側に閉めると蚊の進入を防げる

いつの間にか部屋の中へ入ってきて、血を吸っていく「カ」はうっとうしいもの。蚊取り線香などで退治する手もあるが、網戸の使い方次第で進入を極力防ぐことができる。

まず、網戸は部屋の中から見て右側を閉じるのがベストだ。窓のサッシは左側が奥、右側が手前にある構造なので、この右側を動かして開き具合を調整するのである。

完全に窓を開ききったまま網戸を右にすれば、両端の膨らみが噛み合い、隙間ができない。当然虫が入ってくるスペースもない。しかし窓を半開きにしたり、左側を網戸で閉めたりすれば、端に隙間ができてしまう。

その広さは大人の指先が入るほどで、蚊も余裕で入り込めるというわけだ。

いざというとき、シャツは浮き輪代わりになる

あなたが船に乗っているときに、なんらかの事故が起き、海に飛び込まないといけなくなったとする。しかし、船にはライフジャケットや浮き輪がない。

そんな大ピンチのときに活用できるアイテムがある。それは着ている「シャツ」。シャツは、緊急時には浮き輪代わりになるのだ。

手順としては、まずシャツの裾(すそ)をズボンから引き出す。次に襟(えり)を立てて、襟の左右をしっかり片手でつかむ。そしてもう一方の手でシャツの裾の前側を広げる。

最後に空気を含ませるように上半身を少し傾けながら水に飛び込む。そうするとシャツに空気が閉じ込められた状態になるので、水に浮くことができる。

だが、この準備をする間もなく海に投げ出されたら？　そんなときは決して慌てず、体が水面に対して水平になる「背浮き」の状態を維持しよう。こうすることで、衣服が含んでいる空気によって浮力を獲得することができる。

いざというときのために覚えておきたい知識だ。

濡れた本は、冷凍するとしわにならないで乾く

本が雨で濡れてしまった。入浴中に読書をしていたら湯船に本を落としてしまった……。

そんなとき、慌てて本を拭いたり、乾

かしたりしても紙は波打ってしわになり、ページも張り付いて剥(は)がせなくなる。

だがそんな本でも、意外な方法で復活させることができる。「凍らせる」のだ。

まず濡れた本をフリーザーバッグに入れて、封をせず1日冷凍庫に入れる。このとき、本は垂直になるよう立てかけておこう。

そして凍らせた本を取り出したら、今度は辞書などを重しにして乾燥させる。これで本からはしわがなくなり、きれいな状態に戻っている。

紙には乾く瞬間に繊維が縮む性質があり、一度濡れてしまったあとで乾かすとしわができてしまう。そこで本を冷凍し、ある程度水分を昇華させることで、乾く瞬間の水分量を減らして繊維を縮みにくくするのだ。

雨や雪の日でも滑りにくい靴にする簡単な方法

雨の日や雪の日に、濡れたり凍ったりした路面で滑(すべ)って転びかける。最悪の場合、転倒によって打撲(だぼく)や骨折をする可能性があるので危険ではある。ところが、日常的に利用するものを使うだけで、驚くほど滑りにくくなるのだ。

まず、ばんそうこうを2枚用意して、靴底のつま先とかかと付近に縦向きに貼る。その際、靴底の泥や水滴をしっかりと拭き取っておくことが大切だ。

また、ばんそうこうを貼るとき、空気が入らないよう、しっかりと接着すると剥(は)がれにくい。

水に濡れると剥がれてしまうと思われがちだが、ばんそうこうは思ったより剥がれにくく、しかもかなり滑りにくくなることがわかる。簡単にできる転倒対策といえよう。

修正テープはセロハンテープで簡単にはがせる

ボールペンなどの書き間違いを簡単に消してくれる「修正テープ」は、学校やオフィスで欠かせない便利な文房具だ。

しかし、時折修正テープを引く箇所を間違えたり、消す必要のない部分にまで引いてしまったりすることはないだろうか。元どおりにしようと爪や定規でテープをこすってもうまく剥がれず、かえって紙を汚してしまうものだ。

だが、簡単かつ綺麗に修正テープを剥がす方法がある。

必要な道具はセロハンテープのみ。まず、修正テープの剥がしたい箇所を全てカバーできる長さにセロハンテープをカットする。

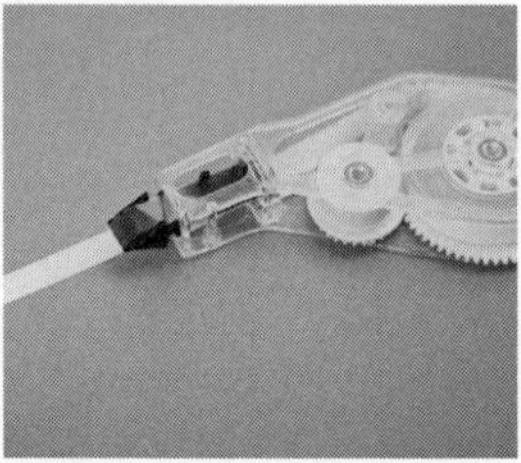

そしてその箇所にセロハンテープを貼り付けて、ゆっくりと剥がす。そうすると修正テープだけがセロハンテープにくっついて紙から剥がれ、消えた文字が再び現れるのである。

ただ粘着力が強いタイプのセロハンテープを使うと、紙が破れてしまう可能性があるので注意が必要だ。

マジックテープの粘着力を復活させるには

フック状の繊維とループ状の繊維を合わせて固定する「マジックテープ」。正式名称は「面ファスナー」で、マジックテープは1960年から製造販売している日本ベルクロ（現クラレ）の登録商標だ。

現在、さまざまな用途で使われているマジックテープだが、ゴミがはさまって粘着力が弱くなることがある。そんなときは、ピンセットや爪楊枝でゴミを取り除けばよい。

しかし、乱暴に扱ったり長く使用したりして、くっつかなくなってしまう。その場合は、ドライヤーを使うと復活することがある。

素材が溶けない程度に、ドライヤーでフックへ熱を当てると、繊維が柔らかくなる。そのまま、マジックテープを閉じて強く押さえれば、伸びきっていたフックの繊維が元に戻り粘着力が甦るのだ。

粘着力を弱くさせない方法としては、テープを全部くっつけた状態で洗濯をするといい。こうすることで、ゴミの絡まりを防ぐことができる。

また、はがすときは乱暴にせず、「ゆっくり優しく」を心がければ長持ちするようだ。

浅穿きの靴下はかかとから穿くと脱げにくい

浅穿きの靴下といえば、足が蒸れやす

い夏場に大活躍の便利グッズだ。しかし、一方で「靴の中で脱げやすい」という声も多数あり、扱いづらいと感じている人も多いのではないだろうか。

だが、浅穿きの靴下は、穿き方を一工夫するだけで、驚くほど簡単に脱げにくくなる。

その方法は至ってシンプル。靴下を穿くときに、つま先からではなく、かかとから穿く。たったそれだけで、「かかと部分の布が少し余る現象」がなくなるため、脱げにくくなるのだ。

ついでに、靴下選びの際に心がけたいポイントも紹介しよう。基本は足のサイズにちょうど合うものを選ぶようにしよう。また、伸縮性のある素材のものを選ぶことも大切だ。

購入前にこのようなポイントを押さえることで、そもそも「脱げやすい靴下」を回避することができるのだ。

瞬間接着剤で、指がくっついたときのライフハック

ＤＩＹやちょっとした工作の作業で、瞬間接着剤を使う機会は多い。

その際、誤って接着剤が指にくっついてしまい、指同士が離れなくなってしまうことがある。無理に剥がそうとすると指を傷つけてしまうし、かといって専用のリムーバーを手元に用意している人は多くない。

そんなときの対処法は、40度くらいのぬるま湯にくっついた指をつけて、揉み込むといい。焦らず、お湯の中でゆっく

りと指同士を揉み揉みすることで、するっと剥がれるのである。

即効性を求める場合は、アセトン入りのマニキュアの除光液を使用する。ただし、肌への負担が大きいので敏感肌の人などは避けたほうがいい。

ハンカチのアイロンがけが不要になるワザ

1枚や2枚ならそうでもないが、何枚ものハンカチにアイロンをかけるのは、結構面倒なもの。その面倒くささをなくすには、洗濯してから干す段階で一工夫すればいい。

ハンカチは脱水せず、濡れた状態で折りたたむ。脱水されているのなら、水滴が垂れない程度まで、もう一度濡らしてたたむ。

そして、手のひらでたたいてしわをのばし、そのままの状態で洗濯ハンガーにつるして干すのだ。そのとき、洗濯バサミでハンカチの両端をはさむようにしよう。こうすれば、しわもできないしアイロンをかける必要もない。

濡らしたまま干す方法はシャツなどにも応用でき、濡れたままや脱水後に手でしわをのばしてすぐに干せば、しわになりにくい。ただし曇りの日や冬は、時間がかかったり完全に乾ききらなかったりすることもあるのでご注意を。

靴ずれを防ぐには、ベビーパウダーがおすすめ

おろしたての靴を履いたり、長時間歩

いたりしたときにできやすいのが靴ずれである。

すれたところにばんそうこうを貼っても、すぐにはがれてしまう。かといって、出先では、すぐ別の靴に履き替えることもできない。

そんな靴ずれは、あらかじめベビーパウダーを足に塗り込んでおくと予防できるという裏ワザがある。

靴ずれは靴と肌の摩擦によって起きる。特に、汗をかいたりして皮膚が柔らかくなっていると起きやすい。ベビーパウダーは汗を吸収するし、摩擦も緩和するので靴ずれが起きにくくなるのだ。

ベビーパウダーが用意できないときは、靴下に少量のシャンプーを塗り込んでおけば代用が可能だ。

絡まったネックレスはベビーパウダーでほどける

ネックレスの絡まりは、女性なら誰しもが経験するだろうトラブルの一つだ。丁寧にほどけば時間がかかる。かといって急いでほどこうと力を入れれば、ネックレスが破損するリスクがある。

絡まったネックレスを安全に、かつ素早くほどくには、ベビーパウダーを使うといい。やり方はとても簡単で、ネックレスの絡まった部分にベビーパウダーを振りかけると、チェーン同士が滑りやすくなり、ほどけやすくなるのだ。このとき、パウダーが散乱しないよう下に紙や新聞紙を敷いておこう。

次にネックレスを優しく揺らしながら、

ゆっくりと絡まりをほどいていく。あくまで優しく揺らすのがポイントだ。絡まりがほどけたあとは、ベビーパウダーを落としてから、柔らかい布でネックレスを拭き取ろう。

なお、アクセサリースタンド等に吊るしたり、小さな袋に留め具だけ外に出した状態でしまったりすれば、ネックレスの絡みは防止できる。

近眼の人がメガネなしでも物を探せるワザ

朝起きて、メガネをかけようとしたが置き場所を忘れた。けれど視力が弱いので、メガネがないと、どこにあるのかがわからない。近視の人には、ありがちなことだ。

そんなときには、意外なものが役に立つ。「スマホ」である。

まず、スマホのカメラ機能を立ち上げ、焦点が合う位置まで近づける。そのまま画面を見て周囲を見まわすと、メガネをかけたのと同じ状態で物を探すことができる。

もちろん、老眼の人も使えるワザで、メガネ以外のものを探すこともできる。

抜けてしまったパーカーのひもを簡単に通すコツ

パーカーのひもが抜けてしまい、なかなか通すことができないとき、ストローとホチキスがあれば簡単に通すことができる。

まずは、ストローに抜けてしまったひ

もの先端を挿入し、次にストローの上から挿入したひもごとホチキスで固定する。続いて、ストローをパーカーの穴に入れ、もう一方の穴から出てくるまでたぐり寄せる。このとき、ストローが長すぎてやりにくい場合、ハサミで適切な長さにカットしておこう。

ひもが通ったらホチキスを外し、ひもをストローから出す。こうすることで、ものの数分でパーカーにひもを通すことができるのだ。

水を速く凍らせるには冷水よりもお湯を使う

熱いお湯と冷やした水。一番速く凍るのはどちらだろうか？　答えはお湯である。このように、熱した液体や物体ほど速く凍る現象を「ムペンバ効果」と呼ぶ。ムペンバとは、この現象を発見したタンザニアの少年の名前だ。

現象が見つかったのは1963年。しかし、その原理が判明したのは2020年のことである。発見された経緯はまったくの偶然だ。

カナダにあるサイモンフレーザー大学の研究チームが水中における分子レベルのガラスの動きを調べる実験をしていたところ、高温のビーズのほうが低温のものより速く冷える現象が起きた。その原因は「温度のムラ」だ。

液体や物体を冷やすとき、全体を均一に冷やせないと内部に温度のムラが起こる。すると、熱い部分が低温になった部分に影響されて、分子構造が低温状態に合った状態へと急速に変化する。こうした現象によって、全体が速く冷えていくのだという。

冷めたピザを簡単に熱々、ふわふわにする方法

　たくさんのピザを注文しすぎて、残してしまうことがある。その場合、冷蔵庫や冷凍庫で保存をするわけだが、レンジやトースターで温め直してもパサパサしておいしくない。

　そんな「冷めてしまったピザを元のとおりふわふわに復活させる方法」を、宅配ピザチェーン店「ドミノピザ」が紹介している。

　それによると、水を入れたカップと一緒にピザをレンジで温めるといいという。その際、冷蔵保存していた場合は500ワットで1分間、冷凍保存していた場合は3分間温める。

　こうすることでピザが水分を含み、ふわふわもちもち感が復活する。他にもピザを復活させる方法を紹介しているネット情報はあるが、この方法が一番楽で手っ取り早いようだ。

包丁を使わずにはんぺんをきれいに切るには

　おでんの具としてお馴染みのはんぺんは、魚のすり身が主原料とあって、味噌

汁、炒め物、煮物、揚げ物など、さまざまな料理にアレンジができる。

たんぱく質が摂れるヘルシー食材としても優秀で、ダイエットや食事制限の際にお世話になった人もいるだろう。そして、料理にはんぺんを使いたいけれど、洗い物は増やしたくないというときに活躍する便利アイテムが直線定規だ。

まず、袋入りのはんぺんに直線定規を当ててそのまま押し込んで切る。そうすることで、はんぺんが見事に一直線に切れる。その際、袋の端をちょっと開けて空気を抜いておくと、より正確に切ることができる。

ちなみに、はんぺんと同じような触感の食材、例えば菓子パンやハムなどを切り分ける際にも応用が利くようだ。

包丁を使わずに、ブナシメジと石づきを分離する法

ブナシメジの石づき（菌床部）を処理する場合、包丁でざっくりと切り落とすのが一般的だ。しかし、包丁とまな板を使わずとも石づきを処理する方法があることを、ご存じだろうか。

やり方は、ブナシメジを中心部分からゆっくりと引き抜いていくだけ。すると、石づきの部分を残して、ブナシメジがスルスルと抜けていく。

この方法のメリットは、包丁とまな板を使わないため、洗い物が少なくて済むという点にある。そのうえ、石づきが最小限しか残らないため、捨てる部分が少なくなる。

料理の際に洗い物を出したくない、ブナシメジを余すところなく使いたいという方は、ぜひ試してみてほしい。

クッキングシートを使うと包丁を汚さずにバターを切れる

バターを塊の状態から切るとき、普通の包丁を使うと刃にくっついてうまく切れない。しかも切ったあとの包丁は、脂分が付着していて洗うのが面倒だ。そんなときにはクッキングシートを活用するといい。

まずクッキングシートを短冊状に切っておき、それで包丁を包む。そのまま好みの大きさにバターを切り、クッキングシートを残して刃を抜く。こうすれば包丁も汚れないし、切れた状態でバターを保存することもできる。

クッキングシートでなくても、オーブンシートやアルミホイルでも可。バターが大きいときは、先に縦に2等分しておいてから直角に切っていくといい。

バターが硬すぎると刃が入りづらいこともあるので、冷蔵庫から出したばかりではなく、室温で適当な柔らかさになるまで置いておくのもポイントだ。

食べ残したケーキはラップではなく深い○○で保存する

食べ残したケーキを冷蔵庫で保存するとき、皿に乗せてラップをかけると、クリームが付着したり、庫内で邪魔になったりしてしまう。そんなときに役立つのが、深さのあるプラスチックの食品保存容器だ。

まず、容器のふたの上にケーキを置く。その上から保存容器をかぶせるだけ。こうすればクリームも付かず、ケーキの上に別のものを置くこともできる。

皿に乗せたまま保存したいときは、ケーキがすっぽり収まる大きさの容器を用意し、全体をラップでくるめばいい。

ただし、完全に空気が遮断されているわけではないので長期の保管には向いていない。ケーキが乾く前に食べきりたい。

スパイスが固まって出てこないときは

七味や一味唐辛子、ガラムマサラなどのスパイスは少量振りかけるものなので、長期間にわたって保存される。そのせいか、中身が固まって、瓶を振ってもなかなか出てこないときがある。

瓶の底のギザギザ

そんなときは、瓶の底にあるギザギザを使ってみよう。同じようなギザギザがある瓶どうしで底をこすり合わせると、固まっていた唐辛子が出やすくなる。これは振動が伝わることで、中身がほぐれるからだ。

ちなみに、この瓶の裏のギザギザは「ナーリング」と呼ばれるもの。瓶が製造過程で壊れないよう補強するのが目的で、調味料の瓶の他、薬やビール瓶などの裏にもある。

なお、粉末の七味やスパイスは湿気があると固まりやすくなるので、保管はコンロのそばなど蒸気が発生しやすい場所や、温度変化が大きく結露が発生しやすい場所を避けたほうがいいだろう。

固まった顆粒スープをサラサラにするコツ

唐辛子粉だけでなく、顆粒(かりゅう)のスープやだしのもとも湿気で固まりやすい。ダマになっても成分は変わらず使えないことはないが、計量が難しくなるしサッと振りかける調理には不便だ。

そんなときは、冷凍庫に1時間ほど入れておけば、湿気がほどよく抜けてサラサラになる。

また、冷蔵庫に入れておいた粉チーズが固まったときは、常温で20~30分放置しておけばサラサラになる。そもそも粉チーズは常温保存が推奨されており、直射日光と高温多湿を避ければ冷蔵庫に入れる必要はないのだ。

固まりやすい粉末状のものといえば、他にも塩と砂糖がある。塩の場合はフライパンで乾煎(からい)りすると水分が抜けてサラサラになり、砂糖は容器に湿らせたキッチンペーパーを入れて蓋をして置いておくと、もとの粉状に戻る。お試しあれ。

お玉を入れたままガラスぶたの鍋を加熱すると危険！

煮込み料理をするときに、アクをとったり中身をかき混ぜたりするお玉を入れたまま、ふたをすることはないだろうか。

ふたが金属製なら問題はないが、ガラス製だとバラバラに砕けてしまう可能性がある。注意を喚起したのは調理器具メーカーの「和平フレイズ」だ。

同社のツイッターによると、お玉でふたがずれた状態にしておくと、はみ出た部分に直火が当たってガラスの周辺にあるリングを加熱してしまう。すると、ガラスの一部分だけに熱が伝わって割れてしまうという。

ふたに隙間をあけて煮込むときは、さい箸などを鍋にわたしてからふたを置く。もしくは、鍋底に当たる程度に火力を調整する。もしくは、ガラスではなく金属のふたを用意するなど、工夫をしたほうがいいだろう。

モモの皮は熱湯につけるとむきやすくなる

好みにもよるが、モモは柔らかく熟したものがおいしいという人が多い。ただ、果汁がほとばしるほど柔らかいと、皮をむくのが大変だ。そんなときは、一度熱湯につけるといい。

手順は、皮に十字の切り込みを入れたモモをお玉に乗せ、10〜20秒程度熱湯につける。そのあと氷を張った冷水につければ、皮はツルリと簡単にむくことができるのだ。

あまり熱湯につけすぎると、モモが煮立ってしまうので注意が必要。皮をむいたらかぶりつくもよし、包丁で切って小分けするもよし。一度、お試しあれ。

スイカは、メロンと同梱すると破裂する危険性あり

メロンとスイカを同梱するだけで破裂するという物騒な説がある。これは、メロンからエチレンガスが多く発生するということから流れたもの。ただ、さすがに「破裂」という極端な結果になるには、それなりの環境や条件が必要となる。

メロンとスイカを完全に空気が入らないように密閉して同梱し、20～30度の温度で長期間置いた場合、少しだけそうなる可能性が高くなるという。つまりエチレンが充満しないよう、少しでも穴を開けた状態で梱包すれば大丈夫なのだ。

ただし、エチレンガスは農産物の成熟・老化を促進する。そしてスイカは、エチレンに対する感受性が高い。

そのため、メロンとスイカを同梱した場合、スイカの劣化が早くなり、あのおいしいシャクシャク感が失われるのは事実のようだ。

粘着シートを放置しすぎるとかえってゴキブリが増える！

ゴキブリ退治に使う粘着シートは、誘引剤の強烈なにおいでゴキブリなどをおびき寄せ、シートに付着させて退治する。

だが使い方を間違えると、逆効果になる恐れもある。

シートを放置しすぎると、部屋のホコリや細かなゴミまでくっつくので粘着機能が低下する。ゴキブリは飲まず食わずでも数日は生き延びるので、シートが劣化していると脱出してしまう。それどころか、誘引剤を食べられることもある。

その結果、ゴキブリを駆除するどころか、かえって成長を手助けしてしまうというわけだ。使用環境にもよるが、粘着シートの使用期間は平均1か月。それを目安に取り替えるようにしたい。

なお、粘着シートのにおいで外部からゴキブリを呼び寄せてしまうといううわさもあるが、においは屋外に漏れるほど強くはなく、仮に漏れても外気に拡散してしまう。そのため、メーカーは俗説だと否定している。

⑪

信じられない…
ウソのようなホントの雑学

例えば…
キスマークで命を落とす
ことがあるって?!

コカ・コーラは一度、アメリカでの販売を終了していた

コカ・コーラは、コカ・コーラ社が生産販売している世界でも代表的な炭酸飲料だ。１８８６年にアメリカで開発されて以来、１３０年以上も販売は続いている。だが、実は一度だけ販売を終了したことがある。

１９８５年、コカ・コーラ社は競合他社に対抗するため新味のコーラを発売。この「ニュー・コーク」という新コーラは、砂糖の代わりに甘味がより強く、製造費も安い果糖ぶどう糖液糖を配合させ、味とコストの両方を追求した。

当時のコカ・コーラ社は「最高の品質がさらに良くなった」と豪語したのだが、その発売と同時に、これまでのコカ・コーラの販売を終了したのである。

これに反発したのが、コカ・コーラファンだ。新製品のためにこれまでの味を一掃（いっそう）するという「ゴリ押し」に異を唱え、会社へのクレームは1日に８０００件を超えた日もあったという。

当初、従来の風味の復活を否定していたコカ・コーラ社も、予想を超える反発を受けて方針を転換せざるをえなかった。そして終売から3か月後にこれまでの味を復活させたのである。

頭を殴られて天才になった数学者がいる

頭を殴られてバカになるというのは、昭和時代の漫画でよく見たシーンだ。し

かし現実では、逆に頭を殴打されて天才になった男性がいる。

2002年、ワシントン州の家具店店員である31歳の男性が、強盗に頭を殴打される事件が起きた。男性は一命こそ取り止めたものの、その日から奇妙な現象に襲われることになる。

視界の全てが、幾何学的な図形として見えるようになったのである。図形の正体は、数学的概念の一種である「フラクタル図形」だった。脳の損傷で内部構造に変化が生じ、風景が数学的図形に見える超感覚と、それを正確に書き写す模写力が開花したのである。

このように、一つの刺激で通常とは異なる感覚を発揮する力を「共感覚」、脳損傷で特殊な才能に目覚めることを「後天的サヴァン症候群」という。その後、男性は数学の研究者となり、作成したフラクタル図形は世界的な評価も高い。

まさに、男性は強盗の一撃によって、数学アートの天才となったのである。

卑金属を金に変える「錬金術」はすでに発見されている

鉄や鉛といった卑金属を金に変える錬金術は、中世以前から研究されている人類の夢である。しかし成功した事例はなく、実現不能な夢物語とされがちだ。だが、実は物体を金に変える理論はすでに発見されている。

全ての元素は陽子と中性子で構成されている。その構造は固定されてはおらず、原子炉内では、ウランが他の原子核と分離や結合をする核変換が常に発生している。同様に、他の物質も陽子の数を変化させれば、理論上は別の物に変えられるのである。

実際、1941年のアメリカ物理学界による実験では、水銀に中性子を照射すると金とプラチナが発生したと報告されている。

しかし、この錬金術にはデメリットもある。原子核から陽子を取り除くには途方もないエネルギーが必要となり、完成した金は放射性物質となってしまうのだ。しかも不安定で崩壊しやすく、生み出される金の量も微々たるもの。

たとえ鉛が金になったとしても、必要な手間と予算に比べれば、あまりにも割に合わないのが現実なのだ。

タカラジェンヌは、阪急電鉄の社員扱いになっている

華やかな舞台で多くのファンを魅了する宝塚歌劇団は100年以上の歴史があり、他に類を見ない圧倒的な存在感を示している。そして、一般的に舞台の役者は個人事業主だが、宝塚歌劇団の団員、通称タカラジェンヌは〝社員〟という雇用形態がとられているのだ。

宝塚歌劇団は、阪急阪神東宝グループの「阪急電鉄創遊事業本部歌劇事業部」が運営し、創設者である小林一三（いちぞう）の方針もあって、劇団入団時に社員として雇用契約を交わす。

そして一定の学年（現在は5年目）になると、タレントとして個別契約を再締結

するという流れになっている。
阪急電鉄の社員なので、タカラジェンヌはグループ電鉄の電車に無料で乗ることができる。さらに5年目の退団時には、退職金も支払われている。

「傷は舐めたら治る」は本当だった！

包丁などで少し指を切ってしまったり、あるいは軽くすりむいたりしたとき「舐めたら治る」「ツバをつけておけば治る」などと言われたことはないだろうか。昔から言われ続けているこの処置法、実は本当に効果があるのだ。

唾液は99％が水分だが、残りの1％に細胞の活性を高める細胞増殖因子や菌の侵入を防ぐ抗菌物質などが豊富に含まれている。実際に2017年には、チリ大学歯学部の研究チームが唾液中の「ヒスタチン-1」というたんぱく質に、細胞同士をつなぎ合わせて傷口の組織を再生させる働きがあることを発見している。

ただ唾液に殺菌効果があるからといって、舐めすぎるとその刺激によって傷口が悪化し、かえって治癒が遅れる場合もある。

唾液に傷口の治癒をうながす効果があることは確かだが、現代ではそれより優れた消毒液や抗菌薬がある。ケガをした際に

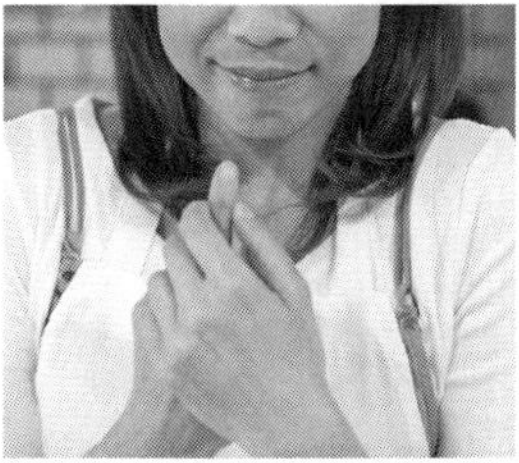

はこれらの使用を優先すべきだろう。

1万5000年後、サハラ砂漠はジャングルになるって本当?

サハラ砂漠はアフリカ北部に広がる砂漠の総称で、総面積は約1000万平方キロメートル。これはアメリカの国土に匹敵する。

現在でこそ不毛の大地となってはいるが、約5000年前までは熱帯雨林だった。しかし、地球の自転軸の移動で気候変動が起こり、降雨量が激減したことで乾燥化が進行。現在のような砂漠地帯になったという。

人類による森林伐採も手伝って、今も砂漠化は拡大しつつある。ところが、遠い未来では「サハラ砂漠は再び緑化する」という説もある。

実は、砂漠化の原因となった自転軸移動は一定周期で発生し、その都度緑化と砂漠化を繰り返しているという。実際、2万年前も現在のような砂漠地帯だったという。

気候変動周期は諸説あるが、有力な説だと約2万~2万5000年。すでに前回の変動から6000年が経過しているので、今後の環境変化によっては、最短で1万4000~1万5000年後には、再びジャングル地帯になっているかもしれない。

チーズを借金の担保にできる銀行があるって?!

日本で銀行ローンの担保といえば、住

宅や土地が一般的だが、イタリアでは食べ物を担保にローンを受け付ける銀行もある。イタリア大手のクレディト・エミリオ銀行は、なんと「チーズ」を担保にできるのだ。

その始まりは1950年代に、パルメザンチーズを担保として預かったことから。パルメザンチーズの熟成にかかる期間は約2年で、その間には保存施設の管理や人件費など多額の予算が必要となる。完成予定のチーズを担保とすることで、熟成に必要な経費を調達させるのが第一の目的だ。

また、完成したチーズには1個数万円ほどの価値があり、大量に保管すれば銀行側の利益も膨大になる。そのため、チーズは空調の効いた金庫に保管されている。決して洒落(しゃれ)や人情で受け付けるわけではないのだ。

ただし、この担保が認められるのはチーズの製造業者のみ。一般人が店でチーズを買ってきたとしても受け付けてもらえない。

井村屋の「あずきバー」はサファイヤよりも固いって？

アイスキャンディーの中でも「硬さ」に定評があるのが、井村屋の「あずきバー」だ。あずきバーの発売は1973年。当時主力商品だった「ぜんざい」をアイスにできないか、というコンセプトから誕生した。

そんなあずきバーの硬度について、「クギが打てる」「歯が欠ける」などのうわさが飛び交い、話題となる。そこで、機械を使って測定したのが、岐阜県関市にある刃物メーカー「ジー・サカイ」だ。

ジー・サカイが行った測定方法は、ナイフのブレード材の硬度を測るために導入された「デジタルロックウェル硬度計」によるもの。

対象物の表面に、基準となる一定の力を押し込んだときの深さを0として、さらに大きな力を押し込み、一定時間保ったあと基準の力に戻したときのくぼみの深さから硬さを算出する。

この方法によると、あずきバーの計測値は「HRC320」。ダイヤモンドが「HRC711相当」、サファイヤが「HRC227相当」、歯の表面を覆うエナメル質は「HRC33・3相当」である。

この数値だけを見ると、「あずきバーはダイヤモンドよりも軟らかいがサファイヤよりも硬く、歯はとうてい太刀打ちできない」という結果になる。

ただし、ロックウェル硬度計は圧力をかけて測定するので、「氷菓であるあずきバーは押し込んだときに溶け、圧力を緩めると固まるため、正確な測定はできない」とし、ジー・サカイも測定不能という結果を示している。

あずきバーがこれほどまでに硬いのは、砂糖、小豆、水飴などの材料を詰め込むことで、含まれる空気の量が少なくなったのが原因とされる。

井村屋の公式サイトでは「固く凍っているため、歯を痛めないようにご注意ください」という注意書きも記されている。

デンマークとカナダが戦った「ウイスキー戦争」ってなんだ？

世界で一番大きな島といわれるグリーンランドはデンマーク領である。このグリーンランドに、ネアズ海峡を挟んで隣接するのがカナダのエルズミア島。両島の距離は狭い所で約30キロメートルしか離れていない。

この海峡のほぼ中央に位置するのが約1・3平方キロメートルのハンス島で、両国は1973年に海上境界線について合意したあとも、この無人島の領有権では互いに譲らない。1984年にはカナダ軍が上陸して国旗を立て、島を離れる際には自国産ウイスキーのボトルを埋めて「ようこそカナダへ」と書いた看板を立てている。

これに対し、デンマーク側はグリーンランド担当相が島を訪れて国旗を立てた。そしてデンマーク産のシュナップスという酒を埋めて、看板を「ようこそデンマークへ」に替えたのだ。

その後、両国は上陸を繰り返し、そのたびに自国産のアルコールを置いて帰った。そこで名づけられたのが「ウイスキー戦争」だ。

2018年、戦争終結を目指して合同作業部会が作られる。そして話し合いを続けた結果、自然にできた岩の裂け目に沿って島を分割することで合意した。2022年6月のことである。

この軍事的緊張を回避した対立は、「最も礼儀正しい領土紛争」とも呼ばれているという。

人ひとりのDNAを全部つなげると地球を800万周する長さになる

人間の体は約37兆個の細胞からできている。そして細胞一つ一つには「核」が入っており、核の中には46本の「染色体」がある。23本は父親から、残りの23本は母親から受け継いだものだ。

その染色体を一つ一つほどくと、螺旋構造をしたひも状の「ＤＮＡ」が現れる。

このＤＮＡは、伸ばすと１本だけで１・８メートル。ということは、１人分のＤＮＡを全部伸ばして一列につなげたとすると、１・８メートル×46本×37兆個＝約３０６３億キロメートルとなる。これは地球を８００万周できる距離だ。

さらにいえば、太陽と地球の距離が１・５億キロメートル。つまりＤＮＡのトータルの長さは、これの約７００倍相当に当たり、太陽と地球を３００往復することができるのである。

そんな長い「ひも」が私たちの体内に納まっているのだから、人体とは本当に不思議である。

琵琶湖はかつて三重県にあった！

滋賀県に位置し、日本最大の面積と貯水量を誇る「近畿の水瓶」琵琶湖。歴史も古く、約４４０万年にできた古代湖である。一般的な湖は土砂の堆積の影響を受け、1万年程度で消失してしまうので、琵琶湖のように10万年以上の歴史を持つ湖は世界でも数少ないのだ。

ただ、琵琶湖は約４４０万年前から現在の場所にあったわけではなく、現在の三重県伊賀市付近に浅くて狭い湖ができたのが最初とされる。

そして約３４０万年前までその場所にあったが、断層運動によって形を変えて移動。現在の位置になったのは40万～１００万年で、それから少なくとも約40万年間は、現在の場所におさまっていると考えられている。

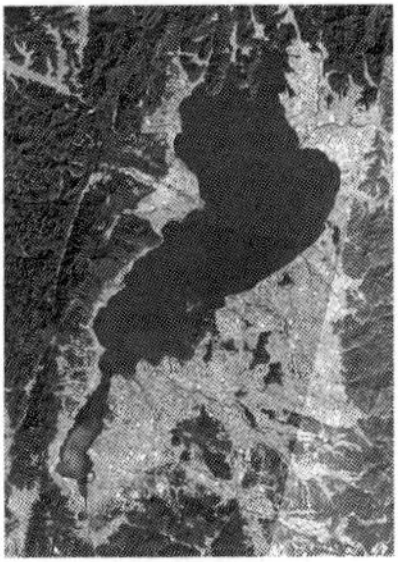
上から見た琵琶湖

この「移動説」は最近の研究によってわかったもので、以前は「伊賀市に届くほど広かった湖が、だんだん小さくなって今の琵琶湖になった」「南方でできた湖が北に広がり、その後、北の湖だけが残った」という説が有力だった。

鉄より硬いプラスチックがあるって?!

プラスチックは軟らかいという印象があるだろう。しかし、２０１０年には広島大学の研究チームが、鉄の２～５倍の強度を持つプラスチックを開発している。これは、プラスチックの中でも軽い素材であるポリプロピレンの製法を改良して作られたものだ。

しかもポリプロピレンと同じ程度のコストで生産できるうえ、再利用も可能という。今後、鉄やアルミニウム、ガラスなどに代わって活用され、さまざまな製品を軽量化することが期待されている。

2022年には、さらなる新しいプラスチック素材「2DPA-1」がマサチューセッツ工科大学で開発された。主にメラミンという有機化合物が原料で、密度は鋼鉄の約6分の1だが、強度は鉄の約2倍、変形のしにくさを表す弾性率は防弾ガラスの4~6倍もある。

しかも軽量で簡単に製造でき、液体を完全に通さない。こちらも現在、さまざまな可能性を見すえて研究が進んでいる。

ガラスは固体ではなく、液体でもある

窓ガラスやガラスのコップに触れると硬い感触がある。当然固体だと思いきや、ガラスは正式には固体ではなく液体の条件も持っているのだ。

そもそも固体とは、「分子が、ある一つの配置の周りを振動する」という規則正しく並んだ構造を取る結晶のことをいう。

ところが、ガラスはその運動のみでは説明できず、他の分子運動があることが長年指摘されていた。そして2020年10月、ついに特異な分子運動が生じていることが発見されたのだ。

ガラスの分子は一つの配置の周りを規則正しく振動する運動に加え、配置をランダムに変える運動も行われていたのである。そして、この再配置運動は液体の特徴。つまりガラス中の分子は「固体と液体の中間状態」にあるといえるのだ。

パソコンのマウスを動かす距離の単位は「ミッキー」！

パソコンのマウスはネズミ（mouse）を連想させることから、その名が付いた。

そして、このマウスを動かす距離は、センチやミリではなく、ある有名なキャラクターの名前が使われている。そのキャラの名前は「ミッキーマウス」だ。

命名者はプログラマーのクリス・ピーターズ。マイクロソフト社でマウスドライバを開発していたクリスは、マウス（＝ネズミ）の中で最も有名ということから、冗談で「ミッキー（mickey）」と名付けた。

これがＩＴ業界に定着し、マウスの移動距離を「1ミッキー」「2ミッキー」と呼ぶようになったのだ。

1ミッキーは約100分の1インチ、メートル法に換算すると約0・25ミリメートル。4ミッキーで1ミリになる。この距離の中でカーソルがどれほど動いたかによって、マウスの感度を決めるとされる。一般ユーザーが使うことは滅多にないが、開発者にとっては関係の深い単位であるといえよう。

ちなみに、このミッキーについて、著作権に厳しいウォルト・ディズニー社がマイクロソフト社にアクションを起こした形跡はない。業界に広まりすぎたので諦めたとも推測されている。

新学期が4月始まりなのは徴兵制度の影響だった

日本の新学期は4月から始まるが、ア

メリカ、中国、ロシアなど、海外では9月が主流である。実は日本も、学校制度が始まった明治初期は、欧米と同じ9月スタートだった。4月に変更されたのは、徴兵制度と関係がある。

1886(明治19)年、財政法の施行により、明治政府は会計年度を4月始まりに設定した。そして学校も、これに合わせて新学期を4月に変更する。会計年度に合わせたほうが、補助金の受け取りに都合がいいからだ。

しかしその一方では、徴兵制への反抗という側面もあった。

会計年度の設定に伴い、軍部は徴兵開始と士官学校の入学時期も9月から4月に変更した。しかし、そうなると義務教育を終えた優秀な生徒が4月の時点で、士官学校に流れかねない。そのため学校側も、9月から4月へ繰り上げ、人材の流出を防ごうとしたのだ。

4月制度は高等師範学校から始まり、大正中期にはあらゆる学校で一般化している。

横浜市には、今もパスポートがなければ立ち入れない場所がある

50年前に返還されるまで、沖縄県民が日本本土に入るにはパスポートが必要で、本土の人が沖縄に行くのも同じだった。だが、現在もパスポートがないと出入りできない街が、神奈川県横浜市には存在する。

横浜市にある「根岸住宅地区」は、中区、磯子区、南区にまたがるアメリカ軍

の住宅地だった。元は農地だったが、1947年に接収されて住宅街として開発。管理は在日米軍の横須賀基地司令部が担当し、軍関係者とその家族が60年以上も居住していた。

さらに、この地区内にはいくつかの日本人住宅が接収を免れ、2000年代になっても2世帯が暮らしていた。しかし、在日米軍施設に囲まれているため、かなりの苦労を強いられている。

地区への出入りも通行証を提示しなければならず、来客はパスポートの持参が必要だったのだ。

しかし2004年に日本への地区返還が合意され、2015年までにアメリカ系住人の退去が完了。2021年3月には、跡地利用の基本計画がまとめられている。

地域が完全に日本へと復帰する日も、そう遠くないかもしれない。

アメリカの公用語は英語ではない

英語を公用語とする国は多く、イギリスはもちろんアメリカも含まれる——と、多くの人は思っているだろう。しかし、アメリカの公用語は英語ではない。

確かに公的機関で使う言語は英語で、一般人が話す言葉も英語だ。国勢調査局の統計では英語の使用者は全国民の8割にもなり、実質的な公用語となってはいる。しかし、アメリカに公用語は、法的には「存在しない」のだ。

アメリカ合衆国憲法には公用語を定め

た条文はない。そのため、法的に認定された公用語はない、ということになる。アメリカは多民族の国なので、特定の言語の使用を強要すれば、民主主義の原則に反してしまうからだ。

しかし、英語公用化を目指した運動が起きたこともある。1981年には英語を話せない移民やその子孫の増加により、英語公用語化の法案が議会に提出された。

これは否決されたが、各州での運動は活発になり、2022年の段階ではカリフォルニア州、コロラド州、フロリダ州など、50州のうち31州が州法で英語を公用語化に認定している。

ちなみに、日本にも日本語を公用語とする法律はない。ただ、パラオ共和国のアンガウル州では、憲法でパラオ語、英語と共に、日本語も公用語として採用されている。

キスマークが原因で命を落とすことがある！

恋人同士や夫婦でイチャイチャしているとき、勢い余って付けてしまうこともあるのがキスマークだ。愛情表現の一つと受け取れなくもないが、医学的には立派な「負傷」である。

医学用語では「吸引性皮下出血」と呼ばれ、強く吸いつくことで皮膚下の血管が破れ、内出血でできた痣（あざ）がキスマークの正体なのだ。

わずかな出血なので健康に害はないのでは？　と思ってしまうが、実はキスマークが原因で、重大な事態に陥ることもある。強い吸引によって皮膚の内部に血栓ができ、それが脳に回ると脳梗塞の原因にもなるからだ。

２０１０年、ニュージーランドで44歳の女性が右腕の麻痺を感じて病院に搬送されたところ、首のキスマークが原因だと判明した。吸引された動脈にできた血栓が、脳の血管を詰まらせたのである。

２０１６年には、メキシコの17歳の少年がキスマークによる血栓で脳梗塞となり、死亡している。

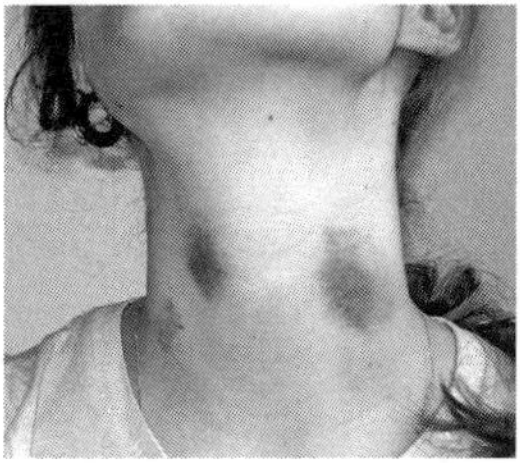

愛の証しと見られがちだが、死に至る可能性もあることを忘れてはならない。

「2ちゃんねる」では、4月1日が3月32日になったことがある

インターネットの世界では、3月31日が終わっても4月にならなかったことがある。２００６年4月1日、ネット掲示板の「2ちゃんねる（現5ちゃんねる）」では、スレッドの日付に異変が見られた。4月1日になるはずが、3月32日となっていたのである。

ただし、これは不具合ではない。真相はエイプリルフールのネタである。

当時のトップページに貼られた「エイプリルフール中止のお知らせ」によると、「ＩＴバブル崩壊、ライブドア事件などの悪条件で2ちゃんねるの財政状況が悪化

したので、エイプリルフールを中止にする」として、3月を続行したのだ。

もちろん、本当に運営が厳しくなったわけでもない。また、あえて4月1日にしないことで、利用者がふざけ回るのを阻止するのも目的だったという。

4月2日になっても、3月33日と表示された掲示板もあったようだ。

え！国産キャラメルは、禁煙用に売り出されていたって?!

キャラメルは子どものおやつとして人気だが、かつては大人の禁煙用としても売り出されていたという事実がある。

日本でキャラメルが国産化されたのは1899年のこと。森永製菓の創業者、森永太一郎が製造販売を始めた。しかし、値段が高く溶けやすいこともあって人気はイマイチ。しかし、その後に溶けやすさが解消され、1914年には大正博覧会の土産物として箱型キャラメルが発売されると人気商品となる。

やがて新聞広告も掲載されたのだが、そこで使われたキャッチフレーズが「禁煙を欲せらるる紳士淑女の為に特製ポケット用」。さらに「煙草代用」というスローガンも使われるなど、禁煙性を大きくアピールしている。

このように、初期のキャラメルは禁煙を目的とした大人の高級嗜好品でもあった。禁煙用に売り出されたのは、口寂しさを簡単に解消できるためとする。子どものおやつとなったのは、大量生産が実現した1920年代の後半からである。

ペンタゴンの中心には「普通の屋台」が存在する

アメリカ国防総省の本庁舎は、巨大な五角形の外郭をしている。その形状から付いた通称が「ペンタゴン（五角形）」だ。

中央部は広場で、小型の建物が置かれている。国防総省の中心なのだから、さぞ重要な建物に違いないと思うだろうが、その正体は単なる「屋台」である。

決して「屋台」というコードネームの秘密部署ではなく、本当にただのホットドッグ屋台（カフェ）なのである。職員の憩（いこ）いの場となっているだけでなく、一般人の見学ツアーでも定番の場所だという。

そこで案内人が言う定番のジョークが「こちらが、世界で最も危険なグラウンドゼロカフェであります」だ。

ジョークの元ネタになったのは旧ソ連の逸話である。冷戦期の旧ソ連は、ペンタゴンの中心部にはアメリカの最重要施設があると信じており、そのためソ連軍は、冷戦が終結するまで核ミサイルでロックオンし続けたという。

もっともこの逸話に証拠はなく、ただの都市伝説としてロシアも否定している。

新幹線に300円で乗車できる区間があるって?!

新幹線の乗車料金は最短距離でも1000円以上かかる。しかし九州には、たった300円で新幹線に乗れる路線が存在する。博多駅から博多南駅までの区間である。

この約8・5キロメートルの路線は「博多南線」とも呼ばれ、大部分は九州新幹線の本線を共有している。しかし、その管轄はJR西日本。これは、博多南線が山陽新幹線博多統合車両所への回送線を旅客線化したものだからだ。

もともと博多南駅周辺は田園地帯だったが、福岡市の都市圏拡大のため道路の渋滞が深刻化していた。そこで住人たちはJR西日本に新路線の要望を送り、1990年に開業したのが博多南線なのだ。

在来線扱いなので時速120キロメートルしか出せないが、乗車料金は200円。特定特急料金を合わせても300円と、最も安く新幹線に乗れる路線となっている。そのため通勤ライナーとして利用する地元民も多く、また車両基地に並ぶ新幹線が目当ての鉄道ファンにも人気があるという。

世界の最高峰はエベレストではないって?!

ヒマラヤ山脈のエベレスト(チョモランマ)は世界最高峰の山として有名だが、測定方法を変えれば、より高いとされる山がある。エクアドルのチンボラソ山だ。

チンボラソ山の標高は約6268メートル。約8848メートルのエベレストより、2000メートル以上も低い。ただし、この標高は地球の平均海水面(海水準)を0メートル地点として測定したものだ。

山の高さの測り方には、地球の中心部から山頂までの距離を標高とする方法もある。これを「地心距離」といい、この測定法で測るとチンボラソ山は約６３８５キロ。エベレストは６３８２キロとなり、僅差での勝利となる。

エベレストより高くなるのは、地球の構造のせいだ。地球は滑らかな球体ではなく、無数の起伏が生じたジャガイモ形をしている。最も地形が膨らんでいるのは赤道部分であり、そのため赤道に近い山のほうが自然と高くなるのだ。

しかし、現代の測地学は海水準を基準と定めているので、チンボラソ山が世界最高峰になることは今後もない。

オーストラリアの海には幻の大陸が沈んでいる

海中に没した大陸といえば、大西洋のアトランティス大陸や太平洋のムー大陸が有名だ。しかし、この両方とも伝説の域を出ることはなく、実在については不明である。

だが、本当に幻の大地が沈んでいる海域がある。それはオーストラリア東方の海底約１０００メートルの地点である。

衛星調査によって大陸の存在が確認され、１９９５年に「ジーランディア」と名付けられた海底大陸の面積は、約４９０平方キロメートル。オーストラリアのおよそ6割に相当する面積で、地球上の大陸の中では第7位の大きさだ。

また、ニュージーランドとニューカレドニアもジーランディアの一部であり、現在は全体の6％しか海上に出ていない。

しかし地層からは花崗岩など大陸性の岩

石が多数発見されているので、かつては地上の大陸だったとされている。

最新の研究によると、ジーランディアは8000万年前までオーストラリアと地続きだったという。

オーストラリアや南極などで構成されたゴンドワナ大陸の一部で、やがて東部分が地殻変動でジーランディアとして分裂。2000万年前までに大部分が水没したとされる。

ただし、なぜ沈んだかについては不明のままだ。

標高0メートルの「山」が秋田県に存在する

日本で一番高い山は、言うまでもなく富士山だ。そして日本で最も標高が低い山は、宮城県仙台市にある日和山である。その標高は3メートル。ただ人工の山を含めると、さらに低い山はある。その標高は、なんと「0メートル」だ。

秋田県の「大潟富士」

秋田県南秋田郡大潟村には「大潟富士」という人工山がある。県の測量設計業協会の創立20周年を記念して、1992年から3年かけて造られた。正式な標高は約3・776メートル。この山が「標高0メートル」と呼ばれる理由は、村の地形にある。

昭和時代の大潟村は湖だったが、50年代からの干拓事業で埋め立てられて村となった。しかし元は湖の底であるために、村全体の標高が海面より低くなっている。こうした平均海面より低い土地を「海抜ゼロメートル地帯」という。

大潟富士は、標高を富士山の1000分の1に抑えることで、頂上と海面の高さを合わせた。そのため実際の標高から土地の沈降分を引くと、ちょうど0メートルになるのだ。

滋賀県には、終点なのに「途中」という停留所がある

「途中までお願いします」と言ったのに、終点まで連れていかれる。そんな奇妙なことが、滋賀県では起きかねない。なぜなら、「途中」というバスの終点停留所があるからだ。

その停留所があるのは、滋賀県江若交通バス。その路線の一つである堅田葛川線の終点が「途中」なのである。なぜ終点なのに途中なのか？　それは停留所のある町の名前が、大津市伊香立途中町だからだ。

町名の由来は平安時代の僧侶にある。ある日、相応という僧侶が修行を終えて自坊に戻ろうとした。その途中で現在の町の近くで休憩したとき、「ここは葛川と私の寺の途中みたいだな」と言ったらしい。この逸話から、町の名前が途中町になったという。

また、途中町は滋賀と京都の境目にあることから、町の近くの峠は「途中越」

と呼ばれた。現在は「途中トンネル」も開通しており、両県の行き来はよりスムーズになっている。バスは途中で「終点」だが、マイカーにとっては名前どおりの中継点であるようだ。

カラオケで、必ず90点以上が出せる隠しコマンドがある！

多くの人にとって、カラオケで高得点を出すのは難しい。ただうまく歌えばいいのではなく、機械が定めた抑揚も守る必要があるので、90点以上は至難の業（わざ）だ。

ところが、機種によっては必ず高得点になる隠しモードがあるのだ。

その裏ワザがあるのはカラオケＤＡＭ。デンモクのリモコンボタンを押し、「８００－２」と打ち込んでみよう。すると、どんなに妙な歌い方をしたとしても、絶対に90点以上になる。「接待モード」と呼ばれるように、上司などのご機嫌取りに使える便利な機能である。

もちろん、堂々と操作すれば逆に気分を損（そこ）ねられるかもしれないので、目を盗んでこっそりと行おう。

ただ、新型機種では削除されている場合も多く、しかもランキングバトル機能との併用はできないので、接待モードで楽々全国上位というわけにもいかない。もはやレアな機能となっているが、もし見つけたら楽しんでみては？

郵便物には目に見えないバーコードが印刷されている

コンビニやスーパーなどのレジでおな

じみの「バーコード」は、意外な分野でも活用されている。今では郵便の分野で欠かせないのだ。収集された郵便物は、区分機にて郵便番号や住所氏名が瞬時に読み取られ、その情報をバーコードにして郵便物に印字される。

　しかし、届いたはがきや封筒に、それらしきマークは見当たらない。なぜなら、透明なバーコードを使っているからだ。透明である理由は、目に見えるバーコードが印刷されていると、汚れた印象を受けるからだという。

　最近では紫外線などを使用しないと見えない種類も実用化されており、郵便局でも郵便番号や宛先をデータにした透明バーコードが印刷されているわけだ。

　処理が終わった郵便物は宛先の区域の郵便局へと運ばれて、バーコードの情報に応じて自動的に振り分けられる。透明のバーコードは、大量の郵便物をより効率的に届けるための工夫なのである。

琵琶湖の法律上の扱いは湖でなく「河川」

「琵琶湖」は日本最大の湖で、その面積は約670平方キロメートル。滋賀県の面積の約6分の1を占め、今から約440万年前までに形成されたといわれる。淡水湖としては世界では3番目、日本では最も古いのだ。

　しかし、法律における琵琶湖の分類は「一級河川」である。

　一級河川とは、河川法第4条で定められた重要河川のことだ。国民生活に多大な影響を及ぼすため、国土交通大臣の管轄下に置かれている。

琵琶湖は一級河川の淀川水系に属しているので法的にも河川として扱われ、正式名称も「一級河川琵琶湖」なのである。

水系の一部とされるのは、琵琶湖が淀川水系の中継点と見なされるからだ。琵琶湖は周辺山地から淀川水系である日野川、犬上川、愛知川などが流れ込み、そこから大阪方面の河川につながる。

やはり淀川水系である瀬田川へと流れた水は、宇治川、淀川へと流れ、大阪湾へと辿り着くのである。

つまり、淀川水系の川の水が琵琶湖に流入し、淀川水系の川に流出する。こうした流れから、琵琶湖は河川扱いされているのだ。

アメリカ製の車にも右ハンドルのものがあるって?!

日本製の自動車は右ハンドルで、アメリカ製は左ハンドルが基本だ。自動車が開発された当初は右ハンドルが主流だったようだが、アメリカの道は自動車が右側、歩行者は左側通行。そのため助手席側が道路に降りやすいよう、左ハンドルが採用されたという。

日本の場合は左側通行となっているので、右ハンドルが基本となった。同じく左側通行のイギリスの自動車も右ハンドルだが、道路の通行事情より馬車で御者が右側に座っていた名残という説もある。

そうした違いがある一方、右ハンドルのアメリカ車もないわけではない。日本やイギリスへの輸出用車両ではなく「郵便配達車」だ。

アメリカの住宅では、ポストを道路側に設置するのが一般的だ。左ハンドルだと郵便物の配達や回収をするときに降りなければならないが、右ハンドルなら乗車したまま業務が可能だ。

これらの事情で、アメリカの郵便配達車は右ハンドルとなっているのである。

最後のファミコンソフトは機器の生産終了後に発売された

任天堂が開発した家庭用ゲーム機「ファミリーコンピューター」(ファミコン)は1983年の発売以降、ゲームセンター並みのゲームが家庭で遊べるとして大ブームを引き起こした。その販売台数は世界で約6191万台。ゲーム文化の礎(いしずえ)を築いたハードとして、現在もコアなファンが根強く存在する。

そんなファミコンの生産終了は、2003年。しかし、最後のファミコン用ソフトの発売は、13年後の2016年のことである。いったいどういうことなのか?

そのゲーム名は『8BIT MUSIC POWER』といって、発売元は漫画家RIKI氏が結成したコロンバスサークル。内容は10曲以上の8ビット音楽を聴けるというもので、ゲームよりも音楽アルバムに近い。

だが、2度も続編が発売されるほどの人気を博したのだ。

ただし、任天堂のライセンスソフトではないので、公式にはカウントされていない。任天堂が認める最後のソフトは、

１９９４年の『高橋名人の冒険島Ⅳ』だ。

手りゅう弾のピンは口でくわえて抜くことはできない

手りゅう弾には誤爆防止の安全ピンが刺さっていて、これを抜くと発火レバーが作動し、撃鉄が信管にぶつかることで爆薬に点火する。そして起爆装置が発動し、爆発するという仕組みになっている。

爆発までの間隔は数秒あるが、現在はハイテク化によりタイマーセットが可能な種類もある。

しかし、戦争映画のように、手りゅう弾のピンを歯に挟んで抜き、敵に投げつけることはできない。

安全ピンはかなり固く閉められていて、片手でしっかり手りゅう弾を持ち、思いきり、もう片方の手で引かないと抜けない。種類によってはねじりが必要なこともあり、両手で引っ張る必要があるほど締まっている場合もあるという。

もしも歯で抜こうとしたら、ピンより先に前歯が抜けてしまうだろう。

フィリピンの宗教行事に、日本のAV男優が参加したことがある

イエス・キリストがエルサレムに入城してから死ぬまでの１週間を、キリスト教では「聖週間」と呼ぶ。これを記念し

て、フィリピンのパンパンガ州サンペトロ町では、イエスの処刑を再現した「十字架劇」が実施されている。

この劇のメインはキリストの処刑を再現した「磔（はりつけ）」だ。しかも掲げられる人は、本当に釘を掌（てのひら）に刺して十字架に固定してしまうのだ。

そんな強烈な痛みをともなう行事に、日本人が参加し、しかも、そのことが国際問題にまで発展している。

1996年、サンペトロ町長に1人の日本人男性が行事に参加したいと直訴（じきそ）してきた。彼は病気の弟を助けるために行事で祈りを捧（ささ）げたいと頼み込む。家族を思う心に感激した町長は、日本大使館の許可を条件に参加を認めてしまった。

当日、男性は約5分間もの間、十字架での痛みに耐え続ける。しかし実は、男性の正体はSM系専門のマゾAV男優であり、行事の一部始終がAVに収録されて発売されていたのである。

これを知ったフィリピン人は激怒。その後は外部への警戒が強まり、部外者の参加は認められなくなっている。

サッカーW杯がルーマニア革命の発端だったって?!

1989年、民主化運動「東欧革命」の中で、激しい銃撃戦と国家元首の処刑により、国家体制の変革を迎えたのがルーマニアだ。

当時、ルーマニアの大統領だったのが、独裁者として君臨していたニコラエ・チャウシェスク。しかし、東欧革命の波が押し寄せる中、ルーマニアでも民主化を求めるデモが蜂起する。きっかけとなったのが、サッカー・ワールドカップの祝勝デモだった。

同年11月、首都ブカレストで行われたワールドカップ予選で、ルーマニアは20年ぶりの出場権を獲得。その後、各地で祝勝デモが行われ、大都市ティミショアラも例外ではなかった。だが、ティミショアラの祝勝デモは反政府デモに発展し、全国に同様のデモが広がる。

この混乱を収めるため、チャウシェスクはブカレストの宮殿前広場で演説を繰り広げようとしたが、「チャウシェスクは独裁者だ！」との怒号が起こり、広場はパニック状態に。狼狽したチャウシェスクはヘリコプターで脱出する。

しかし、12月23日にチャウシェスクは逮捕される。軍事法廷で銃殺刑が決まり、即時執行された。

駐在所は、山間部などだけではなく都心にも置かれている

交番と同じく地域課に属する警察施設が「駐在所」で、その違いは警察官が住んでいるかいないか。つまり、駐在所には居住スペースがあり、家族と一緒に暮らしながら任務をこなしているのだ。

そんな駐在所といえば、山間部や離島にあるという印象が強い。しかし、実は都会にもあり、東京23区内でも59か所が設置されている。

その中には、高級住宅街と呼ばれる地域に設けられている駐在所がある。

田園調布4丁目には「多摩川台駐在所」、邸宅が立ち並ぶ上大崎2丁目には「長者丸駐在所」、東京都ではないが日本一の高級住宅街ともいわれる芦屋市六麓荘（ろくろくそう）町には兵庫県警「六麓荘駐在所」がある。

その理由は明らかではないものの、警察という「組織」ではなく信頼できる「駐在さん」に町を守ってもらいたいという、願いの表れかもしれない。

警察の特殊部隊「SIT」は英語ではなく、日本語の略称

SITは刑事部に属する特殊部隊を指し、正式名称は「捜査一課特殊犯捜査係」。人質立てこもり事件や、誘拐事件などを主に扱う。

似たSAT（Special Assault Team）との違いは、SITが人質救出や犯人逮捕を優先するのに対し、SATはテロ、ハイジャックなどの対処を任務とし事件制圧を優先しているところだ。

そんなSITは「Special Investigation Team（特別調査班）」の略称だろうと思いきや、「捜査一課特殊犯」のローマ字表記の「Sousa Ikka Tokusyuhan」の頭文字を取って付けられたものである。

特殊犯捜査という任務の秘匿（ひとく）性から存在をマスコミなど外部に知られないようにするため、警視庁刑事部捜査第一課が適当に付けた通名を、在外公館勤務経験者の捜査第一課管理官が勝手に解釈した。それが公式として通ってしまったのだともいわれている。

ちなみに、この「特殊犯捜査係」の呼び

名は、各県警察によっては違う場合もある。例えば、大阪府警では「MAAT」、神奈川県警では「SIS」、埼玉県警では「STS」、千葉県警では「ART」と呼ばれている。

扇風機の羽根の回転はヘリコプターのプロペラより速い

ヘリコプターは、プロペラの回転によって機体を空中に浮かせる航空機だ。扇風機は、空気をかき混ぜて風を送る電気機器である。

プロペラや羽根を「回転」させるという意味では共通点があるが、ヘリコプターは人や物を乗せて飛ぶことができる。一方の扇風機は、飛ぶことはもちろん自力で移動もできない。ならば、ヘリのプロペラのほうが回転数は速いように思えるが、実はその逆なのだ。

扇風機の羽根の回転数は、威力が「弱」でも1分間に平均1000〜1500回。ではヘリコプターはというと、なんと最大でも600回しかないのだ。

だが、羽根を下に向けても扇風機が浮かぶことはない。なぜなら、扇風機は羽根に比べると本体がかなり大きくて重く、しかも羽根の形状も飛行に適していないので回転数が多くても浮遊はできない。

しかし、ヘリコプターは巨大プロペラを持ち、その形も飛行に適したものになっている。つまり、単純な回転のみでは飛行はおろか浮かぶことすら不可能で、扇風機が浮遊するには、1分間に約15万回の回転が必要だとされる。

「天然塩」という表現は使えないって、なぜ?

ネットショップなどで「ミネラルが豊富」「味わい豊か」などと宣伝される「天然塩」。

しかし、公正競争規約運用機関の一つである「食用塩公正取引協議会」の規約では「天然塩」や「自然塩」という言葉の使用は禁止されている。

そもそも天然塩や自然塩の定義は曖昧であり、かつてはどのような製法の塩でも使われてきた例がある。しかし、実物はイメージと異なることから消費者の苦情が発生し、使用が禁止されたのだ。

さらに「ミネラルたっぷり」「健康に効果がある」といった表現も使用できない。

もともとこれらの表現は、健康増進法や薬事法などでも使用は認められず、食用塩公正競争規約でもパッケージの表示には使用できなくなっている。

戦争やコロナ以外で、祇園祭の山鉾巡行が中止になったことがある

日本三大祭りの一つ、京都・祇園祭。祇園祭には約1150年の歴史があるとされ、ハイライトは7月17日(前祭)と24日(後祭)に行われる山鉾巡行だ。

だが新型コロナの影響を受け、2020年と21年は中止。2022年は3年ぶりの開催となった。

実は、これまでにも中止になったことはあり、近年では太平洋戦争の影響で1943~46年まで。さらには1962年

山鉾の中で最も
重量がある「月鉾」

にも巡行は中止となっている。このときの理由というのが、鉄道路線の延伸工事によるものだった。

この年、京阪神急行電鉄（現阪急電鉄）は翌年の開業を目指し、河原町駅（現京都河原町駅）地下線工事を実施。路線は山鉾巡行のメインコースである四条通の下だったため、この工事のために四条通には鉄板が敷かれていた。

当時の「京都新聞」によると、5月に山鉾の中で最も重たい「月鉾」が組み立てられて試験曳行したものの、鉄板を地面に固定する鋲が車輪をえぐってしまうことが判明。これにより、巡行の中止が決定されたのだ。

高度経済成長期に差しかかる時代のこと、伝統文化よりも、インフラ整備が優先されたことを如実に物語るエピソードではある。

阪急京都本線はもともと京阪電鉄の路線だった

大阪市内の中心部から京都市内へ列車で向かうには、JR京都線か京阪本線、そして阪急京都本線を利用する。だが阪急京都本線は、もともと京阪の路線だったという歴史がある。

大阪と京都を結ぶ鉄道路線は、1876年に東海道本線が大阪駅と大宮通仮停車場を結んだのが始まりだ（翌年京都駅開業）。この路線が現在の通称JR京都線だが、運賃が高かった。そこで、低価格で京都と大阪を結ぶために設立されたのが京阪電鉄だ。

京阪電鉄は1910年、京都線と淀川を挟んだ東側に路線を敷く。これが京阪本線だ。やがて京都線と並行する路線敷設を計画。新京阪鉄道という子会社を設立し、新京阪線として天神橋駅から京都の西院駅間を開通させる。

1930年に京阪と新京阪は合併し、京阪京都駅（現大宮駅）が開業したのはその翌年だった。

しかし戦時中の交通統制のため1943年、京阪電気鉄道と阪神急行電鉄（現阪急）は合併して京阪神急行電鉄となる。戦後に合併は解消され、京阪は元の路線状態に戻すことを主張したが、阪急はこれを拒否する。

結局、新京阪線は阪急の京都本線として存続されることになったのだ。

◉左記の文献等を参考にさせていただきました――

『大人の最強雑学1500』『地球の雑学』雑学総研（以上、KADOKAWA）／『知識の博覧会』『知識の殿堂』曽根翔太（以上、彩図社）／『あなたの雑談力を上げる！話のネタ大全』雑学研究倶楽部（スマートゲート）／『ひとネタで、相手の心をすぐつかむ うける！雑学』日本博学倶楽部（PHP研究所）／『日本おもしろ雑学500』西東社編集部編（西東社）／『ソッコーで人間をダメにするウマさ 悪魔の食べ合わせレシピ』鈴木隆一、『イカはしゃべるし、空も飛ぶ〈新装版〉面白いイカ学入門』奥谷喬司、『図解 地下鉄の科学』川辺謙一（以上、講談社）／『私はアラブの王様たちとどのように付き合っているのか？』鷹鳥屋明（星海社）／『2050年世界人口大減少』ダリル・ブリッカー、ジョン・イビットソン他（文藝春秋）／『なぜ人は砂漠で溺死するのか 死体の行動分析学』高木徹也（メディアファクトリー）／『ジョブズのすべて 「フォーチュン」が追った25年』フォーチュン編集部（ディスカヴァー・トゥエンティワン）／『滋賀「地理・地名・地図」の謎』木村至宏監修（実業之日本社）／『スマホ脳』アンデシュ・ハンセン（新潮社）／『漢字なりたち図鑑 形から起源・由来を読み解く』円満字二郎（誠文堂新光社）／『列車で行こう！ JR全路線図鑑』櫻井寛（世界文化社）／『遺体と火葬のほんとうの話』佐藤信顕（二見書房）／『給食の歴史』藤原辰史、『日本語と外国語』鈴木孝夫（以上、岩波書店）／『チンパンジー ことばのない彼らが語ること』中村美知夫（中央公論新社）／『歯のメンテナンス大全』堀滋（飛鳥新社）／『社会言語学入門〈改訂版〉』東照二（研究社）／『日本の地名・都市名 これだけ知っていれば面白い』今尾恵介（日本実業出版社）／『へんなせっくすのいきもの』BUBKA編集部（コアマガジン）／『読めば読む

ほどおもしろい　鉄道の雑学』浅井建爾（三笠書房）／『モノの数え方がズバリ！わかる本』博学こだわり倶楽部、『人生が変わる歯の磨きかた』松下健二（以上、河出書房新社）／『ナショナルジオグラフィック日本語版２０１９年12月号』（日経ナショナルジオグラフィック社）

朝日新聞／毎日新聞／産経新聞／日経新聞／日刊ＳＰＡ！

NIKKEI STAYLE／ロイターニュース／現代ビジネス／マイナビニュース／日刊ゲンダイ／サライjp／シニアガイド／ASCII.JP／J-CASTニュース／J-タウンニュース／ダ・ヴィンチWeb／ドライバーWeb／ITメディア／ギズモード・ジャパン／ジー・サカイ公式ブログ／J-WEBニュース／弁護士ドットコム／Wired Japan／ビジネスジャーナル／プレジデントオンライン／ＡＦＰ ＢＢ Ｎｅｗｓ／トカナ／ジャパンナレッジ／CareNet

内閣府、文部科学省、厚生労働省、国土交通省、外務省、総務省、経済産業省、防衛省・自衛隊、文化庁、警察庁、警視庁の各ＨＰ／滋賀県、新宿区、堺市、尼崎市の各ＨＰ／東京大学、明治大学、姫路獨協大学の各Ｈｐ

ナショナルジオグラフィック、スポーツニッポン、ベネッセグループ、毎日放送、ラジオ関西、ＴＢＳテレビ、東京書籍、レタスクラブ、モーターサイクリスト、モーターファン、宗教情報センター、上野動物園、明治、住友林業、ドミノピザ、紀文、日本マクドナルド、市民のためのがん治療の会、食用塩公正取引協議会、バイオインダストリー協会、ＷＷＦジャパン、サンシャイン水族館、マイクロソフト、日本物理学会、秋葉原電気街振興会、農林放送事業団、日本科学未来館の各ＨＰ

KAWADE
夢文庫

シン・雑学王

二〇二二年九月三〇日　初版発行

著　者…………博学こだわり倶楽部［編］
企画・編集……夢の設計社
東京都新宿区山吹町二六一〒162-0801
☎〇三―三二六七―七八五一（編集）
発行者…………小野寺優
発行所…………河出書房新社
東京都渋谷区千駄ヶ谷二―三二―二〒151-0051
☎〇三―三四〇四―一二〇一（営業）
https://www.kawade.co.jp/
装　幀…………こやまたかこ
印刷・製本……中央精版印刷株式会社
ＤＴＰ…………アルファヴィル
Printed in Japan ISBN978-4-309-48590-4